前言

俗话说：盖棺定论。然而有些人死了几十年几百年，还没有一个确定的评价。说好的还在说好，说坏的还在说坏。比如说，有的人被千万人赞扬，但诋毁他的人也不下千万；夸他的人把他捧到极致，骂他的人也把他贬到极致；他今日所受到的诋毁或许可以抵消从前得到的赞誉，他所得到的赞誉也可能补偿了从前所受到的诋毁。像这样的一个人，该怎么评价呢?

《历史上最具争议的宰相》一书，正是把备受世人争议的历代名相，进行详细的阐述与分析，来帮助人们进一步了解这些宰相的功过是非，帮助人们更深层次地认识这些名相的本质与内在，从而有助于我们从中找到自己想要的答案。因为我们知道誉满天下的人，未必不是欺名盗世之徒；谤满天下的人，未必不是伟人。所以我们对这些名相的评价一定要有充分的理论依据。

不管答案怎样，可以肯定的一点就是，这些备受争议的宰相都是非凡的人。不管他们被评价为非常的奸雄还是非常的豪杰，单看他们所处的位置与层次，就不是普通人的眼光和能力所能达到的。

本书中，我们无意于对这些历史人物妄加评论，我们只是将这些超重量级的官场人物的智慧、权谋、手腕及其趣味生活展现给读者，让读者们能够在繁忙的工作之余，可以花费较少的时间近距离地接触他们，从中体味历史，感悟生活，收获智慧，提升层次。或许，书中的每一个人物都能让你体会到一点儿什么。

历史上最有争议的宰相

没有争议不成历史

史明月◎主编

金城出版社
GOLD WALL PRESS

图书在版编目（CIP）数据

历史上最有争议的宰相 / 史明月主编 .—北京：金城出版社，2011.11
（2024.7 重印）
ISBN 978-7-5155-0263-2

Ⅰ . ①历… Ⅱ . ①史… Ⅲ . ①宰相–人物研究–中国–古代
Ⅳ . ① K827=2

中国版本图书馆 CIP 数据核字 (2011) 第 213812 号

历史上最有争议的宰相

出 版 人 史明月
责任编辑 雷燕青
开　　本 787mm×1092mm　1/16
印　　张 17
版　　次 2012 年 1 月第 1 版
印　　次 2024 年 7 月第 2 次印刷
印　　刷 天津光之彩印刷有限公司
书　　号 ISBN 978-7-5155-0263-2
定　　价 32.80 元

出版发行 **金城出版社有限公司** 北京市朝阳区利泽东二路 3 号
邮编：100102
发 行 部 (010)64220043
编 辑 部 (010)84250838
总 编 室 (010)64228516
网　　址 http://www.jccb.com.cn
电子邮箱 jinchengchuban@163.com
法律顾问 北京植德律师事务所（电话）18911105819

目录

第一章　锐意改革　身死非命——战国名相商鞅

他是中国历史上变法的先驱。有人说他是“首屈一指的利国富民的伟大政治家”，“可以称为中国历史上第一个真正彻底的改革家，他的改革不仅限于当时，更影响了中国数千年。”而有人却说他“过于刻薄残暴，用近乎‘暴力’的手段进行快速改革。他所建立起来的政治框架加重了对平民百姓的压迫。尊王权对于诸子百家后中国民主思想的发展产生了相当不利的影响。”他就是商鞅，一个备受争议的变法先驱，一个死于自己制定的酷刑之下的宰相。

◎游说入秦　初露锋芒 …………………………………… 2
◎舌战群臣　推行新法 …………………………………… 4
◎率兵破魏　获得封地 …………………………………… 7
◎一意孤行　不听良言 …………………………………… 9
◎遭受酷刑　作法自毙 …………………………………… 11
◎历史功过　后人评说 …………………………………… 13

第二章　深谋远虑　忍辱负重——战国名相范雎

有人评价范雎是秦国历史上智谋深远的一代名相。其“远交近攻”“固干削枝”的策略，以及长平之战所施反间之计，为秦统一天下发挥了巨大作用。而有人评价范雎是“心胸狭窄，睚眦必报的小人”，因为他借位高权重，凭一己私利，妒杀白起、辱须贾、杀魏齐、提拔亲信郑安平和王稽等事，严重影响了秦国的国力和声誉。那么他究竟是怎样的一个人呢？好与坏，肯定与否定，我们应该如何给他定位呢？

◎仗义执言　惨遭横祸 …… 16
◎神机妙算　辗转入秦 …… 18
◎巧激昭王　人生转折 …… 20
◎远交近攻　强干弱枝 …… 23
◎智取长平　挫赵元气 …… 26
◎羞辱须贾　妒杀白起 …… 28
◎推举贤能　功成身退 …… 31
◎历史功过　后人评说 …… 33

第三章　由商入政　开创先河——秦国名相吕不韦

战国末期，商人出身的吕不韦，开创了商人从政的历史先河，甚至有人说他改变了中国的历史。作为有史以来的最大投机家，虽然几千年过去了，但他的一生经历，对后人的影响却很大；即使到了现代社会，他的权术、公关手段、自我炒作的广告宣传等做法，仍然是比较前卫的，是梦想成功的人士学习的楷模。把吕不韦称为盖世英雄虽然会有人反对，但他绝对是一个千古奇人。

◎独具慧眼　奇货可居 …… 38
◎巧设妙计　献邯郸姬 …… 40
◎志得意满　独揽大权 …… 42
◎吕氏春秋　一字千金 …… 45

◎惹怒秦王　饮鸩自杀 ………………………………………… 46
◎历史功过　后人评说 ………………………………………… 48

第四章　楚材秦用　一匡天下——秦国名相李斯

有人说他是一代奇才：他才华横溢、谋略过人；他协助秦始皇统一天下；他参与制定了法律，统一车轨、文字、度量衡制度，功及千秋。他就是秦朝著名的政治家、文学家和书法家李斯。然而，秦始皇死后，他却贪恋高官厚禄，只顾阿谀奉承，与赵高合谋，伪造遗诏，迫令扶苏自杀，立胡亥为皇帝。所以，有人说他是历史上最大的奸臣，过大于功，一生几乎无一是处。人们对他迥然不同的评价是因为他们站的角度和高度不同，都有一定的道理。

◎不甘平庸　赴秦施才 ………………………………………… 52
◎谏逐客书　有功于秦 ………………………………………… 53
◎辅秦统一　功及千秋 ………………………………………… 57
◎妒杀韩非　焚书坑儒 ………………………………………… 60
◎始皇病逝　伪造遗诏 ………………………………………… 62
◎督责之术　迎合暴君 ………………………………………… 67
◎赵高陷害　腰斩于市 ………………………………………… 69
◎历史功过　后人评说 ………………………………………… 73

第五章　鞠躬尽瘁　死而后已——蜀汉名相诸葛亮

无论在中国历史上，还是在民间，诸葛亮向来是位大红大紫的风云人物。“鞠躬尽瘁、死而后已”这句历史名言，不知影响了多少代人，成为多少仁人志士的座右铭！对诸葛亮的评价，在历朝历代，朝野之间均能出奇地达成共识，成为很少发生非议的一位历史名人！对诸葛亮评价最低的，可能当数鲁迅先生的“状多智而近妖”。从这句评语中，可以看出鲁迅先生对诸葛亮不那么感冒！有人认为诸葛亮一生中最大的失败，当数蜀国的彻底灭亡。刘禅的被俘、蜀国的灭亡，虽然是在诸葛亮死后发生的历史事件，但生前独揽大权、不善培养人才的诸葛亮，是难辞其咎的。那么，究竟该怎么样评价诸葛先生呢？是耶？非也？

◎躬耕陇亩　迎娶丑妻 …… 76
◎隆中之对　惊世骇俗 …… 77
◎赤壁献策　孙刘联合 …… 79
◎辅助幼主　平定南蛮 …… 81
◎出师北伐　鞠躬尽瘁 …… 85
◎排斥魏延　错用马谡 …… 88
◎历史功过　后人评说 …… 90

第六章　公正无私　仗义执言——唐初名相裴炎

裴炎，寡言好学，唐初大臣，曾在李武二朝为官。仕途生涯顺利，历任要职，从濮州司仓参军一直做到中书令首席宰相。徐敬业起兵扬州，以兴复唐室为旗帜，裴炎乘机要挟武后归政李皇，武则天将其逮捕处死。武则天死后，唐睿宗于公元710年再次登帝位，怀念感佩恩公裴炎，追封他为益州大都督，谥号“忠”。忠耶奸耶？后世争议不休；功乎罪乎？盖棺迄未定论。

◎首考及第　仕途顺畅 …… 96
◎徐氏兵变　被逼入伙 …… 99
◎支持李唐　规劝武后 …… 102
◎惹怒武后　身首分家 …… 104

◎君王怀念　冤案昭雪 ………………………………… 107
◎历史功过　后人评说 ………………………………… 108

第七章　救时宰相　几经沉浮——唐朝名相姚崇

姚崇自幼孜孜好学，胸怀大志。长大入朝论政，答对如流，且下笔成章，得到武则天的赏识，初拜侍郎，后连续升迁，成为武则天、睿宗、玄宗三朝宰相，有“救时宰相”之称，是中国历史上的著名宰相。特别是在玄宗朝早期为相，对“开元之治”贡献尤多，影响极为深远。宋代大史学家司马光在《资治通鉴》中高度评价道：“唐代贤相，前称房（玄龄）杜（如晦），后称姚（崇）宋（璟），他人莫得比焉。”但在涉及他的为人品德方面，就不那么始终如一、那么厚道了。所以史书批评他“权谲”，就是好弄权术，滑头，耍小动作的意思。那么应该如何评价姚崇？对其应该持肯定还是否定态度？至今人们仍没找到统一答案。

◎高人指点　人生扭转 ………………………………… 110
◎志向高远　步入政坛 ………………………………… 113
◎才干出众　首任宰相 ………………………………… 114
◎清除积弊　以为己任 ………………………………… 117
◎求真务实　政绩斐然 ………………………………… 120
◎好弄权术　为人权谲 ………………………………… 125
◎历史功过　后人评说 ………………………………… 127

第八章　半部《论语》　治理天下——宋初名相赵普

北宋初期，出了一个声名并非显赫的宰相。他的一句牢骚“半部《论语》治天下”成为千古名言。他并不是常出现在前台，而只是辅助君主在幕后出谋划策，此人就是赵普。他为赵宋的建立，以及宋太祖政变之后稳定住内部局势、强化中央集权立下了卓越的功劳。在统一全国的战争中，他为太祖、太宗两任君主定下先南后北的正确路线，是赵宋统一大业的主要设计者。然而，这位赵宋建立的功臣却与当时宫廷的两大疑案紧密相关，有人说两大疑案是他亲手炮制的，那么事实真的如此吗？赵普究竟是怎样的一个人呢？

◎足智多谋　导演政变 …… 130
◎强干弱枝　分化职权 …… 132
◎知识贫乏　遭遇尴尬 …… 134
◎犯颜直谏　恃宠而骄 …… 136
◎以权谋私　失去帝宠 …… 138
◎宫廷疑案　紧密相关 …… 140
◎解嘲之语　千古名言 …… 144
◎历史功过　后人评说 …… 146

第九章　熙宁变法　争议不休——北宋名相王安石

王安石在中国历史上的地位，好像一个谜，近代以前无论官方或是知识界，都把他看作“天变不足畏、祖宗不足法、人言不足恤”的异端和疯子，把他的改革视作导致北宋灭亡的罪魁祸首。近代以来随着古老中国的大门被西方的坚船利炮强行打开，老大帝国千年荣耀变成不值一钱的陈词滥调，王安石又被渴望变革、呼吁变革的人们捧到了天上，好像在千年前他就是一个为资本主义世界设计蓝图的大人物。那么，在“异端”与“伟人”这两个差距极大的评价之间，真实的王安石究竟应该是什么样子的呢？

◎任职地方　多办实事 …… 148

◎慷慨奋行　锐意革新 …………………………………………… 149
◎大刀阔斧　推行新法 …………………………………………… 152
◎变法之中　棋逢对手 …………………………………………… 155
◎王氏吃法　特立独行 …………………………………………… 160
◎清廉自律　“三不爱” …………………………………………… 162
◎用人不当　遭遇陷害 …………………………………………… 165
◎利民之法　遭人扭曲 …………………………………………… 167
◎晚年辞官　逍遥隐居 …………………………………………… 170
◎历史功过　后人评说 …………………………………………… 173

第十章　帝王之师　铁血宰相——明朝名相张居正

他是明朝后期杰出的政治家，也是中国历史上最著名的改革家之一。他具有深不可测的心机，高深无比的政治手腕。他从荆州的一个普通家庭起步，经过不懈努力，成为万历首辅、神宗皇帝老师，以及明朝中兴的奠基人。他就是大明的铁血首辅——张居正。张居正出任宰相，果断大胆地对明朝的弊政做了大刀阔斧的改革，取得了良好成效，在政治、经济和军事等方面都颇有建树。但是，为了推行改革措施，张居正也曾经使用过不光彩的手段，其个人生活也难说检点。生前，他位高权重，一言九鼎；死后，却被剥夺谥号，查抄家产，祸及子孙，一代名相落得家破人亡的下场。是耶？非耶？留得后人评说。

◎少年才俊　远近闻名 …………………………………………… 176
◎步入政途　培育幼帝 …………………………………………… 179
◎知人善任　行考成法 …………………………………………… 182
◎惩治贪赃　一条鞭法 …………………………………………… 187
◎夺情风波　最大考验 …………………………………………… 190
◎意外结局　令人唏嘘 …………………………………………… 193

◎历史功过　后人评说 …………………………………… 197

第十一章　文韬武略　官场楷模——清代名相曾国藩

一个手无缚鸡之力、胸无用兵之策的文弱书生，曾因兵败走投无路，两次投水、多次以剑自刎未遂，还给儿子写绝命信，叮嘱子孙后代永不再带兵征战——而正是这样一个人，最终成为驾驭千军万马的最高统帅，打出了“无湘不成军”的传奇，并被朝廷封为一等勇毅侯，成为清代“文人封武侯”第一人。他就是曾国藩，一个备受争议的晚清重臣。有人骂他是卖国贼、遗臭万年的汉奸、杀人不眨眼的刽子手，而有人又视他为顶礼膜拜的偶像，将他的治兵语录终生拜读。那么，他究竟是怎样一个人呢？为什么人们对他的评价有如此不同呢？

◎蟒蛇转世　非同凡响 …………………………………… 200
◎少年得志　平步青云 …………………………………… 202
◎贵人相助　官运亨通 …………………………………… 206
◎组建湘军　发迹起家 …………………………………… 209
◎识拔贤将　规划精严 …………………………………… 215
◎中兴无望　萎靡不振 …………………………………… 222
◎历史功过　后人评说 …………………………………… 225

第十二章　宰相合肥天下瘦——晚清重臣李鸿章

李鸿章一生一直努力想强国，他尽他最大的能力想让国家富强起来，缩短与西方帝国的差距，在开启民智和引进技术上他做出了务实的举措。但是，他一生没摆脱传统体制的约束，又无法抵挡西方列强的扩张掠夺野心，尤其没有给民众带来本质性的变革，如平等和自由，所以他的努力最终就失去上下的认可，后来只能充当可悲的清政府“消防队员”角色。他在连创 47 个中国第一的同时，也是历代签署丧权辱国条约最多的国务大臣，在民间也一度被骂成“汉奸卖国贼”，因他出自合肥，于是又被人用“宰相合肥天下瘦”的言语讥讽之。

◎昔日翰林　今日绿林 …… 228
◎剿灭义军　飞黄腾达 …… 231
◎洋务首领　功不可没 …… 236
◎议和之旅　马关遇刺 …… 239
◎环球考察　趣事不断 …… 243
◎支持维新　保护康梁 …… 248
◎签订条约　丧权辱国 …… 252
◎历史功过　后人评说 …… 256

第一章

锐意改革 身死非命——战国名相商鞅

他是中国历史上变法的先驱。有人说他是“首屈一指的利国富民的伟大政治家”，“可以称为中国历史上第一个真正彻底的改革家，他的改革不仅限于当时，更影响了中国数千年。”而有人却说他“过于刻薄残暴，用近乎‘暴力’的手段进行快速改革。他所建立起来的政治框架加重了对平民百姓的压迫。尊王权对于诸子百家后中国民主思想的发展产生了相当不利的影响。”他就是商鞅，一个备受争议的变法先驱，一个死于自己制定的酷刑之下的宰相。

◎游说入秦　初露锋芒

商鞅（约前 390 ~ 前 338），汉族，卫国人，祖籍在今河南安阳市黄梁庄镇一带。战国时期政治家、思想家，法家著名代表人物。卫国国君的后裔，公孙氏，故称为卫鞅，又称公孙鞅，后封于商，后人称之为商鞅。应秦孝公求贤令入秦，说服秦孝公变法图强。孝公死后，被贵族诬害，车裂而死。通过他的改革，秦国大治，史称“商鞅变法”。

公孙鞅作为卫国公族的后裔。他所置身的战国时代，是一个饱学之士周游列国、到处兜售自己的时代。他们不需要祖国，朝思暮想的都是知遇之恩。公孙鞅也不例外。他从小研读刑名之学，摸索出一套变法理论。尽管对法律、军事的研究已超出前辈吴起、李悝，但在本国却是英雄无用武之地。第一个机会来自魏国。魏国国相公叔痤，对公孙鞅的奇谋十分欣赏。不知道是公孙鞅的不幸，还是魏国的不幸，就在公叔痤决定向魏惠王推荐公孙鞅时，公叔痤已被病魔夺走了大半条命。他只能竭尽余力，告诉前来探病的魏惠王：“我死之后，希望您在国事上听公孙鞅的意见。”魏惠王估计被公叔痤这句话吓倒了：公孙鞅？他才二十出头，乳臭未干！当然，他尊敬老臣，没有当面说国相老糊涂。姜还是老的辣，公叔痤看懂了魏惠王的表情，无奈，狠了狠心说：“既然您不用公孙鞅，那一定要杀了公孙鞅。”他的意思是人才如战略物资，自己不用也不能资敌。

等魏惠王走后，公叔痤越想越不是滋味，一个青年才俊将因自己而死？不知是不是人之将死，其心也善，他派人叫来了公孙鞅，告诉他事情的经过：“你赶快逃走吧。”公叔痤的急切溢于言表。看来他最后的努力就是保全公孙鞅的性命了。然而，公孙鞅却不慌不忙地说："大王既然不能听您的话而信任臣下，又怎么会听您的话杀臣下呢？"正如公孙鞅所言，魏惠王没有杀他。公叔痤死了，商鞅在魏国的前景也就更渺茫了。下一步去哪里？他把战国七雄一字儿排开，思索哪个国家会成为自己的用武之地。

不久，公孙鞅来到秦国，这时的秦国在战国七雄中，无论政治、经济、文化各方面都比中原各诸侯国落后。毗邻的魏国就比秦国强，还从秦国夺去了河西一大片土地。公元前361年，秦国的新君秦孝公即位。他下决心发奋图强，首先搜罗人才。他下了一道命令，说："不论是秦国人或者外来的客人，谁要是能想办法使秦国富强起来的，就封他做官。"秦孝公这样一号召，果然吸引了不少有才干的人，公孙鞅通过秦孝公的宠臣景监求见孝公。

秦孝公接见了公孙鞅，公孙鞅在秦孝公面前讲了许多话，孝公常常打瞌睡，不爱听。接见完了以后，孝公斥责景监说："你介绍的客人是光说大话而不切实际的人，怎么能够使用呢？"景监用孝公的话去责备公孙鞅。公孙鞅说："我游说秦孝公以五帝治国的办法来理国家，看来孝公不能领悟。"五天以后，公孙鞅又要求拜见秦孝公，他又一次见到孝公，谈话的效果比上次稍好一点，但是秦孝公还是不合意。完了以后秦孝公又斥责景监，景监又去责备公孙鞅。公孙鞅说："我游说孝公以三王治国之道来管理国家，但孝公还是没听进去，请你再一次引见我吧。"公孙鞅又见到了秦孝公，交谈以后秦孝公对他挺客气，但还没任用他。

公孙鞅对景监说："我游说秦孝公以五霸的治国之道管理国家，看来他想任用我。如果能够再接见我一次，我知道该怎样说了。"公孙鞅又一次见到秦孝公。孝公和公孙鞅对坐交谈，不知不觉地向前挪动着两个膝盖，凑近听他讲话。两个人谈了几天都不觉厌倦。景监问公孙鞅说："你拿什么打动了我们国君？我们国君高兴得不得了啊！"

公孙鞅说："我游说你的国君用五帝三王的治国之道，使秦国的德政能与夏、商、周三代相比，你的国君说，'用这些治国之道太费时间了，我等不了。况且贤明的国君，都应在未死的时候就创立业绩扬名天下，哪能闷闷不乐地等上八九十年而学做五帝三王呢？'所以我用春秋五霸强国的方法游说君王，君王就非常高兴了。但这样做君王的道德功业就难与殷周相媲美了。"

◎舌战群臣　推行新法

秦孝公任用公孙鞅后，想改变秦国原来的法度，但是恐怕天下人议论自己。公孙鞅说："行动缺乏自信就不能成名，办事不果断就不能成功。一个人的操行如果出类拔萃，往往不被世俗舆论所承认；一个人如果特别独到，必然要受到平民百姓的诋毁。愚昧的人在别人把事情都办成了，还迷惑不解；智慧的人当事情尚未发生，就已经预料到了。对于平民百姓，不能和他们一起谋划如何办事，而只能和他们一起享受成果。讲究最高道德的人不落俗套，成就大功业的人不必请教众人的计策。所以圣人认为只要是能够强国的谋略，就不必去效法那些旧的典章制度；只要是能够利民的办法，就不必去遵循那些旧的礼教。"秦孝公说："好。"

大臣甘龙说："不对。圣人不改变人民旧有的风俗习惯而教化人民，智者不变动国家原有的典章法规而治理国家。按照人们旧有的习俗而教化，不费功夫而能得到成功；沿袭国家原有的法规而治理国家，不仅官吏熟悉旧法，人民也得到安宁。"

公孙鞅说："甘龙所说的话，是世俗的言论。无所作为的人常常泥守旧的习俗，书呆子们总是迷信书本的条文，按照甘龙所说的两种方法循规蹈矩，谨守职位倒是可以，但是不配谈论旧法之外的事情。夏、商、周三代礼制都不相同，却都成就了事业；春秋五霸相继称强，所持的谋略也不完全相同。聪明人制定了法令，愚蠢的人就知道受制遵行；贤明的人善于根据实际变革礼规，没本事的人只能受旧的礼规牵制约束。”

大臣杜挚说：“好处不到百倍，不变旧法；功效不到十倍，不改换旧的器物。效仿古先，可以无过失；遵循旧的礼法，可以无邪恶。”

公孙鞅说：“治理天下不能仅仅依靠一种理论，要对国家有利就不能仿效古人。因此商汤和武王不遵循古法而成王业，夏桀和殷纣不变旧礼而被灭亡。违反古法的人不能受诽谤，而遵循旧礼的人也不值得赞扬。”秦孝公说：“好。”于是封公孙鞅为左庶长。终于确定了变法的条令。

新法把居民五家编为一“伍”，十家编为一“什”；让他们互相监督，一家犯罪，其他各家如不告发就一同受罚，不告发罪犯的人要受腰斩，告发罪犯的人和砍下敌人首级的人得到同样的封赏，包藏罪犯的人要和投降敌人的人得到同样的惩罚。民户中有丁男两人以上而不分开立户的，一户要交两份赋税。立下军功的人，根据功绩的大小按规定加官晋爵；因为私事殴斗的人，根据情节轻重要给予刑罚。尽力于农业，在耕织中生产出较多谷粟布帛的人，可以免除他自身的劳役负担。从事经商和由于懒惰而变穷的人，一律把他们降为奴隶。国君的宗族凡是没有军功可以论叙的人，不准他们载入族谱。严格区分尊卑上下的等级界限，以等级高低占有不同的田宅，奴婢们的衣服样式也随主人的地位差别而定。有功劳的人显贵荣华，无功劳的人尽管富足，也没有地方表现他的荣耀。

新法已经准备就绪，但尚未公布，担心人民不相信政府的新令是否算数，于是在都城市场的南门立起一根三丈高的木杆，贴出告示招募：能把木杆移放到市场北门的人，赏他十金。民众觉得这件事很奇怪，没人敢来尝试。又告示说："能够把这根木杆移走的人，赏五十金。"有人把这根木杆搬走了，公孙鞅立刻派人传出话来，赏给扛木头的人五十金，一分也没少。

这件事立即传开了，一下子轰动了秦国。老百姓说："左庶长的命令不含糊。"公孙鞅知道，他的命令已经起了作用，就把他起草的新法令公布出去，并顺利地实施。

周显王十三年（前356年）和十九年（前350年），公孙鞅先后两次实行变法。

公元前356年第一次变法，主要内容是：颁布法律，制定连坐法，轻罪用重刑（所谓连坐，指本人未实施犯罪行为，但因与犯罪者有某种关系而受牵连入罪。又称相坐、随坐、从坐、缘坐。连坐起源甚早，夏、西周、春秋、战国时期都有连坐制度）。将李悝《法经》颁布实行，增加了连坐法。就是五家为伍，十家为什，互相告发，同罪连坐。告发"奸人"的与斩敌同赏，不告发的腰斩。一家藏"奸"，什、伍同罪连坐。客舍收留无官府凭证的旅客住宿，主人与"奸人"同罪。

奖励军功，建立二十等军功爵制。规定斩敌甲士首级一颗赏爵一级，田一顷，宅九亩，服劳役的"庶子"一人。爵位越高，相应的政治、经济特权越大。宗室、贵戚凡是没有军功的，不得列入宗室的属籍，不能享受贵族特权。

重农抑商，奖励耕织，特别奖励垦荒。规定："僇力本业耕织致粟帛多者，复其身；事末利及怠而贫者，举以为收孥。"意思是尽力从事男耕女织的生产事业，生产粮食布帛多的，免除其本身的徭役；凡从事工商业和因不事生产而贫困破产的人，连同妻子、儿女没入官府为奴隶。

强调"依法治国"。要求国家的官吏学法、明法，百姓学习法律者"以吏为师"等等。

公元前350年，公孙鞅又实行了第二次改革，改革的主要内容是：“开阡陌封疆”。破除过去每一亩田的小田界——阡陌和每一顷田的大田界——封疆，把原来的“百步为亩”，开拓为240步为一亩，重新设置“阡陌”和“封疆”。国家承认地主和自耕农的土地私有权，在法律上公开允许土地买卖。

这样大规模的改革，当然要引起激烈的斗争。许多贵族、大臣都反对新法。这时，太子触犯了新法。公孙鞅说：“新法不能普遍推行，在于上边的人不遵守这些法规。”准备依法处置太子。太子是秦君的继承人，不能施以刑罚，结果，公孙鞅把太子的两个师傅公子虔和公孙贾都治了罪，一个割掉了鼻子，一个在脸上刺上字。这样一来，一些贵族、大臣都不敢触犯新法了。处理完的第二天，秦国的人民都服从了新法。

新法推行了十年，秦国的百姓很喜悦，没有人拾路道上别人遗落的东西，山野中也没有盗贼出现，家家衣食够用，人人生活富足。人民勇于为国家作战，不敢为私事殴斗，乡村城镇都治理得很好。秦国百姓当初说新法不利的又来说新法的好话，公孙鞅说：“这些人都是扰乱国家秩序的刁民。”于是把他们都迁居到边境上。从此以后百姓不敢再随便议论新法了。

◎率兵破魏　获得封地

公孙鞅又被秦孝公任命为大良造，率兵包围魏国的安邑，安邑的魏军投降了秦国。过了三年，秦国大兴土木，在咸阳建造了高大的城阙宫殿，从雍城迁都到咸阳。同时下令禁止父子兄弟同住一间屋子，又归并乡、邑、聚这些小的行政区域为县，各县设置县令、县丞，全国分三十一县，拆除原来的田埂地界（废除旧的田制，让人民重新认领土地），从而使国家的赋税变得合理平等。统一斗、桶、权、衡、丈、尺等度量衡制度。过了五年，秦国日益富强，周天子派人给秦孝公送来祭肉，表示对他的格外尊重，诸侯都到秦国来向孝公称贺。

此后第二年，齐国在马陵大败魏兵，俘虏了魏太子申，杀死了魏国的将军庞涓。又过了一年，公孙鞅劝秦孝公说："秦魏两国相存，就像一个人腹心有病一样，不是魏国吞并秦国，就是秦国吞并魏国，为什么这样呢？魏国在山势险要的中条山以西，立都安邑，与秦国隔河为界，独占整个中条山以东的地利，条件有利，可以西向侵秦；形势不利，可以向东发展收取地盘。如今由于您的圣贤，国家赖以强盛，去年魏国被齐国打得大败，诸侯都背叛了它，我们可以乘此时机进攻魏国。魏抵挡不住秦军，必然要向东迁徙躲避。魏国东迁以后，秦国就可以占据黄河与中条山的险要地势，东向以控制诸侯，这样就能成就帝王大业了。"秦孝公觉得有理，就派公孙鞅为将率兵攻打魏国。魏国派公子卬为将带兵阻击，两军对战，公孙鞅给魏将公子卬写信说："我原来和公交好，今天各自为两国的将军，我不忍心咱俩互相攻打，我可以和公子见面，两国会盟，欢宴之后彼此撤兵，使秦魏两国都得到安宁。"魏国公子卬认为不错，就过来会盟，然后饮酒欢宴，而公孙鞅却在酒席上埋伏了甲士，袭击俘虏了魏国公子卬，秦军趁机进攻公子卬的部队，将魏军全部击溃，然后带着俘虏返回秦国。

魏国兵将屡次被齐国、秦国击破，国用耗空，国势一天天削弱，魏惠王心中恐惧，于是派使者将黄河以西的土地划归秦国，以此求和。而魏惠王便离开安邑，将国都迁到大梁。魏惠王说："我后悔当时没有听公叔痤的话。"公孙鞅率兵破魏归来，秦孝公把商於等十五邑封给他，称公孙鞅为商君。

◎一意孤行　不听良言

商鞅当了十年秦国的丞相，秦国宗室与贵戚中有很多怨恨他的人。

赵良与商鞅相见时，商鞅说："我能见到你，是由于孟兰皋的介绍，现在我想和您结交为朋友，可以吗？"

赵良说："小人不敢有此奢望。孔丘曾经说过，'推荐贤能，善治爱民，人们就会来投奔他；如果收聚庸才那么讲求王道的人自然离去。'小人无能，所以不敢听从您的吩咐。小人听人说，'不称职而据位的人称之为贪位，名不副实而图名的人称为贪名。'小人接受您的厚谊，恐怕会受贪位贪名之累，所以我不敢从命。"

商鞅说："您对我治理秦国的成就不高兴吗？"赵良说："能够听取不同意见的叫'聪'，能够不断地自我反省的叫'明'，能够克制自己的冲动的叫'强'。虞舜曾说过：'谦虚而自处卑下的人反而更受到尊重。'您根本不按照虞舜所说的话去做，所以无须问我了。"商君说："秦国过去的风俗和戎狄一样，父子不分别立户，同住一间屋子。如今我移风易俗，让他们父子分户，男女有别，又建造了高大的城阙，把秦国经营得像中原的鲁国、卫国一样了。您看我治理秦国的成就与五羖大夫百里奚相比，谁更贤能呢？"

赵良说："千张羊皮不如一领狐腋之裘，众人随声附和不如一人直言相辩。周武王由于听从群臣的直言，使得周朝昌盛起来；殷纣暴政拒谏而君臣缄口不言，导致商朝灭亡。您倘使不反对周武王那种做法的话，小人请求整天在您面前直言而不受责怪，可以吗？"

商鞅说："有这么一句老话说，表面好听的话如同花朵，中肯切理的话如同果实，使人听了感到痛苦的批评是治病的良药，讨人喜欢的甜言蜜语是害人的疾病。先生果真愿意为我终日直言，那真是救我商鞅的良药，商鞅将拜您为师，先生又何必客气呢？”

赵良说：“五羖大夫百里奚原来是下等人，替人家喂牛。秦穆公知道百里奚是个能人，就把他从一个喂牛的贱人提拔起来，安置在相位上，秦国人没有敢怨恨的。百里奚在秦国做了六七年相国，秦国向东攻打郑国，帮助了晋的三位国君回国即位，又有一次解除了楚国造成的祸患。百里奚在国内实行教化，使得邻近的小邦巴国也自动向秦国纳贡；在国外对诸侯施行仁德，使得西部各戎狄之国都归服了秦国。由于听说百里奚的贤能，叩关求见。百里奚在秦国做相国的时候，虽然辛劳，但却不肯乘坐车子，暑天暴晒，也不肯张开车盖，他在国内巡行，不用车辆随从，也不带防身的武器。他的功业记载在丝帛上，收藏于府库中；他的德行延续流传到后世。百里奚死后，秦国的男女百姓都痛哭流涕，儿童也知道伤悲而不唱歌游戏，舂米的人不愿哼唱号子。这都是因为百里奚的德行（才使人们对他这么怀念）。如今，您求见秦王，是依靠了秦孝公的贴身宠幸景监的推荐，爱名誉的人是不这样做的。您做秦国的丞相不去为百姓做些实事，却大建城阙宫廷，为国家建功立业的人是不这样做的。在太子师傅的身上加刑、刺字，用严峻的刑罚伤残人民，这就积聚了怨恨埋下了祸根。以身作则的教化比法令更为深切，人民遵仿君王所为，也比听从法令要快得多。如今您所做的事、所变的法又都违背了道德，教化百姓可不是像您这样做的。您又封有商於之地，可以面南背北自称寡人，天天以新定的法令来约束秦国的贵族。《诗经》说：‘老鼠都还有个完整的肢体，做人怎么能不讲究礼呢，人既然不讲礼仪，为什么还不快点死呢？’照《诗经》这些话看来，您要想长寿是不能这么做下去的。公子虔受割鼻之刑，因羞愧闭门不出已经八年了，您又杀了祝欢，而且在公孙贾的脸上也刺过字。《诗经》说：‘得人心的人兴盛，失人心的人崩坏。’您处罚别人的几件事，可不是得人心的做法。您出巡时，随从的车辆数以十计，车上载满武士，用力大而健壮的汉子为左右护卫，执长枪和短矛的士兵夹护着您的车子奔跑。这些保护措施少了一件，您就不肯出门。《尚书》说：‘依靠仁德的人昌盛，凭借武力的人灭亡。’您很危险，就像早晨的露珠，很快就要消亡，哪里还谈得上延年益寿呢？您不如将商於十五邑归还秦孝公，找个僻静地方种些瓜果菜蔬，再劝说秦孝公重用那些隐居山林的贤人，收养无依靠的老人，抚恤无父兄的孤儿，敬重父老兄长，褒奖对国有功的臣民，尊崇有德行的人物，这么做了或许可以减轻一些灾祸，得些安宁。您如果仍然贪恋商於的富庶，以独揽秦国的政令为自己的荣耀，让百姓积蓄更多的怨恨，说不上哪一天秦孝公抛下人世不能再上朝了，秦国想捕杀你的人会少吗？您的灭亡真是举足之间就可来到的。”商鞅不听赵良的劝说。

◎遭受酷刑　作法自毙

商鞅的变法确实给秦国带来了很多好处，但是另一方面又太过刻薄寡恩，设连坐之法，制定严厉的法律，增加肉刑、大辟，有凿顶、抽筋、镬烹之刑。

为了巩固君主统治，商鞅颁布连坐法。这是在户籍编制的基础上实行的。商鞅一派法家认为，要使君主政权达到“至治”，必须使得“夫妻交友不能相为弃恶盖非，而不害于亲，民人不能相为隐”。就是说，最亲密的夫妻和朋友，也不能互相包庇，而要向政府检举揭发，使得任何“恶”“非”都不能隐匿。只有这样，“其势难匿者，虽跖不为非焉”（《商君书·禁使篇》）。实行连坐法的目的，就是要使得人民互相保证，互相监视，互相揭发，一人有罪，五人连坐，即使是跖也没有办法为非作恶。《秦律》中多次提到“伍”的组织，例如说：

“何谓四邻？四邻即伍人谓殴（也）。”凡是大夫以下，“当伍及人”，都应该编入“伍”的户籍，一人犯罪，“当坐伍人”（《秦律·法律答问》）。

这种连坐法不但实行于乡里的居民之中，也实行于军队的行伍之中。《商君书》说：“行间之治连以五。”（《划策篇》）；又说“其战也，五人来（当作‘束’）簿为伍，一人羽（当作‘逃’）而轻（当作‘刭’）其四人”（《境年篇》），说明在作战时，五人编为一伍，登记在名册上，一人逃亡，其他四人就要处罚，这就是在军队里实行连坐法。

如此苛刻的刑法，秦国贵族不免多怨。有人劝商鞅别积怨太深，最好是“归十五都，灌园于鄙”“不贪商於之富，不宠秦国之教”，可是商鞅并未采纳。

公元前338年，秦孝公驾崩，秦惠文王嬴驷即位，公子虔诬告商鞅谋反，惠文王十分清楚商鞅没有谋反的动机，更没有谋反的可能，他只是为了出气，下令逮捕商鞅。商鞅逃到秦国的边关，想要住进客店，客店的主人不知他就是商君，说：“商君的法令规定留宿没有证件的客人，客人犯罪，主人要连坐。”商鞅叹了一口气，悲伤地说：“唉！变法的弊害竟然到了这个地步啊！”真的是“作法自毙”，商鞅搬起石头却砸了自己的脚。

他离开秦国到了魏国，魏国人怨恨他欺骗公子卬而打败了魏军，不肯接收他。魏国人说：“商君是秦国的逃犯，秦国如此强大，它的逃犯跑到魏国来，不送回秦国是不行的。”于是把商鞅送入秦境。商鞅重新回到秦国后，跑到他的封地商邑，与部属一起发动邑兵，向北攻打郑邑。秦国出兵攻打商君，在郑的黾池把他杀死了。尸体带回咸阳，秦惠王用车裂的酷刑，将商鞅惩处示众说：“大家不要像商鞅这样反叛国家！”车裂是十分残忍的刑罚，即用五辆车分别用绳索缚住受刑者的头部与四肢，然后驱赶着马，将人活活撕成五段，令人耳不忍闻。

“作法自毙”的成语也因此流传下来。

惠文王杀了商鞅，却继续执行商鞅的政策，秦国日益强盛，为嬴政（秦始皇）统一六国奠定了经济与军事基础。

◎历史功过　后人评说

由于独尊儒术的缘故，历史上对于使用暴力手段进行快速改革的商鞅的评价并不是很好。

司马迁在《史记·商君列传》中说：“商君，其天资刻薄人也。迹其欲干孝公以帝王术，挟持浮说，非其质矣。且所因由嬖臣，及得用，刑公子虔，欺魏将卬，不师赵良之言，亦足发明商君之少恩矣。余尝读商君开塞耕战书，与其人行事相类。卒受恶名于秦，有以也夫！”

后人又说：“卫鞅入秦，景监是因。王道不用，霸术见亲。政必改革，礼岂因循。既欺魏将，亦怨秦人。如何作法，逆旅不宾！”

但是也有人肯定商鞅，比如王安石：自古驱民在信诚，一言为重百金轻。今人未可非商鞅，商鞅能令政必行。这是在肯定商鞅的治国方略。

而《资治通鉴》中说：“夫信者，人君之大宝也。国保于民，民保于信。非信无以使民，非民无以守国。是故古之王者不欺四海，霸者不欺四邻，善为国者不欺其民，善为家者不欺其亲。不善者反之：欺其邻国，欺其百姓，甚者欺其兄弟，欺其父子。上不信下，下不信上，上下离心，以至于败。所利不能药其所伤，所获不能补其所亡，岂不哀哉！昔齐桓公不背曹沫之盟，晋文公不贪伐原之利，魏文侯不弃虞人之期，秦孝公不废徙木之赏。此四君者，道非粹白，而商君尤称刻薄，又处战攻之世，天下趋于诈力，犹且不敢忘信以畜其民，况为四海治平之政者哉！”

虽说商鞅刻薄，但也说明商鞅之诚信品质。在现代，尽管有少数不同声音，但大多数人承认商鞅是一个敢于触动旧势力、敢于改革的英雄。

近代史论家陈启天之《商鞅评传》论：“商君者，法学之巨子，政治家之雄也。”

梁启超的《中国六大政治家》，将商鞅列为中国历史上最伟大的政治家之一，与管仲、诸葛亮、李德裕、王安石和张居正同列。

第二章

深谋远虑 忍辱负重——战国名相范雎

有人评价范雎是秦国历史上智谋深远的一代名相。其“远交近攻”“固干削枝”的策略，以及长平之战所施反间之计，为秦统一天下发挥了巨大作用。而有人评价范雎是“心胸狭窄，睚眦必报的小人”，因为他借位高权重，凭一己私利，妒杀白起、辱须贾、杀魏齐、提拔亲信郑安平和王稽等事，严重影响了秦国的国力和声誉。那么他究竟是怎样的一个人呢？好与坏，肯定与否定，我们应该如何给他定位呢？

◎仗义执言　惨遭横祸

战国时期是一个游士和谋略家纵横捭阖的时代，游说成为当时士人升迁的重要途径。范雎虽然想周行天下，游说诸侯，一展平生所学，却因家境贫寒，既没钱作旅途之资，也没有托人引见之费，只好先在魏国大夫须贾门下奔走效力，以此静观时变，等待时机，再谋出头之日。

公元前283年，燕国大将乐毅率燕、楚、魏、赵、韩五国兵马攻破齐国都城临淄，并一举夺取齐国城池七十余座，齐国仅剩下即墨（今山东即墨）和莒（今山东莒县一带）两座城池尚未攻破。齐湣王逃亡，被楚将淖齿所杀。齐襄王在内外交困、岌岌可危的国势下，仓促在莒即位。后来，齐将田单力挽狂澜，智摆火牛阵，大败联军，收复七十城，齐国这才免遭亡国，得以复兴。

齐国蒸蒸日上的国势使当初随燕破齐的魏王坐卧不安，深恐齐襄王伺机报复。于是，魏王遣中大夫须贾出使齐国，议和修好。齐襄王本就怀恨在心，对魏使臣须贾很不礼貌，责问魏国为何反复无常，怒斥先王之死与魏有关，令人切齿痛心。须贾本来理亏，无言以对。就在这尴尬时刻，须贾身后站出一人，此人便是范雎，他义正词严地辩驳道："齐湣王骄暴无餍；五国同仇，岂独魏国？今大王光武盖世，应思重振齐桓公、齐威王之余烈，如果斤斤计较齐湣王时的恩恩怨怨，但知责人而不知自责，恐怕又要重蹈齐湣王的覆辙了！"这次范雎以随从舍人的身份随须贾前往齐国，见须贾被齐襄王数落得无言以对，这才挺身而出，仗义执言，一来替主人须贾解围，二来维护魏国尊严——谁知祸从口出！范雎这番话给他带来了难以想象的灾难，以至于险些送掉性命。

齐襄王听完这番不卑不亢、鞭辟入里的雄辩，不但没有发怒，反而心中暗自赞叹此人的胆识和辩才。齐襄王退朝以后，脑海里总也抹不去朝廷之上仗义执言的那个年轻人的身影。当晚，他便派人劝说范雎留在齐国，以客卿相处。范雎义正词严地拒绝道："臣与使者同出，而不与同入，不信无义，叫我以后怎么做人！"

齐襄王听了，心中十分敬重，特赐予范雎黄金以及牛、酒等物。范雎身在异国，肩负通使重命，岂敢擅自受用私馈之物，一再坚持不接受。须贾身为正使，遭遇冷落，而随从却备受优惠，心中当然很不是滋味。范雎据实以告后，须贾命令他奉还黄金并留下牛、酒，范雎只得唯命是从。

回到魏国后，须贾对这事越想越生气，他竟把这次出使齐国之所以受到冷遇，全部归罪于范雎，并把范雎在齐国受到齐王厚赐的情况报告了魏相魏齐。魏齐大怒，命人将范雎抓来，严刑拷打，把范雎打得遍体鳞伤，血肉模糊，惨不忍睹。范雎唯恐性命难保，便屏息僵卧，直挺挺在血泊中不动，佯装死去。狱吏误以为范雎已死，便去禀告正在饮酒的魏相。

这时，魏相正喝得面红耳热，命仆人用苇席裹尸，丢在茅厕之中，让家中宾客轮番向席中撒尿，故意凌辱范雎，以戒后人。小不忍则乱大谋，范雎只得咬牙强挺。待到天色已晚，范雎从苇席中张目偷看，见只有一名卒吏在旁看守，便悄悄地说："我伤得这么严重，虽然暂时醒了，但也没有活头了。你如果能让我死在家中，以便殡殓，改日定当重金酬谢。"

卒吏见其可怜，又贪图小利，便谎报魏齐，说范雎早已经死了。酒酣中，魏齐命仆人将范雎尸体扔到荒郊野外，范雎这才得以脱身。他乘夜爬回家中，让家人将苇席置于野外，以掩人之目；同时派人通知好友郑安平，帮助他藏匿在民间，化名张禄，并嘱咐家人第二日发丧。范雎果然没有估计错，第二天魏齐酒醒后，便疑心范雎未死，见野外仅存苇席，便派人到他家里搜查，恰逢举家发丧戴孝，于是轻信了范雎的尸身为野狗衔了去，从此不再怀疑。

◎神机妙算　辗转入秦

公元前271年，秦昭王派使臣王稽出访魏国。此时的秦国，由于孝公、商鞅变法奠定了富国强兵的坚实基础，又经惠文王、武王、昭王几代人的不懈努力，国势日益强盛。秦国有个传统政策，“荐贤者与之同赏，举不肖者与之同罪连坐”。因此，秦国的有识之士，都随时留意，访求人才。

范雎好友郑安平，听说秦国的使臣来魏国，认为时机已到，便充当仆人，去服侍王稽，想从中代为范雎通融。郑安平尽心侍奉，应对敏捷，没过几天便深得王稽的欢心。

一天，郑安平想伺机试探王稽，借故来到王稽的房间。正巧王稽唤他近前讲话，郑安平不知何意，缓缓地走过去。王稽悄悄地问他：“魏国是否有贤人，愿意与我一起投奔秦国？”

郑安平喜出望外，忙答道：“我乡里有个张禄先生，想要拜访使君，论述天下兴亡之事。只是有仇家在此，不敢白天造访。”其实他所指的这个张禄就是范雎。

王稽也不介意，连忙道：“白天不方便，叫他晚上来吧。”

当天夜里，郑安平让张禄也就是范雎扮作仆人模样，悄悄来到公馆，拜见王稽。两人就座，促膝畅谈天下大事，范雎指点江山，如在目前。没等范雎把话说完，王稽已确认范雎是个少有的贤才，便与他相约，说：“我回国之日，先生可在魏国京郊三亭冈南面等我。”约罢而散。

几天后，王稽完成使命后辞别魏王和群臣，驱车回国。当行到三亭岗南面时，忽见林中钻出俩人，正是范雎和郑安平。王稽大喜，用车拉上他们，往西奔去。

王稽一行驱车来到秦国境内，远远望见前方尘土飞扬，一队车骑急驰而来。范雎是个有心人，见状忙问："来者何人？"

王稽认得这队人马，若有所思地回答："这是当朝丞相穰侯魏冉，像是往东去巡察。"

范雎虽然身处陋室，却始终关注着时局动态，对秦国政局多有了解。眼前的穰侯魏冉是宣太后的弟弟，秦昭王的舅舅。他把持朝政，专国用事，是秦国头号权臣，与华阳君、泾阳君、高陵君并称"四贵"。他每年都要带着大队车马，代替国君周游全国，巡察官吏，省视城池，校阅车马，扬威作福。权位已经登峰造极，炙手可热。秦昭王虽然不满，但心里害怕太后，也只好听之任之。

范雎对此早有所闻，忙说："我听说穰侯专权弄国，妒贤嫉能，厌恶招纳诸侯宾客；如果我与他会面，恐怕会招来麻烦。我先藏在车厢里，以免生出意外。"王稽依言安排。

不一会儿，魏冉车马赶到，王稽连忙下车迎拜，魏冉也下车相见，例行公事地寒暄慰勉之后，来到王稽车前，问道："关东情况怎样？诸侯有什么事变？"

王稽鞠躬回答："没有。"

穰侯看看车里，又察看了一下随行人员，接着问道："车中是否带来诸侯宾客？这些人实属无益之人，只能扰乱我秦国而已。"

王稽连称："不敢、不敢！"

魏冉没有发现什么可疑之处，不便久久盘查，于是率领众人往东去了。一场虚惊过后，王稽连忙扬鞭策马。他正在暗赞范雎神机妙算，却见范雎从车厢里钻出来说道："据我所知，穰侯这个人生性多疑而反应比较迟钝，刚才他已经怀疑车厢里藏着人，但忘了搜查。事后必然悔悟，势必掉马来追，我还是暂避一下为好。"于是，范雎下车，从小路步行而去。

果然，王稽的车马才走了十余里，忽听背后马铃声响，魏冉派了20余骑从东飞驰而来，声称奉丞相之命前来搜查，可遍搜车里，并无他国之人，这才转身离去。

王稽暗自赞叹："张先生真的是智士啊，我不如他，我不如他！"于是催车前行，追上范雎，载他上车，一同向秦都咸阳进发。从此，范雎得到了一展才华的大舞台。

◎巧激昭王　人生转折

范雎入秦时，秦昭王在位已经36年，国势强盛。秦军南伐楚国，力拔鄢、郢两座重镇；又挥师东指，连连大败强大的齐国；并数次围困魏、韩、赵"三晋"之兵，使魏、韩两国的国君俯首听命。秦国朝廷上下可以说是人才济济，但"四贵"掌权，排斥异己；秦昭王深居宫中，又被权臣贵戚所包围，再加上活跃在战国时期政治舞台上的谋士说客多如过江之鲫，难免鱼龙混杂，良莠不分。一时间，在秦国上层统治集团中对来自诸侯各国的宾客辩士并没有多少好的印象。因而，尽管范雎用尽心机，还是难以向秦昭王陈述他心中的安邦治国大计。一次，范雎求人向秦昭王举荐自己，说道："现有魏国张禄先生，智谋出众，为天下辩士。他要拜见大王，声称：'秦国形势严峻，不重用张禄则危险，重用张禄则安全。'然而他又说只可面谈，不可代传。"

显然，范雎此举分明是故作危言，耸人听闻，意在引起秦昭王的重视。然而秦昭王却认为天下策士辩客，往往如此，并不去理睬，任你千条妙策，他就是不闻不问。就这样，范雎住在下等客舍，粗茶淡饭，在焦虑烦躁中挨过了两年的时光。

公元前270年，穰侯魏冉举兵跨韩、魏而攻齐，夺取纲、寿二地，以扩大自己的封邑陶，从而进一步增强自己的实力。这就给范雎攻击政敌提供了借题发挥的机会。他在一年来对昭王内心世界的了解、分析和判断的基础上，果断而大胆地再次上书昭王，阐明大义，直刺时弊而又紧紧抓住昭王的心病。

他在书中说道："我听说英明的君主执政，对有功于国家的给予赏赐，有能力的人委以重任；功大者俸禄优厚，才高者爵位尊贵。所以无能者不敢当职，有能者也不得蔽隐。而昏庸的君主则不然，对他所爱的人给予奖赏，对他讨厌的人给予惩罚，全凭一时感情使然……我听说善于使自己殷富的人大多取之于国，善于使国家殷富的人大多取之于诸侯。天下有了英明的君主，那么诸侯便不能专权专利，这是为什么呢？因为明主善于分割诸侯的权力。良医可以预知病人的死生，而明主可以预知国事的成败。利则行之，害则舍之，疑则少尝之，即使是舜禹再生，也不能改变呀！有些话，在这封信里我是不便深说的，说浅了又不足以引起大王的注意。我希望大王能牺牲一点游玩的时间，准我望见龙颜。如果我所讲的对于治国兴邦之大业无效，我愿接受最严厉的惩罚。"

范雎的这篇说词，表达了两点颇为可贵的思想。其一，他主张选贤任能，奖励军功、事功，反对用贵任亲。这在血缘关系纽带又粗又长的早期封建社会里，无疑是闪光的思想。其二，他抨击了权贵专权专利的现象，指出了枝繁干弱的广泛危害，这对于加强中央集权，巩固君王的统治地位，无疑是极有见地的。而且，此语一箭即击中了秦昭王的心病。秦昭王处在宗亲贵戚的包围中，贵族私家的势力日趋重于王室，早有芒刺在背之感，对这样的谏词自然十分关切。尤其值得一提的是，范雎在信末所说"有些话，在这封信里我是不便深说的"，故作含蓄隐秘，诱使秦昭王浮想联翩，吊起他的胃口；紧接着又信誓旦旦地宣扬其言的绝妙效用，足以振聋发聩，迫使秦昭王不得不召见他。

由此可见，范雎不仅胸藏治国韬略，而且工于心计。

果然，秦昭王见信大喜，立即感谢王稽荐贤有功，传命用专车召见范雎。范雎进入秦宫，早已成竹在胸，佯装不知地径直闯进宫闱禁地，见秦昭王从对面被人簇拥而来，他故意不趋不避。一个宦官见状，快步上前，怒斥道："大王已到，为何还不回避！"范雎并不惧怕，反而反唇相讥道："秦国何时有王，独有太后和穰侯！"说罢，继续前行不顾。范雎此举，是冒一定风险的。然而，范雎这一句表面上颇似冒犯的话，恰恰击中了昭王的要害，收到了出奇制胜的效果。昭王听出弦外之音，非但不怒，反而将他引入内宫密室，屏退左右，待之以上宾之礼，单独倾谈。范雎颇善虚实之道，并能恰到好处地一张一弛。秦昭王越是急切地请教高见，范雎越是慢条斯理地故弄玄虚。秦昭王毕恭毕敬地问道："先生何以教诲寡人？"范雎却一再避实就虚，避而不答。最后，秦昭王深施大礼，苦苦相求道："先生难道还不愿赐教吗？"

范雎见昭王求教心切，态度诚恳，这才婉言作答："臣不敢如此。当年，吕尚见周文王，所以先栖身为渔父，垂钓于渭水之滨，在于自知与周王交情疏浅；直到同载而归，立为太师，才肯言及深意。其后，文王得功于吕尚，而最终得以统治天下。假使文王疏于吕尚，不跟他说掏心窝的话，那是周没有天子之德，而文王、武王很难与之共建王业。"范雎有意把眼前的秦昭王与古代的圣贤相连，既满足了秦昭王的虚荣心，又激励他礼贤下士。范雎还以吕尚自况，把自己置于贤相的位置。假如昭王拒绝，即等于自贬到桀纣行列，这无疑能使对方就范，谈话自然会按着他的意思进行下去。接着，范雎谈到自己，说道："臣为羁旅之臣，与国君您没有什么深交，而说的都是心里话。有的人，虽然愿效愚忠，却并不知道大王心里想的是什么，所以臣不敢作答。臣不是怕死而不进言，即使今天说了，明天就被杀了，也在所不辞。然而，大王信臣，用臣之言，可以有补于秦国，臣死不足惜。臣只怕天下人见臣尽忠了却不得善终，从此闭口不语，裹足不前，不再愿意为秦国效力。”这番慷慨悲壮之词更进一层，先是披肝沥胆，以情来感召昭王，接着晓以利害，以杀贤误国震慑昭王，给自己的人身、地位争取了更大的安全系数。

经过充分的铺垫，范雎最后才接触到实质问题，点出了秦国的弊端隐患：“大王上怕太后之严，下惑奸臣之谄。居深宫之中，终身迷惑，难以明断善恶是非。长此以往，大看宗庙倾覆，小者自身孤危，这是臣最恐惧的。”其实，以上说的弊端虽然确实有，但是并非治理秦国的当务之急。范雎所以要大论此事，意在用“强干弱枝”来迎合昭王。与此同时，也借以推翻范雎将来立足秦廷的政敌，从而确立自己在秦廷的地位。只要地位确定了，其他一切都可以顺理成章。谋略家们的良苦用心，由此可见一斑。

正因如此，才使范雎言必有中。秦昭王推心置腹地答道:“秦国僻远，寡人愚昧。如今得到先生的指教，真是三生有幸。自此以后，事无大小，上至太后，下及大臣，愿先生多指点寡人，千万不要有什么疑虑。”

◎远交近攻　强干弱枝

范雎虽已取信于秦昭王，但毕竟是刚入秦廷，还不敢过深地干涉内政，仅纵论外事，借以观察秦王的态度。不久，范雎再次晋见秦昭王，他首先分析了秦国的优势，说道：“秦地之险，天下莫及。雄兵百万，战车千乘，其甲兵之利天下都无法匹敌。以秦兵的骁勇，车骑数量之多，用以统治诸侯，如同良犬搏兔。然而兼并的计谋没有实现，霸王之业未成功，莫不是秦国的大臣计有所失？”范雎所言，即使秦昭王感到欣慰，也使他感到警怵，因而没等范雎说完，秦昭王便恭恭敬敬地说：“寡人愿闻其详。”

范雎于是接着说："臣听说穰侯将越过韩国、魏国而攻打齐国，这很不明智。出兵少则不足以战胜齐国，出兵多则又会不利于秦国自己，大王不如与远国交好，而攻打近国，哪怕只得到一寸土地那也是国君您的土地，得到一尺土地也是国君您的土地。而要是国君放弃眼前的，去攻打远处的齐国，这不是很荒谬吗？"

在这段奏议里，范雎明确地提出了"远交近攻"的战略思想，这是范雎对秦国的杰出贡献，为中国政治、外交思想史增添了光辉的一页。范雎还为这一战略原则拟定了具体的实施步骤：第一，就近重创韩、魏，以解除心腹之患，壮大秦国势力；第二，北谋赵，南谋楚，扶弱国，抑强敌，争夺中间地带，遏制各国的发展；第三，韩、魏、赵、楚依附于秦之后，携五国之重，进而威逼最远且是当时最强的对手齐国，使其回避与秦国的竞争；第四，在压倒各国的优势下，最后逐一消灭韩、魏诸国，最后灭齐，统一天下。

秦昭王听了大喜，任命范雎为客卿，参与军国大政，主谋兵事。公元前 268 年，秦昭王用范雎的计谋，派兵伐魏，攻克怀（今河南武陟西南）。两年后，又举兵攻占邢丘（今河南温县东）。在此形势下，范雎又及时为秦昭王谋划"收韩"之策，他首先向秦昭王分析了"收韩"的战略意义，他说："秦、韩之地形，交织相错如同锦绣。秦如果允许韩的存在，就好像木头里有虫，人有心腹之病一样。天下不变则已，一旦有变，就会成为秦国的祸患。因此大王应该首先收韩。"

秦昭王问："我想收韩，可韩不听，那怎么办？"

范雎从容回答："如果大王派兵首先攻打并占领韩国政治、经济、交通、军事的咽喉要塞荥阳（河南中北部），便可使巩、成皋之地不通，北断太行之道，使韩国的军队不得而下，一举可将韩国拦腰斩为三截。如此，韩国还能不听命而归附于秦吗？"秦昭王依计而行。

秦昭王四十二年（前 265），秦军发兵，先后占领韩国少曲（今河南济源东北）、高平（今山西泽州盆地北）、陉城（今山西曲沃东北）、南阳、野王（今河南沁阳）等地。至此，已将韩国拦腰斩断，使整个上党地区完全孤立起来。

在秦军雷霆万钧般的打击下，韩国步步败退，摇摇欲坠。而秦国则在战争中获得了人力、物力等方面的巨大补偿，实力更其强盛，因而东进步伐大大加速，扩大了对赵、楚两国的战争规模。

随着秦国军事上的节节胜利，范雎也日益受到秦昭王的赏识，地位日益得到巩固。公元前266年，范雎开始在内政方面实施变革，推行“强干弱枝”的方针，加强中央集权。他向秦昭王上奏：“臣在山东时，听说齐国只有个孟尝君，却未听说有齐王；听说秦国有太后、穰侯，却没有听说过秦王。只有善于治国的才能称得上是王，能明辨利害关系的才能算王，能控制生死大权的才能算得上是王。如今太后擅行不顾，穰侯出使不报，华阳、泾阳等击断无讳，在他们眼里，根本就没有你这个秦王，这样下去，权力何在？君威何在？臣听说善于治国的人，要‘内固其威而外重其权’。”接着他又进一步指出，“目前，穰侯内仗太后之势，外窃大王之重，用兵则诸侯震恐，解甲则列国感恩，广置耳目，安插在国君的左右，唯恐您千岁万岁后，即使还有秦国的存在，那也不是您子孙的了！”

秦昭王听后惊觉，因自己早就对宗亲贵戚的专权和势力的膨胀忌恨在心，这次听了范雎义正词严的宏论，终于下定决心。当年，昭王罢免了穰侯魏冉的相位，命其回到封邑；后又驱逐其他“三贵”，安置太后于深宫，不许与闻政事；又拜范雎为丞相，封之于应城（今河南鲁山之东），号为“应侯”。至此，以秦昭王为首的中央政权更为集中了。

范雎推行“固干削枝”的方针，致力于确立和强化秦国中央集权制度，促进封建割据走向封建大一统。这对秦国中央集权制度的完善和最终完成统一中国的大业有着不容忽视的功勋，是顺应历史发展的一次重大社会变革。

◎智取长平　挫赵元气

公元前260年，秦军大举北进，进攻赵国。老将廉颇率赵兵迎敌，秦、赵两军相持于长平。秦兵虽然勇武善战，怎奈廉颇行军持重，坚筑营垒，等待时机与变化，迟迟不与秦兵决战。如此一来，两军相持近两年，仍难分胜负。秦国君臣将士个个焦躁万分，却又束手无策。秦昭王于是请教范雎，说："廉颇多智，知秦军强而不轻易出战。秦兵长途跋涉，背井离乡，难以持久，战事如此久拖不决，秦军必将深陷泥淖，无力自拔，这可怎么办？"

范雎早已清醒地认识到问题的严重性，作为出色的谋略家，他很快找到了问题的症结。他对赵国文臣武将的优劣了如指掌，深知秦军若想速战速决，必须设计除掉廉颇。于是，他沉吟片刻，向昭王献了一条奇妙的反间计。

范雎派遣一个心腹门客从便道进入赵国都城邯郸，用千金贿赂赵王左右亲近之人，散布流言道："秦军最惧怕的是赵将赵奢的儿子赵括，年轻有为且精通兵法，如果封他为将，秦军必定难以取胜。廉颇年事已高而且胆小如鼠，屡战屡败，现在已经不敢出战，又为秦兵所迫，过不了多久肯定会投降的。"赵王听了，将信将疑。派人催战，廉颇仍坚持"坚壁"之谋，不肯出战。赵王对廉颇先前损兵折将本就不满，如今派人催战，却又固守不战，又不能把敌人赶走。于是轻信流言，顿时疑心大起，竟不辨真伪，匆忙任命赵括为上将，并赐以黄金彩帛，增调20万精兵，前往取代廉颇。

赵括虽为赵国名将赵奢的儿子，确实也精通兵法，但不知变通，只会坐而论道，纸上谈兵，而且骄傲自大。他威临军吏，手下的将士们都不敢仰视他。他还把赵王所赐的黄金、财物悉数藏在家中，日日寻思购买便利田宅，过自己的小日子。赵括来到长平前线，一改廉颇往日的约束，将以前的将校、防位都调换了一遍，弄得全军上下一时人心浮动，紊乱不堪。范雎探知赵国已经进了圈套，非常高兴，便与昭王商议，暗派武安君白起为上将军，火速驰往长平，并命令军中将士："有敢泄露武安君是上将军的人必斩无疑！"

说起这个白起，他是战国时期无与伦比的久经沙场的名将，一向能征善战、智勇双全，生死疆场多少次了，赵括远不能与他相比；论兵力，赵军绝难与秦兵抗衡。范雎之所以秘密行动，目的就是让赵括放松警惕，以出奇制胜。

两军交战，白起假装失败，赵括可美坏了，率兵穷追不舍，结果被秦军左右包抄，断了粮草，团团围困于长平。秦昭王听到这个消息，亲自来到长平附近；派出农家壮丁，分路掠夺赵人粮草；一面遏制住赵的救兵。赵军陷于重围达46天，粮尽援绝，士兵饿得不行，甚至自相残杀来填饱肚子，惨不忍睹。赵括迫不得已，把全军分为四队，轮番突围，都被秦军乱箭击退，赵括本人也被乱箭射死。长平一战，秦军获得了空前的胜利，俘虏赵兵40万，除了老年、幼者240人被释放外，其余全部坑杀。这次战役，大大挫伤了雄踞北方的赵国的元气，使其从此一蹶不振。

战后，秦军乘胜进围赵都邯郸。虽曾有赵国名士毛遂自荐，赴楚求援，又有魏国信陵君窃符救赵，也只能是争得一时的生存，无法挽回赵国败亡的厄运。长平之战，在秦国历史上具有划时代的意义。秦与关东六国的战争，如果说秦惠文王时还处于战略相持阶段的话，至此则进入了战略反攻阶段。此后，虽有庞煖组织的最后一次赵、魏、韩、楚、燕五国合纵抗秦，但也仅仅是困兽犹斗而已。

◎羞辱须贾　妒杀白起

公元前266年，魏安釐王封弟弟无忌为信陵君。当时，魏王听说秦昭王用范雎的计谋，将要东伐韩魏，急忙召来群臣商议。信陵君无忌主张发兵迎敌。相国魏齐则认为秦强魏弱，主张遣使求和。于是，魏王派中大夫须贾赴秦议和，直奔咸阳，下榻于馆驿。

范雎闻知魏王遣须贾来都议和，便换下相服，装作寒酸落魄的样子，走出府门，来到馆驿，谒见须贾。须贾一见来人，非常惊讶，说道："范先生还好吗？我以为先生被魏相打死，怎么会出现在这里？"

范雎答道："当年被弃尸荒郊，幸好苏醒过来，被一过客救了，后来逃命到秦国，为人打工糊口，才得以生存。"须贾不觉动了哀怜之情，将他留下，给他食物填饱肚子。这时候正是冬天，范雎衣衫薄得都破了，战栗不已，须贾见他如此落魄，叹道："范叔冷成这样了！"命令随从拿出一件缯袍披在范雎身上。接着问道："当今秦国丞相张禄，权势盛大，我想拜见他，可是无人引见。先生在秦时间这么长，能为我通融一下吗？"

范雎谎说自己的主人与张丞相关系特别好，自己也经常出入相府，可以为他引见，并同意为须贾借得大车驷马，供其驱使。范雎亲自为须贾赶马车。街市上的人，见丞相张禄驾车而来，纷纷疾走回避。须贾感到很惊异。到了相府，范雎转身对须贾说道："大夫在这里稍等，容我先去通报一下。"须贾下车，站在门外，等了很久也没有消息，便走到守门人跟前，悄悄问道："我的故人范叔入府通报，这么长时间了也不见出来，您能为我招呼一下吗？"

守门人感到很奇怪，这里并没有什么"范叔"。当须贾得知范雎就是张禄，乃当今秦之丞相时，如梦中忽闻霹雳，心突突乱跳，于是脱袍解带，跪在门外，托守门者报告说："魏国罪人须贾在外领死！"

范雎在鸣鼓之中，缓步走出来，威风凛凛，坐在堂上。须贾跪伏不起，连称有罪。范雎历数须贾三大罪状后说道："你今天来这里，本来应该断头沥血，以酬前恨。然而考虑到你还念旧情，以缯袍相赠，所以饶了你的性命。"须贾叩头称谢，匍匐而出。

范雎去见秦王，将往事一一禀报，并说魏国害怕秦国，遣使求和。秦王非常高兴，依范雎言，准魏求和，须贾的事，任范雎自己处理发落。几天以后，范雎在丞相府大宴诸侯的使臣，宾客济济一堂，觥筹交错，很是热闹。唯独将须贾安排在阶下，并派两个受黥刑的囚徒将他夹在中间，席上只准备些炒熟的料豆，两个囚徒手捧着食物喂他，如同喂马一般。众宾客都觉得奇怪，范雎便将旧事诉说了一遍，然后对须贾厉声喝道："秦王虽然允许讲和，但魏齐之仇不可不报，留你一条蚁命回去告诉魏王，快点将魏齐的人头送来。否则，我将率兵屠戮大梁，那时可就晚了。"须贾早吓得魂不附体，诺诺连声而出。

须贾回到魏，将此事告知魏王。魏相魏齐闻知十分恐惧，弃了相印，连夜逃往赵国，私藏在平原君赵胜家中。秦昭王知道后，打算为范雎报仇，设计诱骗平原君入秦，并将他扣留为人质，声称，若不送魏齐人头到秦国来，将不准平原君回赵国。魏齐走投无路，自杀了。

范雎报仇雪恨之后，并没忘记自己的恩人王稽和郑安平。一天，他晋见秦昭王，奏道："臣本来是魏国一个逃命的人，如果不是王稽忠于大王而接纳臣到秦国来，如果不是大王英明，臣哪能像现在这样得到荣华富贵呢？然而王稽至今还是一个谒者（官名，东周时国君左右掌传达等事的近侍），当年救臣于水火之中的郑安平也未得到重用，请大王恩赐。"秦昭王念范雎功劳，批准他的奏请，任命王稽为河东太守，任命郑安平为将军。

范雎羞辱须贾、杀魏齐，都反映了他的胸怀不够宽广，但在生产力低下、私有至上的时代，人们囿于私利，往往城府较深，这就酿成了无数的历史悲剧。由于范雎势炎日隆，一人之下，万人之上，他那本来就狭小的心胸最后发展到了嫉贤妒能的程度，给他的形象抹上了一层难以洗刷的阴影——妒杀白起便是典型。

公元前259年，秦军复定上党，再取太原，威震三晋。韩、赵两国惊恐万分，忙向苏代求救。苏代，是大纵横家苏秦的哥哥，也是一位胸中蓄积千般诡计、颠倒黑白、截长续短、驾轻就熟的说客。他受命来到咸阳，径直进入丞相府，问范雎："武安君白起擒获赵括了吗？"

范雎不知何意，答道："是。"

苏代又问："武安君白起进围邯郸了吗？"

答道："是。"

苏代说："赵国灭亡，则秦王为帝，武安君为三公。武安君为秦战胜攻取，略定七十余城，南定鄢、郢、汉中，北破赵括全军。虽周朝的周公、召公和吕望，功绩加起来也不如啊！你能甘居在白起之下吗？到那时，你虽不欲屈尊，也无能为力了。昔日秦攻韩，围邢丘，困上党，然而，上党的百姓却甘心依附赵国。可见，天下人民不乐于做秦国的子民是由来已久的。如今灭亡赵国，赵北部国土必然归燕国所有，东部国土必然入于齐国，南部国土必然属于韩、魏。如此，秦国所得的土地和人民又有多少呢？由此看来，不如允许韩、赵割地以求和，勿使武安君再建功勋。"

苏代巧舌利口，极言攻韩、赵的弊端，恰恰击中了范雎的难言之隐，于是他进谏昭王："秦兵劳苦，请许韩、赵割地以和，休养士卒。"秦昭王准请，于当年正月罢兵。至此，白起与范雎结怨。

数月之后，范雎复命王陵攻赵都邯郸。王陵因赵国军民顽强抵抗，屡屡受挫，损兵折将。一年后，秦昭王再用白起取代王陵进兵赵国。谁知白起竟不计后果，决不肯行。一则有病在身，二则心怨范雎先前掣肘，三则自思长平战后秦国伤兵们身体还没恢复，故拒不接受王命，这就潜下了杀身之祸。其后，秦昭王只好派王龁替代王陵，进攻赵都。这二王决非白起一类出色的将才，仍然迟迟不能攻下邯郸。后遇楚国春申君、魏国信陵君率数十万大军救援邯郸，大败秦军。秦昭王听说秦军大败，损失惨重，心中正自烦恼，白起却凑过来说道："不听臣的计策，看今天落得如此下场！"

昭王一听，自然恼怒，于是再命白起为将，怎奈白起自称有病，就是不肯应命。一气之下，秦昭王革去了白起的军职，将其削为平民，逐出咸阳。

白起来到杜邮（今陕西咸阳东），范雎对秦昭王道："白起被贬，怏怏不服，口有余言，恐为后患！"于是，秦昭王急差使者追赶白起，赐予一柄利剑，命令他自杀。

就这样，这位被司马迁称赞为"料敌合变，出奇无穷，声震天下"征战沙场达 37 年之久的一代名将，成了统治阶级互相倾轧的牺牲品。

◎推举贤能　功成身退

公元前 257 年，范雎在廷辱须贾、智赚魏齐、妒杀白起后派遣郑安平率兵进攻赵国。魏国信陵君无忌大破秦军于邯郸城下，郑安平率两万士卒投降赵国。

依照秦法"任人而所任不善者，各以其罪罪之"，范雎当株连降敌大罪，受三族连坐之治。秦昭王念他功劳大，法外施恩，不但没有治范雎的罪，反而加赐食物，慰勉范雎。谁知，事隔仅两年，即公元前 255 年，范雎的另一亲信王稽，身为河东太守却与诸侯私通，事败后被赐以弃市重刑。范雎接连涉嫌，秦昭王虽未深究，然而范雎心中很不是滋味，言行举止格外小心谨慎。

一天，秦昭王临朝兴叹："如今武安君白起、郑安平、王稽等或死或叛或降，外多强敌而内无良将，我担心楚国铁剑锋利，将士勇猛，到时候他们把矛头指向秦国，那可如何是好！"范雎听出弦外之音，知道自己已经失宠，地位岌岌可危，又惭愧又害怕，不得不考虑退身之计。于是，借病退避，闲居家中，不肯上朝。

就在范雎进退维谷之时，燕人蔡泽来到秦国。此人其貌不扬，而且身无分文，然而才华横溢，尤擅辩才。他曾广游列国，屡以其学干政，可惜久久怀才不遇，此时获悉范雎失意，他连忙赶到相府，如同范雎当年语激秦昭王一样。他扬言："燕客蔡泽，为天下雄辩之士，如果能一见秦王，必可夺取范雎相位。"

范雎听了，自然很想见识一番这位口出狂言的人，于是马上召见蔡泽，傲然问道："先生有什么能耐竟能夺我相位？"蔡泽不慌不忙地答道："君侯见识何其晚！众所周知，君明臣贤是举国之福，父慈子孝、夫信妻贞是一家的大幸。然而，比干忠正却不能存于殷，申生孝敬却不能完于晋。原因何在？身与名俱全者，最上；名可旌而身死者，居中；身存而名辱者，最下。商鞅、吴起、文种这些人，竭力尽忠，功高盖世，然而却惨遭诛戮，不得身名俱全，实在太可悲。现以您而论，声名功绩不如上述三个人，然而禄位贵盛、私家富厚却有过之而无不及。再看秦王重用您，又不如秦孝公重用商鞅、楚悼王重用吴起、越王勾践重用文种。到了这个时候，还不知道进退之术，我恐怕您的下场还不如商鞅等人。您岂不知：天地万物，四时之序，无功者来，成功者去，这是浅显的道理；日中则移，月满则亏，物盛则衰，这是天地的常数；进退盈缩，与时变化，这是圣人的大道。可惜凡夫俗子，被利益蒙住了心智，以致昏聩不悟。正如鸿鹄、犀、象，所居住的地方本来远离危险的境地，但因为有食物引诱，最后不免于死。书上说：'成功之下，不可久处。'您辅佐秦王，运筹帷幄，决胜千里，使天下诸侯都害怕秦国。秦国的欲望已经得到了满足，您的功劳最大，可这个时候你却不思退避，必然会引来像商鞅、吴起、文种一样的结局。您何不让出相印给别的贤能者？”

蔡泽论人事、谈安危，语语动人，字字惊心。范雎到底是位智者，心有灵犀，一点即通。立即奏请昭王，盛赞蔡泽的贤能，推荐他接替自己的相位。秦昭王五十二年（前255），范雎称病辞去相位，不久死于封地应城。

◎历史功过　后人评说

范雎是一位充满矛盾的历史人物。他一方面小肚鸡肠，“一饭之德必赏，睚眦之怨必报”；另一方面，他又富于深谋远虑，能够忍辱负重，终成大事。他一方面对过去了的恩怨耿耿于怀，设计杀仇；另一方面，他又具有战略眼光，提出了“远交近攻”的战略方针。事实证明，“远交近攻”的战略方针是行之有效的，秦国就是在这一方针指引下一步步强盛起来，一步步完成统一大业的。从这个角度看，说范雎是秦国霸业的奠基人，并不为过。

范雎事秦纯粹出于偶然，并没有必然性。如果没有范雎这个人物出现，历史将是另一番景象。那样的话，也许秦昭王仍是暗弱无力的君王，别说统一不了诸侯国，权力尽失也未可知。范雎使得一切都改变了，甚至历史的进程也被改变了。范雎呼风唤雨，如鱼得水。他在秦国的权力之大，通过他进谏秦王杀死了头号功臣白起，足可见证。白起坑杀40万赵国降卒的深仇大恨，由范雎替赵国人报了。六国的人杀死原先的头号敌人，而且是没费吹灰之力，也幽默得可以。

秦国吞并六国，然而为秦国制订吞并方针的，正是六国之一的魏国人——范雎。由此观之，六国——至少是魏国——乃自掘坟墓。有暴秦虎视眈眈，危若累卵，六国仍不结束窝里斗，直到把一流人才赶到敌人那里去。从这一点看，七国归于一统，实在是势在必行。诸侯国和平相处、相安无事，几乎是不可能的。假如当年没有范雎被须贾、魏齐陷害之事，魏国重用范雎，也许魏国可以强于一时，但绝对不可能改写历史。

范雎是战国时期秦国名相，他为秦统一天下发挥过巨大的作用。然而，就是这样一位对秦国有巨大贡献者，却为了一己私利，在用人问题上一步步走上了腐败的道路，犯下了不可饶恕的罪过。

罪过之一：妒杀白起。白起是秦国著名大将，有常胜将军之称。特别是长平之战，一举歼灭赵国主力军 45 万之众。当然，长平之战之所以全胜，也有范雎的功劳，因为正是他用反间计，使赵王临阵换掉名将廉颇，代之以只会纸上谈兵的赵括。然而战役之后，正当白起欲乘胜追击时，范雎却嫉贤妒能，害怕白起的功劳超过自己，于是，花言巧语说服秦昭王收兵。白起获知范雎暗中作梗后，便与之结怨。后来，在范雎的挑拨下，秦昭王先将白起贬为士卒，随后又令其自杀。

罪过之二：提拔亲信。范雎是魏国人，曾被魏中大夫须贾所诬，受到相国魏齐的迫害，后来在好友郑安平和秦国使者王稽的帮助下，才逃到秦国。范雎得志后，就利用职权报私仇，先廷辱须贾、后计杀魏齐，对王稽与郑安平他却十分关心。在他的精心安排下，王稽被任命为河东太守、郑安平被任命为将军，他还安排郑安平接替白起率兵攻赵，结果不但被赵国打得大败，郑安平还率两万士兵投降了赵国。当时，要按照秦律，范雎用人失察应受到株连，并祸及三族，只不过秦昭王念其功劳大，未加追究。他的另一亲信王稽也不争气，竟“里通外国”。尽管秦昭王仍未追究范雎的责任，但范雎深深感到了害怕，因为白起的死与王稽、郑安平的被提拔重用，都是他一手策划的。此后，他考虑再三，不得不放弃荣华与权力，称病辞去相位，退出政治舞台。

范雎的腐败，关键在于，其在人员的使用上不是以国家利益为重，而是以自己为核心。司马迁在为范雎作传行文时，曾有一句颇为有名的感慨：“一饭之德必偿，睚眦之怨必报。”这既是对范雎的褒扬，也是对范雎狭窄心胸刻薄的概括。

第三章

由商入政 开创先河——秦国名相吕不韦

战国末期，商人出身的吕不韦，开创了商人从政的历史先河，甚至有人说他改变了中国的历史。作为有史以来的最大投机家，虽然几千年过去了，但他的一生经历，对后人的影响却很大；即使到了现代社会，他的权术、公关手段、自我炒作的广告宣传等做法，仍然是比较前卫的，是梦想成功的人士学习的楷模。把吕不韦称为盖世英雄虽然会有人反对，但他绝对是一个千古奇人。

◎独具慧眼　奇货可居

吕不韦（？～前235），姜姓，吕氏，名不韦。战国末年著名商人、政治家、思想家，后为秦国大臣，卫国濮阳（今河南濮阳滑县）人。吕不韦是阳翟（今河南禹州）的大商人，故里在城南大吕街，他往来各地，以低价买进，高价卖出，所以积累起千金的家产。他以“奇货可居”闻名于世，曾辅佐秦始皇登上王位，任秦朝相国，并组织门客编写了著名的《吕氏春秋》，其门客有三千人。他也是杂家思想的代表人物。

在吕不韦出生之时，卫国已经日渐衰败。待他长大后，卫国更加倾颓。为求发展，他大约在公元前265年，便来到向往已久的赵国国都邯郸。邯郸城的繁华，让吕不韦眼花缭乱。他一边花天酒地，流连于歌楼舞榭之间，另一边也没有忘记他是为获取财富而来的。与别的商人不同的是，他并不满足于小财富的累积，而是要寻找一次能够一本万利的商机。很快，他等到了这种商机。

秦昭王四十年（前267），秦太子悼在魏国死去，运回秦国，葬在芷阳（今陕西长安东）。两年后，秦昭王把他的第二个儿子安国君立为太子，而安国君有二十多个儿子。安国君有个非常宠爱的妃子，立她为正夫人，称之为“华阳夫人”。可华阳夫人肚子不争气没有生出一个儿子来，安国君有个儿子名叫子楚（又叫异人），子楚的母亲是夏姬，但不受宠爱。子楚便作为秦国的人质被派到赵国。秦国多次攻打赵国，赵国对子楚当然不会以礼相待。他乘的车马和日常的财用都不富足，生活困窘，很不得意。

初到邯郸，吕不韦就听说了子楚的事，经过多方探听，他把子楚的身世、家庭关系、目前处境及其他方面了解得一清二楚。后来，当吕不韦见到这位落魄的王孙时，凭他多年经商的经验，一眼就看出：多方寻觅的商机就近在眼前。不禁脱口而出：“此奇货可居。”吕不韦赶回家告诉父亲，自己找到了可赢利的奇货，这也正是成语“奇货可居”的由来。

公元前 262 年，吕不韦又一次来到邯郸，他前去拜访子楚，对他游说道：“我能光大你的门庭。”

子楚笑着说：“你姑且先光大自己的门庭，然后再来光大我的门庭吧！”

吕不韦说：“你不懂啊，我的门庭要等待你的门庭光大了才能光大。”

子楚心知吕不韦所说的意思，就拉他坐在一起深谈。

吕不韦说：“秦王已薨，安国君被立为太子。我私下听说安国君非常宠爱华阳夫人，华阳夫人没有儿子，能够选立太子的只有华阳夫人一人。现在你的兄弟有二十多人，你又排行中间，不受秦王宠爱，长期被留在诸侯国当人质，即使是秦王死去，安国君继位为王，你也不要指望同你长兄和兄弟们争太子之位啦。”

子楚说：“是这样，可该怎么办呢？”

吕不韦说：“你太穷了，又客居在此，也拿不出什么来献给亲长，结交宾客。我吕不韦虽然不富有，但愿意拿出千金来为你去秦国游说，侍奉安国君和华阳夫人，让他们立你为太子。”

一直被冷落的子楚突然听到这么温暖的话语，顿时感激涕零，叩头拜谢道：“如果实现了您的计划，我愿意分秦国的土地和您共享。”

吕不韦拿出五百金送给子楚，作为日常生活和结交宾客之用；又拿出五百金买珍奇玩物，自己带着去秦国游说，先拜见华阳夫人的弟弟阳泉君，把带来的东西统统献给华阳夫人。顺便谈及子楚聪明贤能，所结交的诸侯宾客，遍及天下，常常说：“我把夫人看成天一般，日夜哭泣思念太子和夫人。”夫人听了非常高兴。吕不韦乘机又让华阳夫人姐姐劝说华阳夫人道："我听说用美色来侍奉别人的，一旦人老色衰，宠爱也就随之减少。现在夫人您侍奉太子，虽然备受宠爱，可您毕竟没有儿子，不趁这时早一点在太子的儿子中结交一个有才能而孝顺的人，立他为继承人，且像亲生儿子一样对待他，那么，丈夫在世时受到尊重，丈夫死后，自己立的儿子继位为王，最终也不会失势，这就是人们所说的一句话'能得到万世的好处'啊！不在容貌美丽之时树立根本，假使等到容貌衰老失宠后，想和太子说上一句话，还有可能吗？现在异人贤能（见到华阳夫人后改名子楚），而自己也知道排行居中，按次序是不能被立为继承人的，而他的生母又不受宠爱，自己就会主动依附于夫人，夫人若真能在此时提拔他为继承人，那么夫人您一生在秦国都要受到尊崇啦。"

华阳夫人听了觉得有道理，就趁太子方便的时候，委婉地谈到在赵国做人质的异人非常有才能，来往的人都称赞他，然后哭着说："我有幸能填充后宫，但非常遗憾的是没有儿子，我希望能立异人为继承人，以便我日后有个依靠。"安国君答应了，决定立子楚为继承人。安国君和华阳夫人都送好多礼物给子楚，还请吕不韦当他的老师，因此子楚的名声在诸侯中越来越大。

既然地位变了，异人当然不能再当人质了。吕不韦施展他游说的本领，使赵国同意送异人回国。正当异人和吕不韦欢天喜地打点行装准备回国之际，不料秦赵间长平之战发生了。赵王改变主意，禁止异人回国。

◎巧设妙计　献邯郸姬

当异人再次被困赵国时，正逢长平之战，吕不韦也找不到逃难的机会。在此期间，吕不韦又成功做成了一笔交易。

在邯郸，吕不韦早就选中了一个姿容艳丽又善歌舞的年轻女子与其同居。一天，当这位邯郸美女告诉吕不韦她怀孕的消息时，他计上心来，当晚就请异人到自己住宅饮酒。贪杯好色的异人得知，欣然赴约，席间见到风流、艳丽动人的邯郸美女陪酒，立即就被迷住了，当即向吕不韦提出将美人赠给他的要求。假装盛怒的吕不韦日后主动将美姬送给异人，使异人感激涕零，异人把肚怀吕不韦孩子的邯郸姬接回住所，过起了恩爱的夫妻生活。

公元前259年正月，邯郸姬生下一个儿子，取名为政，起先叫赵政，后改为嬴政，即后来的秦始皇。这是吕不韦的又一笔投资，它的效益要在异人下一代国君身上收回。

嬴政诞生给历史留下了千古之谜。一些记载说，秦始皇的生母嫁给异人之前，就已经怀孕，这是精心设计的。另有记载说异人之妻大期而生子，大期超过十二个月，所以不可能是吕不韦的儿子，说秦始皇是吕不韦的私生子，乃是当时和后来恨秦始皇的人攻击、污辱之词，不足为据。

可是仔细考查吕不韦和秦始皇的一生，以及后世的有关资料，可以肯定后一种说法是缺乏根据的。因为第一，证明嬴政和吕不韦关系非同一般的记载不仅是一二处。第二，即使赵姬大期而生嬴政，也不能排除他们有血缘关系的可能。因为吕不韦与邯郸姬的私通，并未因她与异人结婚而中断，这种关系一直延续到嬴政继承王位之后。

异人在邯郸娶姬生子，乐不思蜀。谁料风云变幻，这期间战争又发生了变化，给已经淡却回国之心的异人归秦创造了条件。当时秦军正乘胜进攻邯郸，白起率领得胜之师攻击，赵国的覆灭已指日可待。然而当白起攻克上党后，等待秦王发出进攻命令时，秦国内部矛盾产生了。白起迟迟未接到发兵的命令，因而失去占领邯郸的机会，但被困在城中的异人却因此避免了一场厄运。在吕不韦和他用钱财结交的宾客的帮助下，异人成功地逃出了赵国。而赵姬和幼小的儿子却留在了邯郸。因为赵姬本就出自贵族门第，所以在豪门势力保护下，母子俩幸免于难，没被赵王捉住。

◎志得意满　独揽大权

公元前251年，长寿的秦昭王终于去世了，苦等王位的安国君继位成了孝文王。昭王去世，吕不韦极为高兴，因为他所追求的目标又近了一步。另一个欢欣鼓舞的人是异人，他因父亲孝文王继位而成为太子，离登王位只有一步之遥。

由于孝文王在宫中长期沉醉于声色，导致身体虚空，无力应付繁杂的政务。才坐上王位三天便猝然离去，成为中国历史上执政时间最短的君主之一。随后异人继位，史称庄襄王，吕不韦随即登上秦国的政治舞台，开始展示他的个人才华。

庄襄王即位后的第一件事就是报恩——任吕不韦为相，封为文信侯，以蓝田十二个县为食邑。诏令一出，满朝文武惊呆了，因为当朝百官无一人能如此集官、爵、食邑最高等级于一身。

吕不韦本人心里十分清楚，这不过是十几年前在邯郸投资的收益而已。秦国大政实际是完全控制在吕不韦手上，国王只是丞相意志的传声筒。秦国由此开始了吕不韦擅权的时代。

吕不韦当政后的第一件事就是大赦有罪的人，奖赏先王功臣以及对百姓施行一些小恩小惠，这使得吕不韦在秦国臣民中影响深远。就在此时，又传来一个喜讯，与庄襄王分别六年、留居邯郸的妻子和儿子从赵国回到了咸阳，这也是吕不韦精心安排的。回到秦国的赵姬美艳不减、妖冶依旧，淫荡不减当年。庄襄王见美姬回到身边，自然是怜爱有加，从此沉溺于锦被绣帐之中，无心过问政事。

吕不韦独断秦国朝政更是畅行无阻。工于算计的商贾从政，处处都显露出他善于把握时机、取得最大效益的才能。消灭东周就是他掌权后立起的第一件大事。

公元前 249 年，苟延残喘的东周竟在巩地联合各诸侯国图谋进攻秦国。本来消灭周天子在道义上会受到谴责，此时恰好时机到了，东周君竟图谋攻秦，正给了吕不韦建立功业的机会。吕不韦轻而易举就征服了东周，将其少得可怜的领土并入秦的版图，彻底为秦清除了统一中国进程中最后的障碍。而吕不韦灭东周，却迁东周君往阳人，不绝其祀，又为自己树起了崇奉礼义、“兴灭”“继绝”的善举，从而赢得士人的好感，也减少了一些姜、姬姓诸侯国的仇恨和反对情绪，为大批士人投奔秦国和顺利完成统一创造了条件。

吕不韦掌权的头一年，秦国在军事和政治上都显得生机勃勃，秦国的国界已逼近魏国的国都大梁，魏国陷于一片混乱之中。后魏国请回留居赵国的信陵君，信陵君凭着自己的声望，组成五国联合军事行动，共同抗秦，把秦军打得大败，给春风得意的吕不韦当头一棒。这是吕不韦当政后军事上的第一次也是唯一的一次失败，从此他用兵更加谨慎。通过这次失败的教训，吕不韦知道，不除掉信陵君，秦国的军事征服就会遇到更多的困难。吕不韦经过多日谋划，精心安排，到处散布谣言，利用离间计使魏安釐王解除信陵君的军权，致使信陵君含冤四年后去世。

公元前 247 年五月，秦国宫中传出惊人消息——庄襄王去世！被吕不韦视为奇货的庄襄王，为了爬上国王宝座，不惜卖身投靠，把自己当作商品交给吕不韦去投机。他不惜弃生母夏太后于冷宫而去取悦华阳夫人。可是，花了这么大的代价，刚坐上秦王宝座三年就命归黄泉，死时年仅 35 岁。

对于庄襄王的死，议论纷纷，有人说得病，有人说是吕不韦所害。

无论死因如何，事实上他一死，吕不韦在秦国的地位就又发生了变化。

秦王政顺利登基，那时他还是个13岁的孩子。在威严的典礼过程中，丞相吕不韦始终伴其左右，指示他应该如何去做。嬴政继位后，吕不韦除了丞相、文信侯外，又加封了一个特殊封号——仲父。

13岁的孩子当然想不出如此封号，这完全是吕不韦自己的主意。从此，吕不韦就坐到章台宫大殿秦王御座的右侧，开始处理朝政了。从秦王政即位的公元前246年，到公元前237年，都是吕不韦在秦国直接掌权的时代。

秦王政即位之初，当务之急仍然是取得对东方各国的胜利。兼并战争的主要对象仍是韩、魏等国，而与楚国一直没有发生过大的战争。

公元前241年，楚、赵、魏、燕、韩五国又一次联合，推楚王为纵约长，联合攻秦，可这一次遭到秦军反击，而且吕不韦对各诸侯国采用打击和分化两手策略，使五国联军立即崩溃。同时也勾起了秦对楚的仇恨，楚考烈王为此将一腔怨恨转到春申君黄歇身上。春申君为了讨好楚王，就多方搜求美人供楚王淫乐。虽然送入宫中无数美女，但却没有后宫产子的喜讯传出，急得他一筹莫展。直到有一天，宾客李园求见，将妹妹献给春申君，不久李园妹怀有身孕，李园妹向春申君提出保证能长久宠于国君的计谋，要春申君将怀孕的自己送给楚王。一年后，李园妹果然为楚王生下一男，突然得子的楚王立即封她为后，立了太子。从此李园在楚王面前的宠幸立刻超过了春申君。李园利用春申君而在楚国得势，唯一的心病就是春申君知道自己的底细，所以他时刻准备暗杀春申君灭口。楚考烈王死后，李园成功地除掉了春申君，直接控制了楚国政权。

李园的阴谋与吕不韦的投机不谋而合，而李园本来就是来自吕不韦投机成功的赵国邯郸，至于李园是否为吕不韦派到楚国的奸细，也成为一个难解之谜。

◎吕氏春秋　一字千金

吕不韦执掌朝政时，秦国经济、文化长足发展，为他施展政治才能提供了客观条件。国内能够取得稳定发展，国外夺得不断的胜利，另外一个主要原因是吕不韦重视人才。吕不韦与其他嫉贤妒能的政客不同，他很重视选贤任能。老将中突出的是蒙骜，这位老将在吕不韦执政十余年中，不居功，不傲上，为秦国立下赫赫战功，虽已年迈，但威风不减当年。因此，吕不韦对他甚为器重。

吕不韦在入秦之前，各国诸侯都大力招揽人才，供养食客，其中最著名的要数“四公子”，即齐国的孟尝君、赵国的平原君、魏国的信陵君、楚国的春申君。而吕不韦是秦国历史上第一个认识到士的重要作用，从而大规模招揽宾客，打开国门大批养士的政治家。吕不韦任相国之初，就在相府内建造了数以千计的高堂广舍，聘有众多名厨，在首都和城墙上挂起告示，欢迎各方士人来相府做客。因为吕不韦本人并非秦人，却官至秦相，对希求功名的人士极具诱惑力。其次，吕不韦权势大，养士之举不会遭人反对和嫉恨。另外，秦国在军事上节节胜利，统一六国是早晚的事情。因此吕不韦招贤纳士的告示一发出，有识之士纷纷投奔，其中就有著名的李斯。

吕不韦生活在战国末期，却有着要求思想统一的倾向。所以吕不韦要门下客人，个个著其所闻，综合百家之说，畅论天地万物古今之事，最后汇编成书，名曰《吕氏春秋》。全书有八览、六论、十二纪等三个总题目，共一百六十篇，二十六卷，二十余万字。于公元前239年（秦王政八年）完成。这部书特别注重吸取儒道两家的学说，对法墨两家的观点往往采取批判的态度。

为了提高《吕氏春秋》质量，防止抄袭现象发生，吕不韦又想出一招。公元前239年的一天清早，咸阳城异常热闹，人们纷纷赶往市区。原来咸阳市门上挂着《吕氏春秋》的书稿，旁边有一大堆钱，告示宣布：如有人能对《吕氏春秋》改动一字者，将千金拿走。可是随着时间一天天过去，好奇的观众越来越少，站在市门前阅读《吕氏春秋》的人也逐渐散去，终无一人将千金取走。其实，并非书中不可改动一字，而是人们不敢改动，害怕招来杀身之祸，告示只不过是吕不韦吹嘘的手段罢了。不过，成语"一字千金"也由此而来。

《吕氏春秋》是中国古代杂家的代表作，说它是"杂家"，因为它是"诸子之位兼有之"没有形成自己的体系，调和了儒、道、法的思想观点。吕不韦主编《吕氏春秋》的目的，是为秦朝统一天下进行理论论证的。这是在韩非之前进行的一种统一思想的试验，结果失败了。但是，作为《吕氏春秋》的历史任务，并不是结束于先秦，而在于启开两汉。

◎惹怒秦王　饮鸩自杀

公元前239年，秦王政21岁了，他已经成年，只要举行过加冠礼，他就可以亲政了。而在亲政之前，朝廷的一切大权都掌握在吕不韦手中，嬴政只是一个傀儡君主。每逢上朝处理政事，只能听丞相吕不韦安排。

起初，秦王年纪还小，太后常常和吕不韦私通。可日子一天天过，小嬴政一天天长大，吕不韦唯恐事情败露，灾祸降临在自己头上，就暗地寻求嫪毐作为门客。不时让演员歌舞取乐，并想法让太后知道此事，以此事引诱她。太后听说之后，真的想在暗中占有嫪毐。吕不韦就进献嫪毐，一方面假装让人告发他犯下了该受宫刑的罪，另一面暗中对太后说：“你可以让嫪毐假装受了宫刑，就可以得到他。”

太后采纳吕不韦的建议偷偷地送给主持宫刑的官吏许多东西，假装处罚嫪毐，拔掉了他的胡须假充宦官，从而将他放在自己身边。后来太后怀孕在身，恐怕别人知道，假称算卦不吉，需要换一个环境来躲避一下，就迁移到雍地的宫殿中居住。嫪毐一直跟着太后，得到的赏赐非常丰厚，而太后凡事也都听信嫪毐之言。

天下没有不透风的墙，秦王政九年（前 238），有人告发嫪毐实际并不是宦官，常常和太后淫乱私通，生下两个儿子，并隐藏起来，还和太后密谋“若是秦王死去，就立这儿子继位”。于是秦王命法官严查此事，弄清了事实真相，还查到此事与相国吕不韦有关。同年九月，嫪毐家三族人全部被杀死，太后所生的两个儿子也难逃厄运，赵太后迁往雍地居住。

公元前 237 年，秦王免去了吕不韦的相国职务。等到齐人茅焦劝说秦王，秦王这才到雍地迎接太后，使她又回归咸阳，但把吕不韦遣出京城，前往河南的封地。

又过了一年多，各诸侯国的宾客使者络绎不绝，前去问候吕不韦。秦王恐怕他发动叛乱，就写信给吕不韦说：“你对秦国有何功劳？秦国封你在河南，食邑十万户。你对秦王有什么血缘关系而号称仲父？你与家属都一概迁到蜀地去居住！”吕不韦一想到自己已经逐渐被逼迫，害怕日后被杀，就自行解决喝下鸩酒自杀。

《史记·集解》皇览曰：“吕不韦冢在河南洛阳北邙道西大冢是也。民传言吕母冢。不韦妻先葬，故其冢名吕母也。”吕不韦埋葬妻子是很隆重的，自己服毒身死，宾客虽多，但葬埋北邙山则是匆匆忙忙的。即使如此草率，还受到秦王政的追究。

◎历史功过　后人评说

吕不韦在秦庄襄王、秦王政两朝任宰相，执掌政权。从吕不韦提倡“义兵”改变了尚首功、计首授爵的大屠杀政策；重视兴修水利和农业生产科学化，提高了粮食亩产量；招贤纳士为秦收罗人才；以杂家思想代替残暴寡恩的法家思想等四个方面，可见吕不韦对秦政治、经济、文化的发展及国家的统一做出了突出的贡献。但由于吕不韦把无德、无才的嫪毐推上政治舞台的过失，既乱了秦政，也给秦王政剥夺相权，消灭吕不韦集团找到机会和借口，最后迫使吕不韦饮鸩自尽。他的一生，有闪光点，也有阴暗面，有功，也有过。

吕不韦的功绩主要表现在：第一，立异人为嫡嗣，稳定了秦王室。异人的爷爷秦昭王是一个执政五十多年的老国王，父亲安国君是一个五十多岁的老太子，安国君有二十多个儿子，却迟迟没有确立嫡嗣，王室的此种状况潜伏着极大的不安因素，一旦儿子们为争夺王位发生争斗，将会导致秦国内乱，甚至使秦国形势发生逆转。吕不韦通过游说秦国，打通关节，说动了华阳夫人并由她说服了安国君，确立异人为嫡嗣。吕不韦此举虽然具有政治投机的目的，但立异人为嫡嗣稳定了秦王室，使秦王去世后王室没有发生内乱，加之吕不韦以丞相职位辅佐异人，把握朝政，使秦国在秦昭王、安国君死后没有停步，继续发展，维持了对东方六国的高压态势，加快了统一六国的步伐。从这个角度看，吕不韦对中国历史的发展是有贡献的。

第二，对外战争讲究计谋，避免硬仗、恶战。一部战国史，从始至终战争不绝，一场大战伤亡的人数往往在数十万以上。前260年，秦赵长平之战，赵国战俘竟有40万人被坑杀！此战是古往今来最惨烈的战争之一。当时吕不韦正在邯郸，亲历了战争给赵国造成的创伤。他在秦国执政后反对在战争中大规模屠杀。他提出了兴“义兵”的思想，所谓义兵，就是“兵入于敌之境，则民知所庇矣，黔首知不死矣。至于都国之郊，不虐五谷，不掘坟墓，不伐树木，不烧积聚，不焚室屋，不取六畜，得民虏而归之”。

对于吕不韦这个历史人物的评价，社会上持否定意见的不少，给予肯定意见的不多。大多认为其不过是一个投机的商人，靠投机赢得政治上的新生命，从而飞黄腾达。更有甚者认为，其不过是一个利用女人谋取政治地位的人。其实，从其人、其事、其学、其书来看，吕不韦还是一个值得肯定的人物。郭沫若认为：“吕不韦在中国历史上应该是一位有数的大政治家。”（见郭沫若《十批判书》中的《吕不韦与秦王政的批判》）看来，郭老虽然也写了吕不韦的批判，但总体上还是颇为认同吕不韦这个人的，毕竟政治家这个头衔可不是谁都能戴的。

中国人民大学历史系一教授认为：“其人其事可议，其功不可没，其学其书不可废。”当是中肯之言。

第四章

楚材秦用　一匡天下——秦国名相李斯

有人说他是一代奇才：他才华横溢、谋略过人；他协助秦始皇统一天下；他参与制定了法律，统一车轨、文字、度量衡制度，功及千秋。他就是秦朝著名的政治家、文学家和书法家李斯。然而，秦始皇死后，他却贪恋高官厚禄，只顾阿谀奉承，与赵高合谋，伪造遗诏，迫令扶苏自杀，立胡亥为皇帝。所以，有人说他是历史上最大的奸臣，过大于功，一生几乎无一是处。人们对他迥然不同的评价是因为他们站的角度和高度不同，都有一定的道理。

◎不甘平庸　赴秦施才

李斯生于战国末年，是楚国上蔡（今河南上蔡县西南）人，年轻时做过掌管文书的小吏。司马迁在《史记·李斯列传》中记载了这样一件事：有一次，李斯在厕所见到老鼠吃人粪，老鼠一见到人和狗就被吓跑了；后来，他在仓库里看到老鼠很自在地偷吃粮食，也没有人去管。于是，他发出了这样的感慨："人之贤不肖，譬如鼠矣，在所自处耳！"同样是老鼠，在不同的环境下，待遇却如此截然不同。这就是说，一个人要想在社会上出人头地，就应该像在粮库里偷吃粮食的老鼠，才能为所欲为，尽情享受。

可以看出，在战国时期人人争名逐利的情况下，李斯也是不甘寂寞，想干出一番事业来。为了达到飞黄腾达的目的，李斯辞去小吏工作，到齐国求学，拜荀卿为师。荀卿是当时著名的儒学大师，他是打着孔子的旗号讲学的。但是，他不像孟子那样墨守成规，而是从当时的政治形势出发，对孔子的儒学进行了发挥和改造，因而很适合新兴地主阶级的需要。荀子的思想很接近法家的主张，也是研究如何治理国家的学问，即所谓的"帝王之术"。李斯学完之后，反复思考应该到哪个地方才能显露才干，得到荣华富贵呢？经过对各国情况的分析和比较，他认为楚王无所作为，其他各国也在走下坡路，于是决定到秦国去。

临行前，荀卿问李斯为什么要到秦国去，李斯回答说："我听说遇到机会就不要轻易放过，如今正是各国诸侯互相争雄的时局，善于游说的人掌握着各国的权柄。现在秦王想要吞并天下，称帝以统治诸侯，这正是我们这些普通人士大显身手的时机。一个处在卑贱的地位而又不思进取的人，就像野兽看着肉，只能眼馋不能进食一样，这种人看起来虽然像人，实际上却徒有其表，没有一点人的志气和本领。所以说，人生没有比卑贱更令人耻辱，没有比穷困更令人悲哀的了。一个人长期处于卑贱困苦的环境，还讥讽世俗，厌恶名利，把自己打扮成与世无争的样子，这不是他的真实思想。因此我想到西边去游说秦王。”就此，李斯告别了老师，到秦国去实现自己的理想了。

李斯到了秦国，正好碰上庄襄王去世，于是他去拜见秦国丞相、文信侯吕不韦，请求做门客。吕不韦觉得李斯有才，就推荐他当了秦王的侍从，李斯因此得到游说秦王的机会。于是就劝秦王说：“小人物认不准动静的变化往往失去有利时机。成就大功业的人，在于钻对方的空子，抓住机会就下狠心去消灭它。从前秦穆公在春秋称霸以后，终究不能吞并东方各国，什么原因呢？因为当时诸侯国还比较多，周朝的德望也还未衰落，所以春秋五霸轮流争雄，交替打出尊奉周天子的旗号。自战国中期的秦孝公以后，周室衰落，诸侯互相兼并，函谷关以东只剩下六个国家，如今秦国仗着强大的国力威慑诸侯，至今已经六代了。现在诸侯臣服秦国就像秦国的郡县服从中央一样。以秦国的强大和大王的贤明，就像打扫锅台的灰尘一样，不费力气就可以消灭各国诸侯，完成帝业，达到统一天下的目标，这是万世难得的良机。现在如果怠慢松懈而不抓紧时机，等到诸侯重新强大起来，相聚联盟合纵，那时虽有黄帝的贤明，也不能兼并了。”于是秦王拜他为长史，听从他的计策，暗中派遣谋士携带金玉去游说诸侯。对诸侯国中有声望的人士，能够用财宝收买的就送厚礼贿赂；对不肯受贿的，就用利剑刺杀。在实施离间、破坏东方各国君臣的关系之后，秦王便派能干的将领带兵征伐。于是秦王又任命李斯为客卿。

◎谏逐客书　有功于秦

正当秦王下决心统一六国的时候，韩国怕被秦国灭掉，派水工郑国到秦鼓动修建水渠，目的是想削弱秦国的人力和物力，牵制秦的东进。后来，郑国修渠的目的暴露了。这时，东方各国也纷纷派间谍来到秦国做宾客，群臣对外来的客卿议论很大，对秦王说："各国来秦国的人，大抵是为了他们自己国家的利益来秦国做破坏工作的，请大王下令驱逐一切来客。"秦王因此下达逐客令，李斯也在被逐之列。

于是，李斯便给秦王写了一封信，劝秦王不要逐客，这就是有名的《谏逐客书》。

他说："我听说大臣们议论要逐客，心里觉得这么做是错误的。从前秦穆公寻求人才，在西边的西戎找到由余，在东边的宛招用百里奚，在宋国迎来蹇叔，在晋国招纳丕豹、公孙支。这五人都不在秦国出生，而秦穆公却任用他们，兼并了二十来个小国，终于称霸西方。秦孝公采用商鞅的新法，移风易俗，人民因此富足，国家因此强盛，百姓乐意为国效力，诸侯归服了秦国，接着又打败了楚军、魏军，收地千里，国家至今稳定而强大。秦惠王用张仪的计策，夺取韩国的三川地区，兼并了西部的巴国、蜀国，在北边攻占了魏国的地郡，在南边收取了楚国的汉中，占领了楚国的少数民族地区，威胁着楚国的鄢都和郢都，占据了东边的要地，获取了肥沃的土地，最终破坏了六国的合纵联盟，使它们听从秦国的号令，这些功绩延续到如今。秦昭王得到范雎后，废掉了穰侯魏冉，赶走华阳君，从而加强了秦王的权力，杜绝了贵戚专权的现象，并逐步蚕食诸侯，为秦国奠定了统一天下的基础。以上提到的四位秦王，都是利用宾客来为秦国建立功勋。由此看来，东方来宾有什么地方亏待过秦国呢！如果以前这四位国君都拒绝宾客而不接纳，疏远贤人而不利用，那么秦国就没有富足的实利，也没有强大的威名了。

"如今陛下得到昆冈的宝玉，拥有随侯献来的珍珠，卞和献来的玉璧，垂挂着明月宝珠，佩戴着太阿宝剑，乘坐着纤离骏马，所树立的旗帜是用翠凤羽毛装饰的，摆在那儿的是用鼍皮做成的大鼓。这些宝物，没有一件是秦国的产品，而陛下却喜欢它们，这是为什么呢？如果一定要秦国出产的东西才能使用的话，那么夜里能发光的玉璧就不能用来装饰朝廷，犀角象牙做成的宝玩就不能拿来观赏，郑、卫两地的美女就不能招来住在后宫。而駃騠骏马就不能养在宫外的马厩，江南的金锡就不能用来制作器皿，西蜀的丹青颜料就不能用来绘彩。如果凡是用来装饰后宫，充当姬妾，使大王娱乐心意，耳目欢悦的东西，都要出自秦国才能使用的话，那么用宛珠装饰的发簪，镶嵌玑珠的耳饰，用软绸白绢做成的衣服，用锦线绣成的物饰，都不该献给陛下；而时髦娴雅、身容娇美的赵国女子就不能侍立在陛下身旁了。至于敲击瓮缶、弹奏秦筝，拍击大腿而呜呜叫喊，这样刺耳的音乐，才是地地道道的秦声；而像郑卫之音、桑间之乐，《韶》《虞》《武》《象》等乐曲，都是来自异国的音乐。如今宫中放弃敲瓮击缶的秦音而学郑、卫之音，撤下弹筝的奏乐而取《韶》《虞》，这是为什么呢？还不就是因为听起来好听，而且适合人们观赏。如今用人的方法却不是这样，不问好坏，不论忠奸，不是秦人一律排斥，外来的宾客都要驱逐。看来陛下重视的是美女音乐和珠玉，而轻视的却是人才。这种做法不是统治天下、制服诸侯所需要的好办法。

“我听说，土地宽广，才能生长更多的谷粟；国土辽阔，才能拥有更多的人口；兵器锋锐了，士兵才更勇猛。泰山不舍弃细小的尘土，所以才形成它那样的高大；河海不拒绝细小的水流，所以才形成它那样的深广；君王不离民众，所以才能光大他的恩德。因此土地不分东西南北，人民不分本国它国，充分利用一年四季的丰美物产，鬼神都来降福保佑，这就是五帝三王无敌于天下的原因。可现在您却拒绝来投奔您的士民，让他们去帮助敌国，拒绝四方宾客的效劳，让他们为诸侯建功立业；使天下的士人畏缩而不敢到您这里来，这就叫‘把武器交给敌人，把粮食送给强盗，让他们来打自己啊’。不出产于秦国的物品，有许多东西是珍宝；不生长在秦国的谋士，有许多人愿意效忠于陛下。如今秦国驱逐宾客，把他们赶回去帮助敌国；孤立了自己，壮大了敌人；自己把国内搞得很空虚，而对外又与各国结怨；要使国家没有危险，是办不到的。”

李斯的这封谏书，不仅情词恳切，而且确实反映了秦国历史的实际情况，代表了当时有识之士的见解。因此，这篇《谏逐客书》成为历史名作。

秦王也是个明辨是非之人，果断地采纳了李斯的建议，立即取消了逐客令，李斯仍然受到重用，被封为廷尉。廷尉在秦朝掌刑狱，是主管司法的最高官吏。

这时，即将被杀的郑国也向秦王进言：韩国让秦国大兴水利建设工程，当初的目的是消耗秦国实力，但水渠修成之后，对秦国也是有利的。尽管兴修水利，减轻了秦国对东方各国的压力，让韩国多存在了几年，但将渠修好却“为秦建万代之功”。秦王觉得郑国的话有道理，决定不杀郑国，让他继续领导修完水渠，这就是后来闻名于史的郑国渠，它对发展繁荣秦国的经济，起到了一定的作用。经过这一次反复，秦国仍旧坚持招揽和重用外来客卿的传统，这些外来的客卿在秦国统一中国的过程中发挥了重要作用。

在取消逐客令不久，魏国大梁人尉缭也来到了秦国。当时的形势是，秦王已经除掉内部的反对派吕不韦等，大权进一步集中，积极向外扩张，东方各国都各个自危。尉缭向秦王建议说：当前，以秦国的力量消灭东方各国是毫无问题的。但是，如果各个诸侯国联合起来，合纵抗秦，结果就很难说了。因此，不要吝惜财物，向各国掌权的“豪臣”行贿，破坏他们的联合，只用三十万金，就可以达到兼并各个诸侯国的目的。秦王采纳了尉缭的计谋，在同各国进行斗争的过程中，不少次是用此策取胜的。当然，秦国的反间计是以武力为后盾的，正如李斯所讲：“不肯者，利剑刺之。”

秦国坚持接纳、使用客卿的政策，对其经济、政治、军事、文化的迅速发展，都做出了积极的贡献。如秦始皇时代的客卿就有王龁、茅焦、尉缭、王翦、李斯、王贲、李信、王离、蒙恬等。李斯的《谏逐客书》，对秦网罗天下人才是有功绩的。

◎辅秦统一　功及千秋

二十多年后，秦国果然统一了天下，于是尊秦王为皇帝，以李斯为丞相。李斯辅佐秦始皇开始轰轰烈烈地一统天下的工作。

公元前 221 年统一文字，秦始皇接受丞相李斯“书同文”的建议，命令全国禁用各诸侯国留下的古文字，一律以秦篆小篆为统一书体。在此之前，中国的文字从新石器时代彩陶刻画文字的萌芽，经过商代的甲骨文和西周的金文，成长到春秋战国时期，经历了一个漫长的演变和发展过程。战国时代由于群雄割据，“诸侯力政，不统于王，恶礼乐之害己而皆去其典籍”，因而出现了“言语异声，文字异形”的现象，使这一时期的汉字形体产生了地域性的差异。原本只有一种写法的字，到了这时，往往齐秦有异，燕赵不同。因此，统一后的中国急需一种统一的官方文字。李斯便奉秦始皇之命制作这种标准字样，这便是小篆。而关于小篆的由来，许慎在《说文解字叙》中说：李斯等人在奉秦始皇之命制作标准字样时，“皆取史籀大篆或颇省改，所谓小篆者也”。而小篆的名称也是为了尊崇大篆而卑称其“小”的。紧接着，为了推广统一的文字，李斯亲作《仓颉篇》七章，每四字为句，作为学习课本，供人临摹。不久，李斯又采用秦代一个叫程邈的奴隶创造的一种书体，打破了篆书屈曲回环的形体结构，形成新的书体———隶书。从此，隶书便作为官方正式书体，始于秦，盛于汉，直到魏晋楷书流行才渐被取而代之。但作为书法艺术，篆书、隶书因其独具一格，深受后人喜爱。中国书法四大书体真、草、隶、篆，隶、篆占其半壁江山，李斯之功，功及千秋。

统一度量衡。秦统一之前，中国的度量衡没有一个统一的标准，各国诸侯按照自己的喜好，制定了不同的计算单位和不同的计算进制。这种原始状态复杂多样的度量衡只适应于政治割据社会的需要。大一统的秦王朝建立后，为了不使其影响王朝的经济交流和发展，李斯上奏皇帝，建议废除六国旧制，把度量衡从混乱不清的状况下明确统一起来，得到了秦始皇的允许。于是，在李斯的亲自指挥下，把度制以寸、尺、丈引为单位，采用十进制计数；量制则以合、升、斗、桶为单位，也采用十进制计算；衡制则以铢、两、斤、钧、石为单位，二十四铢为一两，十六两为一斤，三十斤为一钧，四钧为一石固定下来。为了有效地统一制式、划一器具，李斯又从制度上和法律上采取措施，以保证度量衡的精确实施。这是秦王统一中国，李斯位居丞相之后的又一惊世之作。而它的影响不言而喻。几千年来，无论朝代更迭，这种计量方法从无更改。甚至时至今日，我们的生活当中依然还有它的身影。

修驰道、车同轨。公元前220年，统一中国一年有余的秦始皇渐感隐忧，庞大的中央集权要想在辽阔的疆域上政令畅通，物资交流便利，就必须改变以往的交通条件。此时，深谙皇上心思的李斯又立刻建议让全国的车轨统一，并在全国范围内修筑驰道。就这样，一场大规模的统一车轨、修筑驰道的运动在全国展开。李斯以京师咸阳为中心，陆续修建了两条驰道，一条向东通到过去的燕、齐地区（今河北、山东一带），一条向南，直达吴楚旧地（今湖北、湖南、江苏、浙江等地）。这种驰道路基坚固，宽50步，道旁每隔三丈种青松一株。后又修筑“直道”，由九原郡直达咸阳，全长1800余里。又在今云南、贵州地区修筑“五尺道”，以便利中原和西南地区的交通。在湖南、江西一带，修筑翻越五岭的“新道”，便利通向两个地区的交通。就这样，一个以咸阳为中心的四通八达的交通网把全国各地联系在一起。同时，为与道路配套，李斯还规定车轨的统一宽度为六尺，以此保证车辆的畅行无阻。

统一货币。公元前210年，即秦始皇三十七年，在秦始皇最后一次出游，也就是命丧沙丘之前，李斯向秦始皇上了最后一道重要的奏折：废除原来秦以外通行的六国货币，在全国范围内统一货币。这一行动被司马迁的《史记》称作“始皇三十七年，复行钱”。此举虽然对秦王朝的经济发展已无大用，但对后世的影响可谓大矣。当初，秦统一中国后虽大部改头换面，天下一统，但唯独货币依然沿袭过去的形式。市面上使用的货币包括布币、刀币、贝钱和圆钱等形式，使用起来十分不便。因此，统一货币及结算制度、统一货币铸造便成了当务之急。在李斯的主持下，货币规定了以黄金为上币，以镒为单位，每镒重二十四两，以铜半两钱为下币，一万铜钱折合一镒黄金。并严令珠玉、龟、贝、银、锡之类作为装饰品和宝藏，不得当作货币流通。同时，规定货币的铸造权归国家所有，私人不得铸币，违者定罪等。李斯此举被后人认为是经济史上的一个创举。而当初他所主持铸造的圆形方孔的半两钱（俗称秦半两）因其造型设计合理、使用携带方便，一直使用到清朝末年。

至此，李斯在他辅佐秦始皇匡扶天下的过程当中，完成了他最后一个使命。纵观李斯这些作为，可以这样说，中国几千年的历史当中，名相重臣比比皆是，累世之功不乏其主，但大多不过功在当朝，时过则境迁。而李斯几乎每干一件大事都能产生影响千年的效果，并荫及后代。司马迁在《史记》中评价李斯时说：李斯作为一个普通平民事秦，利用机遇和能力辅佐秦始皇终成霸业。如果不是因为种种无法让人容忍的恶行（杀韩非、焚书、篡改圣旨）毁坏了他的声誉，那么他的功绩可与周公、召公媲美了。

◎妒杀韩非　焚书坑儒

正当李斯步步高升的时候，却让秦王遇到了韩非，秦王十分欣赏韩非的才华。韩非和李斯是同学，他继承了荀子的学说，并在此基础上，把慎到的“势”、商鞅的“法”、申不害的“术”结合起来，并加以丰富和发展，形成了一套完整的君主专制理论。韩非是战国末期的一位大思想家，学问比李斯大得多。韩非因口吃，不善辩说，但善于著述。韩非回到韩国以后，看到韩国太弱，多次上书献策，但都未能被采纳。于是，韩非发愤著书，先后写出《孤愤》《五蠹》《说难》等。他的书传到秦国，由于讲的都是“尊主安国”的理论，得到了秦王的重视，并说：“我要是能见到此人，和他交往，死而无憾了。”

不久，因秦国攻韩，韩王不得不起用韩非，并派他出使秦国。秦王虽然很喜欢韩非，但还没有决定是否留用。李斯知道韩非的本事比自己大，害怕秦王重用他，对自己的前途不利，就向秦王讲韩非的坏话。他说：“韩非是韩王的同族，大王要消灭各国，韩非爱韩不爱秦，这是人之常情。如果大王决定不用韩非，把他放走，对我们不利，不如把他杀掉。”

秦王轻信李斯的话，把韩非抓了起来。根据秦国法令的规定，狱中的囚犯无权上书申辩。韩非到秦国以后，又得罪过姚贾。姚贾为秦国立过功，深得秦王的重用，被任命为上卿。韩非却向秦王说，姚贾出身不高贵，当过大盗，在赵国做官时被赶跑了，认为用这样的人是很不应该的，使得秦王很扫兴。事后，秦王又向姚贾问起韩非，姚贾当然不会讲韩非的好话。

在李斯和姚贾的串通下，韩非没有办法，只好吃了李斯送来的毒药，自杀了。从此以后，李斯没有对手，更可以尽情地施展自己的才华，为秦王统一六国出谋划策了。

秦王政二十六年（前 221），秦王结束了长期分裂的割据局面，统一中国，建立了一个东到大海，南达岭南，西至甘青高原，北至今内蒙古、辽东的空前的封建大一统国家。实现这种局面，李斯也是做了一定贡献的。

秦统一以后，丞相王绾首先提出全国地方太大，难以管理，要求像周代那样，封秦始皇诸子为王。秦始皇召开群臣会议讨论，群臣都赞同王绾的意见，只有李斯提出不同的意见，他说："周文王、周武王封的子弟很多，后来一个个都疏远了，互相视为仇敌，经常发生战争，周天子也不能禁止。现在天下一统，应实行郡县，天下才得以安宁。"秦始皇也认为，天下已经统一了，再立许多诸侯国，不利于统一，安宁也得不到保障，所以支持李斯的建议。于是，他把全国分为三十六郡，郡以下为县。郡县制比之前的分封制有了一个显著进步，有利于国家的统一。

秦始皇三十四年（前 213），群臣聚集在咸阳宫称颂秦始皇时，博士淳于越很不知趣，向秦始皇说："殷周之所以存在千年，是因为它把天下分封给子弟和功臣。现在天下如此之大，宗室子弟没有封地，和百姓一样，万一发生了田常、六卿之变，又有谁来相救呢？凡是不以古为师而天下能长久的，没有听说过。"

淳于越以儒家的立场来看待秦朝的政治，同秦始皇的思想和行动格格不入，这使得秦始皇大为不满，把淳于越交给丞相李斯处理。

李斯也不赞同淳于越的看法，他向秦始皇阐述了自己的观点："由于时代的变化，五帝三代的治国办法也都不同。三代时期的做法，也并不值得效法。那时候诸侯并列，互相争夺，现在天下统一，情况完全不同，不必效法古代。现在的一些儒生总讲古代如何如何好，这是以古非今，搅乱民心。对于造谣惑众，不利于统一天下的言行必须禁止，否则将会影响政局的稳定，有损于皇帝的权威。”最后，他又把这一切都归罪于读书的缘故，建议秦始皇下令焚书。

按照李斯制定的法令，那是相当残苛的。凡是秦记以外的史书，不是博士（指掌管古今文史典籍的官）所藏的诗、书、百家语都要烧掉，只准留下医药、卜筮、种树之书。此后，如果有敢再谈论诗书者“弃市”；“以古非今者族”；官吏如果知道而不检举者，与之同罪；令下后三十日仍不烧者，黥再潦上墨为“城旦”。有想学习法令的，要以吏为师。

这次焚书的原因，是由讨论是否分封的问题而引起的，无论是主张分封还是反对分封的大臣，都是为了秦始皇的长久统治。李斯借题发挥，最后竟造成焚书的结局，也不是没有缘由的。

秦国自商鞅变法以来，一直是以法家理论作为治国的指导思想。秦始皇统一天下之后，也是以家治国的。在他当皇帝的九年中，主要精力是用在建立中央专制政权，划定全国疆域，统一文字度量衡，修筑长城等，对文化思想方面很少关注。淳于越以儒家思想为秦始皇出谋划策，是不利于秦的中央集权统治的。因此，善于领会秦始皇意图的李斯，为了打击儒家势力，巩固统一政权，提出了上述焚书的主张，得到了秦始皇的同意和批准。于是，秦始皇下令焚书，先秦许多文献古籍都被烧掉了，使中国文化遭到了巨大的损失。

在焚书的第二年，即秦王政三十五年（前212），秦始皇对儒生又进行了迫害。他下令将咸阳的儒生四百六十多人活埋，这就是历史上的“坑儒”事件。

◎始皇病逝　伪造遗诏

由于秦始皇的赏识，李斯不仅官运亨通，他的子女也都跟着沾光。

李斯的长子李由做三川郡守，掌握了一定的军政大权，其他子女也都与帝室结了婚姻关系。

有一次，李由回到咸阳，李斯摆设家宴，百官都来赴宴祝酒。在这酒席上，李斯想起了他的老师荀卿告诫他的“物忌太盛”这句话，感慨地说：“我是个平民百姓，今天却做了丞相，可以说是富贵到了极点。但是，物盛则衰，我还不知道将来会有什么样的结局。”由此可见，李斯并没有完全陶醉于高官厚禄之中，他对现实的认识还是比较清醒的。

秦朝建立以后，由于秦始皇对广大人民实行残暴的统治，各地人民群众的反抗从来没有停止过。除了武装斗争的形式外，还用民编歌谣咒骂秦始皇，如“阿房阿房，亡始皇”等。人民群众的不满和反抗，使地主阶级也很担心。因此，秦始皇在统一后的十余年间，先后进行了五次远途巡行。其目的就是到各地耀武扬威，加强对全国的控制。

尽管秦始皇到各处巡行，残酷镇压人民群众，然而反抗经常发生，如有人拦截皇家使者，有人公开咒骂秦始皇：“今年祖龙（秦始皇）死。”所以，在秦王政三十七年（前 210），秦始皇决定第五次巡行。

这一次巡行，丞相李斯和秦始皇宠爱的小儿子胡亥等一同前往。巡行的路线是：从咸阳出发，出武关，沿丹水、汉水流域到云梦，再沿长江东下直至会稽（今浙江绍兴南）。登会稽山，祭大禹，并刻石留念。

当年七月，始皇帝来到沙丘，病得很厉害，命赵高写信给公子扶苏说：“把军队交给蒙恬，赶到这里，护送我的灵柩到咸阳安葬。”书信封好，还没交给信使，始皇帝就去世了。书信和印玺都在赵高手里。当时仅有公子胡亥、丞相李斯、赵高及五六个亲信的宦官知道始皇帝去世，其余百官都不知道。李斯认为皇帝在京城外去世，没有正式确立太子，所以把消息封锁起来。李斯把皇帝的尸体放在一辆既保暖又通风的车子里，随行百官呈奏事务及进献饮食都跟平时一样，只是让宦官在车子里假托皇帝的命令，应答百官呈奏的事务。

赵高乘机将赐给扶苏的盖有皇帝印玺的书信扣留下来，而对公子胡亥说："皇帝去世了，没有诏令封其他公子为王，而单单赐给长子书信。长子如果赶来，就可立为皇帝，而您却无尺寸之地，您准备怎么办？"胡亥说："本来就是这样。我听说，贤明的君王能了解臣子，贤明的父亲能了解儿子。父王去世，不封儿子，做儿子的能说什么呢！"赵高说："不对，如今天下的大权，存亡去取全在您、我和丞相三人手中，希望您去争取。况且控制别人与被别人控制，统治别人与被别人统治，这可是决然不同的两码事啊！"胡亥说："废掉兄长而立弟弟，这是不义；不奉行父王的诏命而贪生怕死，这是不孝；能力不足而才学浅薄，勉强地抢夺别人的功业，这是没有自知之明。这三条都是违反德行的，天下不服，我自己会遭殃，国家也要灭亡的。"赵高说："我听说商汤、周武杀掉君主，天下人都称为义举，并不认为不忠。卫君蒯辄杀了他的父亲，而卫国人还是称赞他的功德，孔子也在史书中记载了这件事，并不认为不孝。办大事的人不能顾虑小节，德行高的人不要怕一些琐碎的指责，一个地方有一个地方的风俗，不必求同；一个官员有一个官员的做法，不必划一。因此顾小失大，将来必有祸害；狐疑犹豫，将来一定后悔。果断而敢作敢为，连鬼神都要躲避，这样才能成功。希望您下决心干吧！"胡亥感慨地说："现在父王的灵柩还未回归，丧礼还没办完，哪能用这种事去麻烦丞相呢？"赵高说："时间急迫来不及商量了！就像打仗一样，背上粮食扬鞭跃马，还怕赶不上机会呢！"

胡亥最后同意了赵高的意见。赵高说："不跟丞相商量，恐怕事情不能成功，我请求替您跟丞相说说。"于是赵高对丞相李斯说："皇上去世时，赐给长子一封书信，让他在咸阳治丧并立他为嗣君。书信还没有送出去，如今皇上去世了，消息也没有别人知道。赐给长子的书信及皇帝的符玺都在胡亥手里，决定谁当太子，全在你我一张嘴了。

你看这事该怎么办？”李斯说：“你怎能说出这种亡国的言论！这种事情不是我们当臣子的所议论的啊！”赵高说：“你自己想想，你的才能比得过蒙恬吗？跟天下人没有仇怨比得过蒙恬吗？计谋深远而不失误比得过蒙恬吗？功多比得过蒙恬吗？与长子有旧交而能得到他的信任比得过蒙恬吗？”李斯说：“这方面我都比不过蒙恬，但是你为什么这么苛求我呢？”赵高说：“我本来只是一个宦官，幸而能够熟习狱律文书而进入秦宫，在宫中办事二十多年，不曾见过秦国罢免丞相功臣之后，能把爵禄传给这些人的子辈的，最终都是把父子一同诛灭。始皇帝有二十多个儿子，都是你所了解的。长子刚毅而勇敢，信任别人并善于发挥人的才能，即位以后必然任蒙恬为丞相，到时你终究不能抱着侯爵的印玺平安地告老还乡，这是你我都清楚的。我受诏教育胡亥，让他学习法律已经几年了，从未见他有什么过失。胡亥仁慈厚道，轻财物而重人才，内心聪慧，只是不善言辞。他履行礼节而尊敬贤人，秦朝的各位公子没人能比得过他，胡亥可以做王位的继承人。你考虑，然后把这事确定下来！”李斯说：“你还是守点本分吧！我只能遵照先帝的诏令，听从上天的安排，有什么可以考虑和决定的呢？”赵高说：“您的平安可能转化成危险，您的危险也可能转化成平安。一个人在安危的关头还拿不定主意，怎么能算是贤明呢？”李斯说：“我李斯本是上蔡街巷中的一个普通平民，有幸被皇上提拔为丞相，封为侯爵，子孙都得到尊贵的地位和优厚的俸禄，所以皇上将国家的存亡安危托付给了我，我怎能辜负呢？忠臣不应该贪生怕死，苟全生命，孝子应该任劳任怨，为人臣子各守职责，请你不要再多说了，否则我会得罪你的。”赵高说：“我听说圣人总是灵活多变，顺应局势的变化而适合时宜，看到事物的表面就能知道它的本质，看到事物现在的动向就能知道发展的结果。事物本来就是变化的，哪有一成不变的呢？如今天下的大权和命运都掌握在胡亥手中，我可以按自己的意志行事了，况且宫外的人要制服宫内的人，就叫作乱；下面的人要制服上面的人就叫反叛。因此秋霜一降花草就凋零，冰雪化解万物就生长，这是必然的结果。您为何迟迟不能觉悟呢？”李斯说：“我听说晋国改换太子，三世不得安宁；齐桓公兄弟争位，害了哥哥的性命；商纣王残杀亲属，不听劝告，国都变成了废墟，最终害了国家。这三件事都违背了天命，结果国破家亡，我还是个堂堂正正的人啊，怎么打那种坏主意？”赵高说：“上下同心，地位可保长久；内外如一，事情就能办得成功。您如听从我的计策，就能长久地封侯，世代承袭，必然像王子乔、赤松子这些神仙一样长寿，像孔子、墨子那样智慧。现在如果放弃了这个机会而不相从，灾祸就会殃及子孙，后果实在叫人心寒。聪明人善于转祸为福，您打算怎么办？”

李斯听后仰天长叹，流着泪感慨地说：“唉！偏偏碰上这样混乱的世道，我既然不能效忠而死，还能依靠谁呢？”于是李斯就听从了赵高的劝说。赵高回报胡亥说：“我奉太子贤明的诏命去通知丞相，丞相李斯不敢不遵从太子的命令！”

于是他们几人就互相谋划，诈称丞相李斯受始皇帝的诏书，立公子胡亥为太子。又重新伪造了一封书信给长子扶苏：“我巡行天下，祈求名山诸位神仙延长我的寿命。现在扶苏和将军蒙恬率兵几十万驻守边疆，已有十多年了，不能向前推进，白白损失了许多士卒，而没有一点功劳，反而几次上书，出言不逊地诽谤我的所作所为，由于不能结束监军的任务回京当太子，而日夜怨恨。扶苏作为儿子行为不孝，赐剑让他自杀！将军蒙恬与扶苏在外驻守，不纠正他的过失，显然知道他的阴谋。蒙恬作为大臣，行为不忠，应赐死，把统率的部队交给副将王离。”书信封口以后盖上始皇帝的印玺，派胡亥的门客带书送给上郡的扶苏。

使者到了上郡，扶苏打开诏书看了以后，不禁哭泣起来，走进内屋，准备自杀。蒙恬阻止扶苏说：“陛下外出，朝中还没有立下太子，派我率兵三十万镇守边疆，公子监兵，这是天下的重任。现在一个使者来了，您就自杀，哪知他是否有诈？请您再请示一下，问明白了再死，也来得及啊！”使者再三催促，扶苏为人仁厚，对蒙恬说：“父亲赐儿子死，还用再去请示吗？”随即自杀了。蒙恬不肯自杀，后被囚禁，最终服毒而死。

秦二世元年（前209），胡亥继承帝位，开始了比秦始皇更加残忍的统治。李斯与胡亥、赵高的结合，是为了互相利用，事情办完之后，同盟瓦解，后来他们之间钩心斗角，也就是再自然不过的事情了。

◎督责之术　迎合暴君

秦朝的法令和诛杀刑罚越来越苛刻残暴，大臣们人人自危，想反叛朝廷的人很多。秦二世又继续修建阿房宫，辅以笔直通畅的路和供皇帝出巡的大道，赋税越来越重，徭役没完没了。于是楚地被征发去守边的陈胜、吴广等人就起来造反了。在崤山以东广大地区，反抗的队伍纷纷行动，英雄豪杰争相起义，自立为侯王，反叛秦朝的统治。起义的队伍打到鸿门才退去。

李斯几次单独劝谏秦二世，秦二世都不答应。反而责问李斯说：“我有个想法，记得《韩非子》上说过：‘尧有天下之后，居室的堂基高不过三尺，采来的木料直接用来作椽，不加任何削饰，屋顶盖的茅草长短不齐，也不加修剪，就连迎接旅客的小客店都不如；冬天穿鹿皮做的皮袄，夏天穿麻布织的粗衣，用粗粮做饭，用野菜熬汤，盛饭盛汤用的是粗糙的土罐，就是守门人的生活也不至于这么低劣啊！大禹凿通龙门山，使黄河水流入夏民居住的地方，他疏通了许多河流，为弯弯曲曲的河流修筑了堤坝，把大地上的积水疏导入海，由于长年劳作，大腿上没有了白肉，小腿上磨光了汗毛，手脚都结上厚厚的老茧，面孔晒得黝黑，最后累死在外边，埋葬在会稽山下，就是奴仆的辛劳，也比不上他繁重啊！’那么像统治天下这样显贵的人物，难道就要劳苦身心，住小客店一样的房子，吃守门人那样的饭菜，操持奴隶那样的劳动吗？这是没有能耐的人才要去拼命干的，不是贤明的人所要从事的。贤明的人据有天下，就要用天下的财物来满足他的需要，这就是据有天下的尊贵。称为贤明的人，必然能安抚天下，统治万民，如果连自己都不能过得舒服合意，那将如何去治理天下呢？所以我希望能随心所欲，永远地享有天下而不受祸害，你能怎么样呢？”

李斯的儿子李由担任三川郡的郡守，起义军吴广等人向西攻占地盘，越过三川郡而李由不能禁止。章邯率兵击溃驱逐吴广的部队以后，秦二世的使者追究三川郡的责任，并牵连到李斯，责备李斯位居三公，怎么让造反的强盗如此横行。李斯很恐慌，又贪恋爵位俸禄，不知道怎样开脱自己，于是就迎合秦二世的意愿，想因此得到宽容。他上书对秦二世说：

“贤明的君主，必然能够建立一套制度来推行督察刑罚的法术，推行督察刑罚，臣子就不敢不竭尽所能来为君主效力。这样君臣的尊卑名分就能确定，上下的界限就能分明，那么天下有能力的人和无能力的人都不敢不尽力尽职地为君主效劳了。因此君主讲究一人统治天下而不受任何约束，这样就可以享尽一切乐趣了。凡是贤明的君主，能不了解这一点吗？

“所以申子说过：‘得到天下而不能为所欲为的，就叫作把天下当作自己身上的镣铐。’这句话没有别的意思，只是说明得到天下的人不能推行督察刑罚，反而用自己的身心为天下人辛苦操劳，像尧、禹那样，因此叫作把天下当成“镣铐”。如果不能运用申不害、韩非高明的法术，推行督察刑罚的办法，利用天下万物供自己享乐；而只是劳苦身心地去为百姓效力，那就成为平民的奴隶，不是统治天下的君主，哪里谈得上尊贵呢？让别人为自己效劳，就会自身尊贵而别人低贱；让自己为别人效劳，那就会自身低贱而别人尊贵。因此，为他人效劳的人低贱，而让他人效劳的人尊贵。从古到今，没有不是这样的。自古以来所以被尊敬的贤人都是因为他的做法高贵；而被认为无能的人，都是因为他的做法低贱。而尧、禹让自己为天下效劳，如果还因循守旧地尊崇他们，这就失去了尊贤的本意，可以说是大错特错了。说他们把自己的统治权变成自己的镣铐，不是很恰当吗？这就是不能推行督察刑罚所带来的过错。”

可见，李斯是个不惜一切代价而想得到功名的政客，比昏庸无能的胡亥当然要高明得多。他看到了秦王朝的危机，为了保存自己的既得利益，也不敢规劝胡亥。

为得到秦二世胡亥的信任，李斯提出一套“督责之术”。那么，什么是“督责之术”呢？实际上就是严刑酷法和君王的独断专行。李斯说：“彼唯明主为能深督轻罪，夫罪轻且督深，何况有重罪乎？故民不敢犯也。”就是对臣下和百姓实行“轻罪重罚”，使人人不敢轻举妄动。君主对臣下要实行独断专行，要驾驭群臣，不能受臣下的影响。李斯认为，只有这样的君主才能随心所欲，为所欲为。实行“督责之术”，群臣百姓也就不敢造反了，君王的地位才能牢靠。

李斯关于“督责之术”的主张，既有取宠于秦二世的一面，也有他继承法家思想的一面。在上书中，他也是一再引用申不害、韩非的话，来证实自己的看法。不过，李斯讲得更加露骨而已。糊涂可笑的秦二世，不顾天下百姓的反抗，采纳了李斯的“督责之术”。此后，杀人多者为“忠臣”，残忍者为“明吏”，弄得天下怨声载道。

◎赵高陷害　腰斩于市

原先，赵高当郎中令，杀害的人和被他报私怨处以刑罚的人很多，赵高害怕大臣入朝奏事时说他的坏话，就劝秦二世说：“天子所以尊贵，就在于让人只听见他的号令，群臣见不到他的面孔，因此天子称为‘朕’。况且陛下年纪还轻，未必通晓世上各种各样的事情，如今坐在朝廷上理政，赏罚中如有不妥当的地方，就会让大臣看到您的短处，这就不能向天下显示您的圣明了。不如陛下深居宫中，常与我和几个通晓法令的官员在一起，等候大臣把事情报上来，再商量着处理。这样，大臣就不敢告诉不真实的情况，天下人都认为您是圣明的君主了。”秦二世听从他的建议，不再上朝见群臣，整天住在宫中。赵高经常在宫中侍奉，出主意，国事都取决于赵高。

赵高听说李斯准备劝谏，就去见李斯，说：“函谷关以东盗贼四起，如今皇上却急着征发劳役修建阿房宫，收集狗马等无用的玩物。我想劝谏皇上，但我地位低贱。这件事实在是您的职责，您为何不去劝劝呢？”李斯说：“是啊，我也早就想说了，如今皇上已经不上朝了，天天住在深宫之内，我有些想说的话，也传不进去，想面见皇上，也没有机会。”赵高对李斯说：“您真能劝谏，我愿为您留心观察，皇上有空我就告诉您。”于是赵高等到秦二世正在欢宴，让宫女陪他玩乐的时候，就派人去告诉李斯说：“皇上正有空，可以前来奏事。”于是李斯就到宫门前求见，这样连着有好几次。秦二世生气地说：“我平时常有空闲的时候，丞相也不来。偏偏我正设宴消遣，丞相就来奏事。丞相是瞧不起我，还是想捉弄我？”赵高乘机对秦二世说：“这可太危险啦，当初在沙丘的密谋，丞相是参加了的。如今陛下已立为皇帝，而丞相的显贵没有增加，他的意思是想割地为王了。假如陛下不提起这件事，我也不敢说。丞相的长子李由是三川郡守，楚地的盗贼陈胜等都是丞相老家邻县的人，所以楚地的盗贼公开行劫，他们路过三川，郡守李由只是守城不肯出击。我听说他和盗贼之间还有书信来往，由于还没得到确实证据，所以也不敢告诉您。况且丞相在宫外掌理朝政，权力实际上比您还大。”秦二世觉得赵高的话有道理，想逮捕审问李斯，又怕事情不确切，就派人调查三川郡守李由与盗贼相通的情况。李斯知道了这些事情。

当时，秦二世在甘泉离宫，正在观看摔跤和滑稽表演，李斯不能面见，就上书向秦二世揭露赵高的错误，说："我听说，臣子的权势与君主相当，无不危害国家；妻妾的权势与丈夫相当，无不危害家庭。如今有的大臣在陛下身边专断国事，权力与陛下相差无几，这种情况对陛下很不利。过去司城子罕在宋国当丞相，独断刑罚，以威势专权，过了一年就篡夺了君位。田常做齐简公的臣子，爵位在国内无人可比，个人的财产和国家的财产不相上下，他对人民广施恩惠，在下得到百姓的爱戴，在上得到群臣的拥护，他暗中把持了齐国的政权，在大堂杀害了宰予，又在上朝时谋杀了齐简公，终于夺取了齐国。这是天下人人周知的事情。如今赵高有邪恶的心志，有谋反的行为，就如子罕做宋国丞相时一样；私家的财富，也和齐国的田常相当。他结合田常、子罕那些叛逆的行为而窃取了您的威望，他的阴谋跟韩国的丞相韩傀一样。陛下不设法对付，我怕他是要叛乱的。"秦二世说："这是怎么说的呢？赵高原来只是一个宦官，但他不因安逸而放松努力，不因危难而变心，行为廉洁，心地善良，他靠自己的努力才达到这个地位。他以忠诚得到提升，以信义恪守职责，我觉得他实在是个好人，而你却怀疑他，这是为什么？况且我年纪轻轻就失去了父王，我没有什么知识，也不懂如何治理百姓，你又老了，我真怕这个国家没人去管理。在这种情况下，我不倚靠赵高，依靠谁呢？而且赵高为人精明能干，很有魅力，下知人情，上能顺合我的心意，你就不要再对他怀疑了。"

李斯说："不是这样的。赵高原来是个贱人，不懂治国的道理，贪心没有满足，追求私利从不休止，他的权势仅次于君主，可是索求的欲望还没有穷尽，所以我说他是危险的。"由于秦二世原来就很信任赵高，他怕李斯把赵高杀了，就暗中把这件事告诉了赵高。

赵高说："丞相所担心的就是我，如果我死了，丞相马上就会干田常篡位的事了。"于是秦二世下令说："把李斯交给郎中令赵高查办！"

赵高负责审办李斯。李斯被五花大绑，关在监狱里，仰天长叹说："唉，可悲啊！无道的昏君，怎能为他谋虑呢！过去夏桀杀贤臣关龙逢，商纣杀王子比干，吴王夫差杀伍子胥。这三位大臣，难道不忠吗？但是不免一死，虽为忠心而死，但效忠的对象却选错了。如今我的智谋不如这三位贤臣，而二世残暴无道却胜过夏、桀、商纣和夫差，我以忠心而不得好报，这是必然的。况且二世的作为，难道不是悖乱荒谬的吗？过去他诛杀兄弟而自立为君，现在又杀害忠臣而提拔贱人，他修建阿房宫，在天下强征赋税徭役。不是我没有劝谏，而是他从不听我的劝告。凡是古代的圣贤君主，总是饮食有一定的节制，车马器用有一定的数量，宫室不超过一定的规模，凡是那些劳民伤财而不利于人民的事都要禁止，因此国家能够长治久安。如今二世谋害兄弟，不怕自己犯罪造孽；杀害忠臣，不考虑自己造成的祸害；大兴宫室，暴敛天下，不惜耗费国家财产。这三件坏事实行以后，天下人不再顺从他了。如今反叛的人已占天下的半数，而他还没有醒悟，反而以赵高为辅佐，不久我一定会看到盗贼攻入咸阳，秦宫变成一片废墟，麋鹿将会奔跑于往日的朝廷。"

于是秦二世就让赵高审办李斯，给李斯定罪，追究李斯和儿子李由谋反的罪行。收捕李斯所有的宗族、宾客。赵高审问李斯，拷打了一千多板子，李斯耐不住疼痛，只好忍屈招供。李斯所以不自杀，是以为自己有才干，本来有功于秦朝，又确实没有谋反之心，他希望通过上书自陈，秦二世能醒悟而赦免他。于是李斯就在狱中上书说："我当丞相治理人民已经三十多年了，我曾见过当时秦国疆土狭小的境况。先王时，秦国的土地不过千里，士兵只有几十万。是我尽自己微薄的才能，谨慎地奉行法令，暗中派遣谋臣，让他们携带金玉去游说诸侯；我在国内暗中操练甲兵，整顿政教，奖励勇士，尊重功臣，提高他们的爵位俸禄，所以终于胁迫韩国，削弱魏国，攻破燕赵，荡平齐楚，最后兼并了六国，俘虏六国的君主，拥立先王做了天子，这就算我的

第一条罪状吧。兼并六国后秦朝土地并非不广阔，而我又辅佐先王向北驱赶了匈奴、高丽，向南平定了百越，以显示秦朝的强威，这就算我的第二条罪状吧。我又在国内尊重大臣，提高他们的爵位，巩固他们与朝廷的亲密关系，这就算我的第三条罪状吧。我建立国家的社稷坛，祭祀宗庙，以宣明君主的贤德，这就算我的第四条罪状吧。我统一文字和度量衡，公布于天下，以树立秦朝的威望，这就算我的第五条罪状吧。我修建了许多可供皇帝出巡的大道，建议天子周游视察以显示君主得意的威风，这就算是我的第六条罪状吧。我减轻刑罚，少征赋税，使皇上得民众之心，万民拥戴，死而不忘，这就算是我的第七条罪状吧。像我这样的臣子，所犯的罪早就该死了。幸得陛下让我尽职尽力，才能让我活到今天，愿陛下审察我的罪行吧！”李斯把书信递出去后，赵高派人把信扔掉了，根本不送给秦二世，说：“囚犯哪能上书！”

赵高又派了十来伙自己的门客，假装成秦二世派来的御史、谒者、侍中等官员，轮流审讯李斯。李斯又以实情对答，他们就让人反复拷打。后来秦二世派人来查问李斯，李斯以为还是原来那伙人，终于不敢推翻先前屈认的供词，只有招供认罪了。赵高把对李斯的判决上报秦二世，秦二世高兴地说：“要不是你，我差点被丞相所欺骗。”当秦二世派去调查李由的使者到达三川郡时，李由已被起义军的首领项梁杀了。使者回来时，李斯已经下狱，于是赵高就把李斯、李由都安上了反叛的罪名。秦二世二年七月，根据刑法李斯先受过五种刑罚，最后推到咸阳的街市腰斩。李斯和他的二儿子一起被押出监狱，李斯对他的儿子说：“我要是还想和你牵着黄狗，一起出上蔡县的东门去追逐狡兔，还能办得到吗？”于是父子二人相对痛哭，随后李斯三族都被诛灭。

◎历史功过　后人评说

李斯的一生，绝大部分时间都是在实践着法家思想的。他重新受到秦王嬴政的重用后，以卓越的政治才能和远见，辅助秦王完成了统一六国的大业，顺应了历史发展的趋势。秦朝建立以后，李斯升任丞相。他继续辅佐秦始皇，在巩固秦朝政权，维护国家统一，促进经济和文化的发展等方面做出了卓越的贡献。他建议秦始皇废除分封制，实行郡县制。又提出了统一文字的建议，之后又在统一法律、货币、度量衡和车轨等方面付出了巨大努力。这些措施，都是以法家的加强中央集权和君主专制为指导的。李斯在他生平的后期，虽然将法家的思想推向了极端化，但是他仅仅是一个提出者，而不是一个完全的执行者。并且，此时的李斯，已经彻底蜕变，他写《督责书》，很大的原因是为“阿二世意，欲求容”，此时的李斯，已经没有了“依法治国”的志向。他已经不再代表法家了，李斯后期的思想是否应该归入法家的体系，是值得商榷的。

太史公司马迁评说：李斯从一个街巷平民游历诸侯，后来到秦国效力，由于能抓住时机，以智谋辅佐秦始皇，终于完成了统一天下的帝业，李斯位居三公，可以说是受到重用了。李斯懂得儒家《六经》宗旨，不施行贤明的政治来弥补君主的缺陷，却贪恋高官厚禄，只顾阿谀奉承，实行严刑酷法，又听从了赵高的邪说，废扶苏而立胡亥。天下已经造反了，才想起劝谏秦二世，这岂不是太晚了吗？人们都认为李斯忠心耿耿，死得冤，其实认真考察一下，就不会有这样的看法了。要不然，李斯真可与周公、召公媲美了。

明朝李贽在《史纲评要·后秦记》中说，李斯“开阡陌，置郡县，此等皆是应运豪杰、因时大臣。圣人复起，不能易也。”

民国时期曾写过《中国历史演义》的蔡东藩则坚称李斯是历史上最大的奸臣，过大于功，一生几乎一无是处。

迥然不同的评价是因为他们站的角度和高度不同，都有一定的道理。

第五章

鞠躬尽瘁 死而后已——蜀汉名相诸葛亮

无论在中国历史上，还是在民间，诸葛亮向来是位大红大紫的风云人物。“鞠躬尽瘁、死而后已”这句历史名言，不知影响了多少代人，成为多少仁人志士的座右铭！对诸葛亮的评价，在历朝历代，朝野之间均能出奇地达成共识，成为很少发生非议的一位历史名人！对诸葛亮评价最低的，可能当数鲁迅先生的“状多智而近妖”。从这句评语中，可以看出鲁迅先生对诸葛亮不那么感冒！有人认为诸葛亮一生中最大的失败，当数蜀国的彻底灭亡。刘禅的被俘、蜀国的灭亡，虽然是在诸葛亮死后发生的历史事件，但生前独揽大权、不善培养人才的诸葛亮，是难辞其咎的。那么，究竟该怎么样评价诸葛先生呢？是耶？非也？

◎躬耕陇亩　迎娶丑妻

诸葛亮（181 ~ 234），字孔明，号卧龙（也作伏龙），汉族，琅琊阳都（今山东沂南）人，蜀汉丞相，三国时期杰出的政治家、外交家、发明家、军事理论家。诸葛亮的家庭环境还是不错的。他的祖上诸葛丰曾经是汉朝司隶校尉，他的父亲诸葛珪是东汉末年的泰山郡丞。但不幸的是，诸葛亮的母亲章氏在他 9 岁的时候就去世了。12 岁时，他的父亲诸葛珪也追随他母亲而去。

兴平元年（194），14 岁的诸葛亮与弟弟诸葛均和妹妹由叔父诸葛玄收养，诸葛亮的哥哥诸葛瑾则同继母去往江东。一年后，诸葛亮叔父诸葛玄出任豫章（今江西南昌）太守，他和弟弟妹妹随叔父便奔赴豫章。命运多舛，不幸的事再次降临，建安二年（197），诸葛玄病逝，17 岁的诸葛亮和弟弟告别了锦衣玉食的生活，留在隆中（今湖北襄樊）务农，但一代天才并没有就此被埋没。两年后，诸葛亮与友人徐庶等从师水镜先生司马徽。

据陈寿《上诸葛亮集表》记载，诸葛亮身长八尺（约 184 厘米），容貌甚伟，与当时的人有明显的区别。诸葛亮平日好念《梁父吟》，又常以管仲、乐毅比拟自己，当时的人觉得他过于自恋，对他都不屑一顾，只有好友徐庶、崔州平、孟建、石韬相信他的才干，人称“卧龙”。他与当时的荆州名士庞德公、黄承彦等也有往来。特别是黄承彦对诸葛亮欣赏有加，对他说：“闻君择妇，身有丑女，黄头黑色，而才堪配。”意思是说：“听到你要选妻，我家中有一丑女，虽然头发黄、皮肤黑，但才华可与你相配。”换作是别的帅哥，怎么能接受一个奇丑的老婆呢？但诸葛亮不同。他很快地应许了这门亲事，立即迎娶黄承彦的女儿黄月英。当时的人都以这件事当作笑话来取乐，乡亲们甚至专门为此作了句谚语：“莫作孔明择妇，正得阿承丑女。”

◎隆中之对　惊世骇俗

再说47岁的老将军刘备忙活了半辈子，仍没有立足之地，只能依附于刘表，屯兵新野。后来在一次拜访司马徽时听闻：“那些儒生俗士都是些见识浅陋的人，岂会了解当世的时务局势？能了解当世的时务局势才是俊杰。此时只有卧龙（诸葛亮）、凤雏（庞统）。”当然，向他推荐诸葛亮的还不止一个人，后来徐庶也极力推荐。刘备很好奇，想让徐庶带他来引见，但徐庶却说：“这人可以去见，不可以令他屈就到此。将军最好屈尊去拜访他。”为了寻得人才，刘备便亲自前往拜访，去了三次才见到诸葛亮。刘备便叫其他人避开，向诸葛亮提问道：“现今汉室衰微，奸臣假借皇命做事，皇上被迫多次迁都，蒙受风尘。我没有正确衡量自己的德行与能力，本想以大义重振天下，但智慧、谋略不够，所以时常失败，直至今日。不过我志向仍未平抑，你有没有计谋可以帮助我？”

诸葛亮成竹在胸，答道：“自董卓以来，豪杰并起，跨州连郡者不可胜数。曹操比于袁绍，则名微而众寡。然操遂能克绍，以弱为强者，非惟天时，抑亦人谋也。今操已拥百万之众，挟天子而令诸侯，此诚不可与争锋。孙权据有江东，已历三世，国险而民附，贤能为之用，此可以为援而不可图也。荆州北据汉、沔，利尽南海，东连吴会，西通巴蜀，此用武之国，而其主不能守，此殆天所以资将军，将军岂有意乎？益州险塞，沃野千里。天府之土，高祖因之以成帝业。刘璋暗弱，张鲁在北，民殷国富而不知存恤，智能之士思得明君。将军既帝室之胄，信义著于四海，总揽英雄，思贤若渴，若跨有荆、益，保其岩阻，西和诸戎，南抚夷越，外结好孙权，内修政理。天下有变，则命一上将将荆州之军以向宛、洛，将军身率益州之众以出秦川，百姓孰敢不箪食壶浆，以迎将军乎？诚如是，则霸业可成，汉室可兴矣。”

概括起来，诸葛亮《隆中对》的内容主要有以下四个方面：

1. 当时的形势是“今操已拥百万之众，挟天子而令诸侯，此诚不可与争锋。孙权据有江东，已历三世，国险而民附，贤能为之用，此可以为援而不可图也”。而荆州和益州乃用武之地，应利用荆州刘表、益州刘璋不能守成的机会，“若跨有荆、益”，取代割据荆、益的刘表、刘璋，建立起可靠的根据地，与曹操、孙权三分天下。

2. 在夺取荆州和益州的同时，利用“帝室之胄，信义著于四海”的声望，招揽人才，“内修政理”，逐步增强政治、经济和军事实力。

3. 在益州要妥善处理好与西南地区少数民族的关系，“西和诸戎，南抚夷越”，解除以后北伐时的后顾之忧。

4. 在荆州要“外结好孙权”，与孙权建立抗击曹操的联盟。待“天下有变”再分兵两路，“命一上将将荆州之军以向宛、洛，将军身率益州之众出于秦川”，如果这样的话，刘备“则霸业可成，汉室可兴矣”。综观后来的历史进程，诸葛亮在《隆中对》中对当时形势的分析，基本上是符合客观实际的，为刘备集团制订的战略决策，大体上也是行之有效的。

这篇论说以后便被称为《隆中对》，刘备听后更加大赞，于是请他出山相助，这一年诸葛亮 27 岁。刘备常常和诸葛亮议论，关系也日渐亲密。关羽、张飞这些平日里的好哥们、好战友都大感不悦，为了安抚他们的情绪，刘备向他们解释道：“孤之有孔明，就好像如鱼得水一样，希望你们不要有怨言。”关羽、张飞等便不再抱怨。

◎赤壁献策　孙刘联合

当时，刘表之妻刘琦后母蔡氏屡进谗言，刘表对刘琦渐渐不悦。刘琦数次向诸葛亮请教自安之术，但诸葛亮每每推辞，刘琦便在一次饮宴时用上屋抽梯之计令诸葛亮说出解决办法，诸葛亮便反问刘琦："君不见申生在内而危，重耳在外而安乎？［你不见到春秋时期申生在内而有危险，但重耳（指的是晋文公）在外却可得安吗？］"当时黄祖被东吴杀害，刘琦便上荐为江夏太守外求自保。

建安十三年（208 年）八月，荆州牧刘表病逝，他的二儿子刘宗继位，这小子才能平庸，听到曹操南下的消息，吓得半死，立刻派使臣去投降。刘备在樊城听说了这个消息，知道形势迫在眉睫，便率军队和百姓南逃，可惜的是，曹军还是在当阳长坂追上了他们，一场恶战在所难免。危急情况下，诸葛亮自荐到柴桑做说客，说服孙权施以援助。到达柴桑后，诸葛亮面见孙权，先用二分法给孙权两个选择，一是"若果能以吴、越的大民众与中原之国抗衡，不如早和曹操断交"；另一个则是激将法，"如果认为不能抵挡，为何不停止军事行动，北面称臣呢！"

孙权却反问诸葛亮，刘备为何不投降。诸葛亮便提高刘备身价，说刘备有气节，绝不投降，以向孙权显示刘备的决心。孙权大怒，誓言不会向曹操投降，但却有所担心，刘备还有多少兵力战斗。诸葛亮最后才分析两军的情况，先说出散兵和关羽水军有万人，加上刘琦江夏士兵亦不下万人，再说出曹军远来疲敝，追刘备时，又用轻骑一日一夜行了三百多里，正是"强弩之末，势不能穿鲁缟"；而且北方人不习水战，荆州百姓又是被逼服从曹操，不是心服；最后肯定地说曹操必定可打败。孙权十分高兴，后又受到鲁肃、周瑜的游说，决定联刘抗曹，派周瑜、程普、鲁肃等率三万水军，与曹操开战。

公元208年，曹操率领80万大军驻扎在长江中游的赤壁，企图打败刘备以后再攻打孙权。刘备采用联吴抗曹之策，与吴军共同抵抗曹操。当时，孙权和刘备兵力都很少，而曹操兵多将广，处于压倒性优势。刘备的军师诸葛亮和孙权的大将周瑜，商讨破敌良策，两人不谋而合，都主张火攻，只有这样，才能打败曹操。可等一切都准备好后，周瑜却发现曹操的船只都停在大江的西北，而自己的船只靠南岸。这时正是冬季，只有西北风，如果用火攻，不但烧不着曹操，反而会烧到自己的头上。周瑜眼看火攻不能实现，急得口吐鲜血，病倒在床上，名医、民药都治不好他的病。这时诸葛亮去探望周瑜，问他为何得病。周瑜不愿说出实情，就说："人有旦夕祸福，怎能保住不得病呢？"

诸葛亮早猜透了他的心事，就笑着说："天不测风云，人怎能预料到呢？"周瑜听到诸葛亮话中有话，非常惊讶，就问有没有治病的良药。诸葛亮说："我有个药方，保证治好您的病。"说完，写了16个字，递给周瑜。这16个字是："欲破曹公，宜用火攻；万事俱备，只欠东风。"

周瑜一看，大吃一惊，心想："诸葛亮真是神人啊！"他的心思既然已被诸葛亮猜中，便请教破敌之策。诸葛亮有丰富的天文气象知识，他预测到近期肯定会刮几天东南风，就对周瑜说："我有呼风唤雨的法术，借给你三天三夜的东南大风，你看怎样？"周瑜高兴地说："不要说三天三夜，只一夜东南大风，大事便成功了！"

周瑜命令部下做好一切火攻的准备，等候诸葛亮借来东风，马上进兵。诸葛亮让周瑜在南屏山修筑七星坛，然后登坛烧香，口中念念有词，装作呼风唤雨的样子。半夜三更，忽听风响旗动，周瑜急忙走出军帐察看，真的刮起了东南大风，他连忙下令发起火攻。

周瑜部将黄盖率领火船向曹操水寨急驰，当火船靠近曹军水寨时，一声令下，士兵们顺风放火。风助火势，火借风威，把曹营的战船烧个一干二净，岸上的营寨也被烧着，兵马损失不计其数。在烟火弥漫中，曹操仓皇逃命，从小道逃回许昌。

赤壁之战后，刘备于十二月平定荆南四郡，任命诸葛亮为军师中郎将，住于临烝，督令零陵、桂阳、长沙三郡，负责调整赋税，充实军资。建安十六年（211），益州牧刘璋派法正、孟达请刘备助攻张鲁。诸葛亮便与关羽、张飞、赵云等镇守荆州。至次年十二月，刘备与刘璋决裂，还攻成都。诸葛亮便与张飞、赵云等入蜀助阵，留关羽负责荆州防务，分兵平定各郡县，与刘备一起围成都。至建安十九年（214），刘璋投降，刘备入主益州。

诸葛亮受金五百斤，银千斤，钱五千万，锦千匹，并受任为军师将军，署左将军府事。每当刘备出兵征伐，诸葛亮便负责镇守成都，为刘备足食足兵，如汉中之战就替刘备提供资援。

汉献帝延康元年（220），曹丕篡汉自立。魏黄初二年（221），群臣听到汉献帝被害的消息，劝已成为汉中王的刘备登基为帝，刘备不答应，诸葛亮用耿纯游说刘秀登基的故事劝刘备。于是刘备才答应，任诸葛亮为丞相、录尚书事，假节；同年张飞被害，诸葛亮领司隶校尉一职。

◎辅助幼主　平定南蛮

公元220年，曹丕篡汉自立。公元221年，群臣听到汉献帝被害的消息，劝已成为汉中王的刘备登基为帝，刘备不答应，诸葛亮用耿纯游说刘秀登基的故事劝刘备。于是刘备才答应，任诸葛亮为丞相录尚书事。同年张飞被害，诸葛亮领司隶校尉一职。

章武二年（222）八月，刘备在东征荆州的途中被打败，撤退至永安，诸葛亮大叹："可惜法正故去，否则必能阻止刘备东征之举。"

章武三年（223）二月，刘备病重，召诸葛亮到永安，与李严一起托付后事，刘备对诸葛亮说："君才十倍曹丕，必能安国，终定大事。若嗣子可辅，辅之；如其不才，君可自取。"意思是你的才能是曹丕的十倍，必定能够安顿国家，终可成就大事。如果嗣子（刘禅）可以辅助，便辅助他；如果他没有才干，你可以自行取代。

诸葛亮涕泣地说："臣必定竭尽股肱的力量（指代全力），报效忠贞的节气，直到死为止！"刘备又要刘禅视诸葛亮为父。延至四月，刘备逝世，刘禅继位，封诸葛亮为武乡侯，开设官府办公。不久，诸葛亮再次出任益州牧。刘禅叫诸葛亮为相父，政事上的大小事务，他都依赖于诸葛亮，由诸葛亮决定。

公元223年夏，益州郡统帅雍闿听到刘备逝世的消息，心生叛意。不久，雍闿杀死建宁太守正昂，缚走张裔到东吴，正式与蜀汉决裂。酋长高定响应，杀死郡中将领焦璜，自封为王，率军北上攻打新道县，但被李严率领的援军打败，退回南方。

而当时东吴未与蜀汉和好，便任雍闿为永昌太守，并派刘阐到交州边境，准备接管益州郡。雍闿率军要闯入永昌城，功曹吕凯、府丞王伉率领吏士死守永昌，敌军虽不断在城中散播谣言，但吕凯仍坚持不降，城中士民亦信任吕凯，令雍闿不能进城。而牂牁太守朱褒知道消息后，亦显得十分暴横、放纵。

蜀汉丞相诸葛亮认为国家刚逝去君主，决定先安定国内民众、吏士。蓄积粮食，派邓芝、陈震和东吴修好，及遣越嶲太守龚禄到南中边界安上县戒备；从事蜀郡常颀行则直接南行，查清事件。

另一方面，又派李严写六封书信给雍闿解释利害，但雍闿却只回一书说："盖闻天无二日，土无二王，今天下鼎立，正朔有三，是以远人惶惑，不知所归也。"意思是曾听过天无二日，地无二王，现今天下成鼎立局面，自称正朔的都有三个，所以远人（雍闿）感到疑惧，不知该归属哪个。信中显得十分傲慢。

颀行到达牂牁后，立刻收押郡中主簿，准备查明事实。太守朱褒便乘机杀害颀行发难，加入叛军，龚禄亦被高定所害。当时，有夷人不服从雍闿，雍闿便派当地人所信服的孟获游说各夷部酋长："官欲得乌狗三百头、膺前尽黑，螨脑三斗，斫木构三丈者三千枚，汝能得不？（官府想要黑狗三百头，而且胸前都要是黑色，还要螨脑三斗、三丈长的断木三千根，你们可以拿出来吗？）"黑狗、螨脑本来便难找，而斫木因十分坚硬、又易折断，不可能高到二丈长，夷人便相信孟获，对蜀汉大感气愤，加入叛军。

公元225年三月，蜀军为诸葛亮亲自率领，由成都开始南征，虽然王连劝阻，但诸葛亮忧虑其他将领才能不够，所以仍决定亲自率军。参军马谡为诸葛亮送行数十里路，并提出"攻心为上，攻城为下，心战为上，兵战为下"的大方针，诸葛亮亦接纳此言，他便率军从水路由安上到越嶲进入南中，又派马忠进攻牂牁郡，李恢由平夷攻向建宁郡。

李恢军行至昆明，被敌军围攻。当时李恢兵少于敌人一倍，又未得到诸葛亮军消息，便对南人说："官军粮草将尽，想谋划退还，不过我们曾责骂过守地乡里，就算现在能回军，亦不能回到北方。所以想回来与你们等人一起谋反，所以用诚心相告。"南人相信他，围困开始松懈。就在此时，蜀军突然出击，大破敌军。李恢率军南至盘江，东接牂牁郡，而马忠军则顺利在且兰打败朱褒，与李恢军会合。另一方面，诸葛亮军在南行途中，雍闿已被高定部曲所杀，大军到达后数战皆胜，斩杀高定。与其他两军声势相连，准备迎战收纳雍闿部众的孟获。

诸葛亮听说孟获为当地人所信服，便想生擒他。五月，大军渡过泸水，与孟获军交战，成功俘虏孟获，诸葛亮带他到营阵观赏，问他觉得蜀军如何，孟获回答他："我之前不知你军虚实，所以才战败。

现今蒙赐观看营阵，原来只是如此，如果再来一次，我必定可以获胜。”

诸葛亮的心意在北方，又知道南人叛乱问题严重，便用马谡提出的“攻心为上，攻城为下，心战为上，兵战为下”的方针，要孟获心服口服。只是向孟获一笑，将他放走再战。经过七次擒纵后，孟获及其他夷人开始反思，不再离去，孟获说：“诸葛亮真是天上的神威，南人不再反叛了。”蜀军成功平定南中，至十二月回到成都。

南中已平定，东吴刘阐亦从交州回到吴国，打消接管的念头。而诸葛亮则分南中四郡益州、永昌、牂牁、越嶲为六郡：益州、永昌、牂牁、越嶲、云南、兴古，以当地人或将领统领，有人曾劝谏诸葛亮留兵镇守，但诸葛认为这有三不易：

第一，“若果留下外人，则要留兵驻守，留下士兵则要粮食，这是第一个不易。”

第二，“加上夷人新破，死伤甚多，有的父死兄丧，如留外人但没有士兵驻守，必定成为祸患，这是第二个不易。”

第三，“又夷人忧怕有废杀的罪名，自怕过失过重，若果留下外人，终不会得到信任，这是第三个不易。”

最后，诸葛亮平衡各条件，决定达至“不留兵，不运粮”的政策，任李恢为建宁太守、吕凯为云南太守，又收降爨习、孟琰等，与孟获一起授予官职，笼络南人。只有马忠是外地人而被任为牂牁太守，但仍能做到受夷人所敬重。

蜀汉亦移南中万多家劲卒、青羌到蜀地，分成为五部，号为“飞军”，非常勇猛。又分开瘦弱，配给大族焦、雍、娄、爨、孟、量、毛、李为部曲，设置五部都尉，号为五子，所以南人有四姓五子的说法。而夷人都十分刚毅、斗狠，与大族、富豪关系很差；蜀汉便劝大族捐出金帛，聘请夷人做部曲，聘请越多，便可世袭官位。于是夷人渐渐臣服属于朝廷，建立起夷、汉并列的部曲。

而南人上贡的金、银、丹、漆、耕牛、战马等，令蜀汉军费有所供给，国家富裕，为诸葛亮北伐提供物资。南人的小规模叛变虽然没有停止，但相较东汉时期，南中却相对平稳，而多次叛乱亦被马忠、李恢、吕凯等快速平定。

◎出师北伐　鞠躬尽瘁

丞相诸葛亮辅助后主刘禅，蜀汉国力慢慢恢复，同时派出陈震、邓芝与东吴重新修好。公元 225 年，诸葛亮南征，平定蜀汉南方乱事。公元 226 年，曹魏文帝曹丕病死，曹叡即位，诸葛亮认为是北伐曹魏的机会。公元 227 年春天，诸葛亮将大军进驻汉中，开始筹备北伐曹魏。诸葛亮上书《出师表》给刘禅，陈述出师的原因，表明统一中原的希望，开始五次北伐的序幕。

公元 228 年春天，蜀军准备好北伐，将领魏延提出子午谷之计，请诸葛亮发万兵给他出子午谷袭取潼关，与由斜谷出兵的诸葛亮大军会师，这样便可一举平定长安以西，但诸葛亮不许。派赵云、邓芝率一支军马作为疑兵，由箕谷摆出要由斜谷道北攻郿城的形势，以吸引魏军。诸葛亮则亲率主力向祁山进攻。

陇右的天水、南安、安定等郡相继叛魏响应蜀军，同时魏将姜维投降诸葛亮军，关中震惊，在洛阳的曹叡（魏明帝）急率大军救援，亲自到长安坐镇，派大将军曹真督军至郿县防御赵云，派张郃领兵抵抗诸葛亮。诸葛亮也派遣马谡为前锋，到街亭设防。

张郃在街亭与马谡相遇，可是马谡不遵循诸葛亮的部署，依阻南山，不下据城，而张郃派人截断其水源，大举进攻，蜀军大败，马谡逃走，街亭失守。同时，赵云在箕谷也出兵不利，诸葛亮取西县千余家，后引兵退回汉中。

诸葛亮退回汉中后，天水、南安、安定三郡又被曹真、张郃平定。而诸葛亮把违犯军令、导致战争失败的马谡收狱。同时，蒋琬来到汉中，希望为马谡求情，诸葛亮为遵守军令，挥泪斩马谡，另外对有功的王平则给予封赏。诸葛亮上书自贬三等，并做了自我批评。

公元228年冬天，曹魏将领曹休在石亭被东吴将领陆逊打败，诸葛亮听说魏军大举东进，于是给哥哥诸葛瑾写信："有绥阳小谷，虽山崖绝险，水纵横，难用行军，昔逻候往来要道通人。今使前军斫治此道，以向陈仓，足以攀连贼势，使不得分兵东行者也。"诸葛瑾知道后，出兵散关，包围陈仓。果然，张郃部队立刻被魏明帝召回。之前曹真已派将领郝昭、王生与一千多人屯兵陈仓，加上陈仓地势险要，易守难攻，相方激战二十余日未有胜负。蜀军运送粮食发生问题，又闻讯魏援军快到，只好再退回汉中。在退师途中，成功杀死前来追击的魏将王双。

第二年春天，诸葛亮遣陈式进攻武都、阴平，曹魏大将郭淮领兵来救，可是听说诸葛亮出建威，于是撤退，蜀军顺利占领二郡。诸葛亮安抚了当地的氐人、羌人，然后留兵据守，自己率军回汉中。而因成功夺取二郡，刘禅再次升回诸葛亮为丞相。

公元230年六月，曹魏想反客为主，曹真上表伐蜀议案，并派大军进攻汉中。诸葛亮除加强防守外，又要求李严率二万人赶赴汉中阻击敌人。不过因蜀地艰险，又遇上下了三十天的大雨，魏军唯有撤退。夏侯渊之子夏侯霸成功出谷至兴势，不料被早已等候多时的蜀军伏击，后援兵到达，方得脱身。与此同时，诸葛亮派魏延、吴懿入南安，魏延破郭淮，吴懿破费曜。

公元231年春天，诸葛亮再次进行北伐，以木牛运粮，包围祁山。而曹叡也立刻派司马懿为统帅，督军抵抗。诸葛亮知道后，留下王平继续领军攻打祁山，自己率主力迎战司马懿。诸葛亮在上邦打败了魏将郭淮、费曜，想一举打败司马懿大军。司马懿深知蜀军远道而来，粮食后勤有限，便凭险坚守，做好防御措施，拒不出战。

魏军将领见司马懿如此懦弱，十分不满，都讥笑他。在众将的一再要求下，司马懿只好派张郃攻打王平，自己则率众迎击诸葛亮。诸葛亮派大将魏延、高翔、吴班分三路领兵作战，大败魏军，杀掉魏军三千多人，获得战利品玄铠五千、角弩三千多。司马懿再也不出战了。

之前，诸葛亮派李严督粮草时，怕出问题，于是给他三种选择，叫他见机行事："上计断其后道，中计与之持久，下计还住黄土。"后来，李严怕粮运不济，就派马忠、成藩召诸葛亮还。后来李严发现是自己判断失误，欲杀督运领岑述。诸葛亮回来后，李严反而问他："军粮饶足，何以便归？"另一方面李严又向后主上表："军伪退，欲以诱贼与战。"最终李严被揭发，数罪并罚，被贬为庶民。

公元234年春天，诸葛亮经过三年准备，在斜谷口再率十万大军出斜谷口，同时派使臣到东吴，希望孙权能同时攻魏。四月，蜀军到达郿县，在渭水南岸的五丈原下扎营寨。司马懿则率领魏军背水筑营，想再次以持久战消耗蜀军粮食，令蜀军自行撤退，诸葛亮也明白缺粮的问题，开始实施屯田生产粮食。而孙权也曾率十万大军北上响应蜀汉，但被曹叡亲自率军打败。

一次，诸葛亮派虎步监孟琰驻武功水北，适逢水涨，阻断了诸葛亮和孟琰的联系。司马懿趁机出兵进攻孟琰。结果诸葛亮一方面派工兵架桥，一方面派弩兵向司马懿的部队射箭。司马懿看到桥快架好，只好撤退了。魏、蜀两军相持了百多日，其间诸葛亮多次派人挑战，司马懿军始终坚守不出。其后诸葛亮故意让人带一套女人的衣服、头巾送给司马懿，表示司马懿就像女人一样。魏军将领见此情形都火冒三丈，纷纷要求出战，为了搪塞将领们的要求，司马懿假意上表给魏明帝请战。曹叡便派卫尉辛毗为军师，到前线节制司马懿，诸葛亮明白这只是做样而已。而司马懿却从诸葛亮派出的使者口中探得诸葛亮事事亲力亲为，食少事烦，认为诸葛亮活不了多久。

八月，诸葛亮果然病倒，病情日益恶化。司马懿趁诸葛亮病重不能统军，乃率军袭其后，斩五百余级，获生口千余，降者六百余人。消息传到成都，刘禅派李福去探望诸葛亮，并询问此后国家大计，诸葛亮也对各将领交代后事，要杨仪和费祎统领各军撤退，由魏延、姜维负责断后。不久，诸葛亮在军营中与世长辞。而杨仪、姜维按照诸葛亮临终的部署，秘不发丧，整顿军马从容撤退。司马懿认为诸葛亮已死，率军追击，姜维命杨仪回军向魏军做出击的样子，司马懿怕是诸葛亮装死引诱魏军出击，赶紧撤退，不敢再追赶。于是蜀军从容退去，进入斜谷后，才讣告发丧。

因诸葛亮决定以心思较细密的杨仪统领各军撤退，令其仇人魏延不满，双方发生争斗，最后魏延在争斗中失败被杀。

而曹魏的司马懿因抗敌有功，开始攀上权力高峰。

◎排斥魏延　错用马谡

公元227年春，诸葛亮率十万大军拉开了“六出祁山”北伐战争的序幕。这场战争前后经历了六七年，最后以失败而告终。诸葛亮一开始就失人失策。当时蜀军虽锐，但在兵力数量上处于劣势，在战略地位上为险峻的秦岭山脉所阻，利守而不利攻。这种情况下就要出奇兵制胜，速战速决。在这一点上似乎料事如神的诸葛亮谨慎到了近乎迂腐的地步。

那么，当时是不是没有人提出过卓越而可行的战略方案呢？不是。在初出祁山之前，“起于卒伍”的名将魏延就曾对北伐的路线提出过异议。他根据敌我地形、战术原则等因素提出：“闻夏侯楙少，主婿也，怯而无谋。今假延精兵五千，负粮五千，直从褒中出，循秦岭而东，当子午而北，不过十日可到长安。楙闻延奄至，必乘船逃走。长安中惟有御吏、京兆太守耳，横门邸阁与散民之谷足周食也，比东方相合聚，尚二十许日，而公从斜谷来，必足以达。如此，则一举而咸阳以西可定矣。”

这应该说是个比较周全的战略方案。如果采纳这个方案，以迅雷不及掩耳之势精兵奇袭，直捣长安，再在斜谷大军配合下，胜利是很有希望的。就是诸葛亮的主要对手司马懿在事后也说：“诸葛亮平生谨慎仔细，不肯造次行事，他却不知吾境内地理，若是吾用兵，先借子午谷径取长安，早得多时矣！”可见魏延的主张是可取的。可惜孔明把这斥责为“轻躁冒进”，既不用魏延其人，也不用其策，结果大好时机被丧失了。

诸葛亮对魏延似乎有点偏见，偏反其道而行之，要用他的那个“万全之计”，竟将“言过其实，不可大用”的马谡任为先锋主将，硬是强调什么“安从坦道，可以平取陇右，十全必克无虞”，兜大圈子自汉中向西绕道阳平关，再武都、天水、祁山，使十万大军在崇山峻岭中缓慢笨拙地前进，使广大将士的体力和粮秣无益地消耗在长途跋涉之中。这样的进军使魏方得以喘息，从容地做好迎战准备，深沟高垒，以逸待劳，致使蜀军失去时机。

马谡终为张郃所败，街亭失守，孔明唱了“空城计”之后只好南归了。其实，街亭之失亦不能全怪马谡，诸葛亮要负主要责任。从地理位置看，街亭既是当时的战略重地，街亭之战也是关键性战役。街亭失，进无所据，退无所守，只得被迫放弃已取得的陇西三郡，退守汉中，导致整个北伐的失败。照理说诸葛亮应亲临前线督战，但他并没有“亲届街亭”，他的指挥部应设在街亭附近，但却设在大老远的祁山，在当时通信落后的情况下，指挥不灵是必然的。《尉缭子》说：“立坐之阵，相参进止，将在其中”；《孙子兵法》云：“故知战之地，知战之日，则可以千里而应战。不知战地，不知战日，则左不能救右，右不能救左，前不能救后，后不能救前”；《六韬》云：“将，冬不服裘，夏不操扇，雨不张盖，名曰礼将，将不服礼，无以知士卒寒暑”。

这说明，将帅要与士兵同甘共苦，方能鼓舞士气。虽然诸葛亮严惩了马谡，但只承认自己“用人不当，有背先帝之明”，并未能总结自己战略战术上的错误。就是对“用人不当”似乎也认识不深，好像并未想起魏延和魏延的建议。在其后的北伐中仍然因循原来的进军路线，不敢取“循秦岭而东”、大胆深入敌后的战略。结果只能是在司马懿坚守不战的对策下使蜀军呆望于坚城之下。

◎历史功过　后人评说

陈寿《三国志》：“诸葛亮之为相国也，抚百姓，示仪轨，约官职，从权制，开诚心，布公道；尽忠益时者虽仇必赏，犯法怠慢者虽亲必罚，服罪输情者虽重必释，游辞巧饰者虽轻必戮；善无微而不赏，恶无纤而不贬；庶事精练，物理其本，循名责实，虚伪不齿；终于邦域之内，咸畏而爱之，刑政虽峻而无怨者，以其用心平而劝戒明也。可谓识治之良才，管、萧之亚匹矣。然连年动众，未能成功，盖应变将略，非其所长欤！”

《袁子》：“行法严而国人悦服，用民尽其力而下不怨。及其兵出入如宾，行不寇，刍荛者不猎，如在国中。其用兵也，止如山，进退如风，兵出之日，天下震动，而人心不忧。亮死至今数十年，国人歌思，如周人之思召公也，孔子曰‘雍也可使南面’，诸葛亮有焉。刘备：‘孤之有孔明，犹鱼之有水也。愿诸君勿复言。’‘君才十倍曹丕，必能安国，终定大事。若嗣子可辅，辅之；如其不才，君可自取。’”

杨戏的《季汉辅臣赞》中赞诸葛丞相：“忠武英高，献策江滨，攀吴连蜀，权我世真。受遗阿衡，整武齐文，敷陈德教，理物移风，贤愚竞心，佥忘其身。诞静邦内，四裔以绥，屡临敌庭，实耀其威，研精大国，恨于未夷。”

刘禅复诸葛亮丞相诏书：“街亭之役，咎由马谡，而君引愆，深自贬抑，重违君意，听顺所守。前年耀师，馘斩王双；今岁爰征，郭淮遁走；降集氐羌，兴复二郡，威镇凶暴，功勋显然。方今天下骚扰，元恶未枭，君受大任，干国之重，而久自挹损，非所以光扬洪烈矣。今复君丞相，君其勿辞。”

刘禅祭奠诸葛亮诏书：“惟君体资文武，明睿笃诚，受遗托孤，匡辅朕躬，继绝兴微，志存靖乱；爰整六师，无岁不征，神武赫然，威镇八荒，将建殊功于季汉，参伊、周之巨勋。如何不吊，事临垂克，遘疾陨丧！朕用伤悼，肝心若裂。夫崇德序功，纪行命谥，所以光昭将来，刊载不朽。今使使持节左中郎将杜琼，赠君丞相武乡侯印绶，谥君为忠武侯。魂而有灵，嘉兹宠荣。呜呼哀哉！呜呼哀哉！”

西汉时文帝曾请教于左丞相陈平，答曰：“丞相者，上佐天子，理阴阳，顺四时，下遂万物之宜，外镇四夷诸侯，内亲附百姓，使卿大夫，各得任其职焉。如此看来，丞相应胸罗万象，具经天纬地之才，日理万机，责任大焉，倘若事必躬亲，即使累得吐血，也未必能达，若事事包办，势必打乱朝中大小官员各司其职、各负其责的格局，最终必将造成人浮于事，‘累死一人而废天下’。窃以为，诸葛亮一生勤勉谨慎、事必躬亲正是其悲哀所在。”

《唐文粹》中记录了尚驰在《诸葛武侯庙碑铭序》所说：“至令官书庙食，成不刊之典，一山之内，每有风行草动，状带威神，若岁大旱，邦人祷之，能为云为雨，是谓存与没人皆福利，生死古今一也。死而不朽，反贵于生。”

康熙帝："诸葛亮云：'鞠躬尽瘁，死而后已。'为人臣者，惟诸葛亮能如此耳。"

成都武侯祠诸葛亮殿悬挂的攻心联，为清朝学者赵藩所作，此联曾引起毛泽东等的重视，其内容是："能攻心则反侧自消，从古知兵非好战；不审势即宽严皆误，后来治蜀要深思。"

伟大的革命先行者孙中山在"三民主义"之"民权主义"中称赞诸葛亮："诸葛亮很有才能，所以在西蜀能够成立很好的政府，并且能够六出祁山去北伐，和吴魏鼎足而三。"

当今社会评价：从诸葛亮一生的政治、军事实践来看，其事必躬亲的做法极不利于人才的培养、选拔和任用。观蜀汉朝中，关羽、张飞、赵云、马超、黄忠、庞统、法正等人，皆堪称一流政治军事人才，为蜀汉帝业的创立于巩固立下了汗马功劳，而他们没有一位是诸葛亮培养选拔出来的。随着他们的谢世，蜀汉王朝很快就出现了人才青黄不接、后继无人的尴尬局面，这与人才济济的曹魏、孙吴形成鲜明对比，以致诸葛亮不得不事必躬亲、南征北伐，甚至于留下了"蜀中无大将，廖化当先锋"的历史笑柄。

从另外一个角度反观历史，诸葛亮的事必躬亲也说明了他对人才的不够信赖，不敢放手提拔重用，担不起大小战役失败的责任，其不知失败为成功之母，人才的辈出多出自于无数次失败的磨砺。诸葛亮一生经典战例无数，多出自于诸葛亮事必躬亲，一手炮制，某种程度上压抑了人才的锻炼成长，更有甚者，亮不善纳谏。举魏延一例说明：延乃蜀中名将，史书称延"善养士卒，勇猛过人"。诸葛亮北伐曹魏时，魏延多次提出与诸葛亮分兵而进，会师潼关的奇谋妙策（魏延之计谋在古今中外战例中屡屡出奇制胜便是例证），但是与诸葛亮之战略思想发生冲突，非但不纳，反疑之，使延产生消极情趣、悲观失望，为其后造反埋下了伏笔，于是常有"叹恨己才用之不尽"的感慨，终被逼反死于自家人之手，致使诸葛亮不得不用"粗通文武"的姜维继任北伐之重任。

反观历史，诸葛亮虽为“治世之良才”，但是其不善挖掘培养人才，只知骑马，不善相马的弊端显而易见，导致不得不事必躬亲，独力支撑局面，最终独木难撑，积劳成疾，54 岁正值人生盛年便溘然长辞，直接导致了蜀汉王朝的轰然倾塌，令后人发出了“出师未捷身先死，长使英雄泪满襟”的无限感慨。

第六章

公正无私 仗义执言——唐初名相裴炎

裴炎，寡言好学，唐初大臣，曾在李武二朝为官。仕途生涯顺利，历任要职，从濮州司仓参军一直做到中书令首席宰相。徐敬业起兵扬州，以兴复唐室为旗帜，裴炎乘机要挟武后归政李皇，武则天将其逮捕处死。武则天死后，唐睿宗于公元710年再次登帝位，怀念感佩恩公裴炎，追封他为益州大都督，谥号“忠”。忠耶奸耶？后世争议不休；功乎罪乎？盖棺迄未定论。

◎首考及第　仕途顺畅

裴炎生在海内外著名的“中国宰相村”——山西省闻喜县礼元镇裴柏村。该村仅唐朝宰相就不下几十人，比如与裴炎同时期的裴行俭、比他稍后的裴度，都是声贯千古、同为一村的名相。村中官至宰相的名人，历史上共出现59名；官至大将军高职的，亦达59名；另外，还有中书郎14人、尚书55人、侍郎44人、御史和常侍各11人、刺史210人、皇后3人、王妃2人、太守77人，被日本、马来西亚、泰国、新加坡等国公众誉为“中国名人第一村”。

裴氏家族远自秦汉，经历魏晋，至隋唐而极盛。裴炎就出身于这一著名大姓裴氏家庭，属豪门士族的大地主阶级成分。其父裴大同，曾任洛交府（陕西省富县）折冲都尉，享受正四品高干待遇。

裴炎本人则在门下省主管的国家级高干子弟学校弘文馆这所公办重点学院接受良好的正规教育。在这里他很用功，勤奋好学，每遇休假，别的同学大多外出郊游，只有裴炎一人留校“温故而知新”。无论是四品官员的子弟还是作为弘文馆的学生，按照唐初选拔录取干部的用人政策，他都可轻易获取官职，而裴炎却未因此而满足懈怠。相反，他胸怀远大，自加压力，笃志十年，勤学不倦。入学才一年多，就有人推荐他到国家机关任职，但裴炎以学业未满为由婉拒。他在校以儒家经典为专业方向，一直坚持读了十来年，读得他满腹经纶，尤其精研《春秋左传》《汉书》。无论是文化学识还是就业当官都比一般人高出一大截。第一次公务员明经科专业考试，裴炎就一举中榜，算是顺风顺水的家门、校门、机关门这“三门”干部。

首考及第后，裴炎官场一路绿灯。他先在濮州当最基层的“粮站管理员”司仓参军，没多少年就调进了京城，以后迅速飙升，一直做到中央国家机关的兵部侍郎、御史、起居舍人、内史、侍宁、中书令，后来成了皇帝的“机要秘书”黄门侍郎。唐高宗调露二年（680），以中书令身份被授予“同中书门下三品”的职衔，主管门下省，正式成为当朝宰相（唐初以尚书、门下、中书三省的长官仆射、侍中、中书令为宰相，后其他高官加“同中书门下三品”的头衔也为宰相）。裴炎当时权高位重，说话很有分量。唐初的国务院常务会议厅一般是在门下省设政事堂，以供宰相们议事，即便是先皇李世民时代赫赫有名的宰相长孙无忌、房玄龄和魏征都是屈尊到门下省来开会的。裴炎任中书令兼宰相后，就把政事堂迁到了中书省，其他宰相、国务委员及各部委都得到他的地盘来开会。

裴炎任宰相后很受高宗的信赖。永淳元年（682），高宗巡视去了东都洛阳，留太子守京城长安，特意让裴炎做李显的全方位指导顾问和办事助手。弘道元年（683），唐高宗李治病重卧床，不能正常上班了，临时让太子李显代理国政，命裴炎等三人共同协助太子处理日常政务。李治临终的当天晚上，单独召见裴炎密谈，指示他全力扶持太子就任并当好新皇帝，这就是后来的唐中宗李显。

这个李显，父亲唐高宗李治给他起名为“显”，寄予很大的希望，可他却一点也不“显”，一生唯唯诺诺、窝窝囊囊，躲在别人的阴影里过日子，无论品行和能力都比不上哥哥们。然而，中宗即位后却一反常态，要自己做主，体现一把皇帝的威严。这位27岁的青年天子，似乎觉得一旦坐上龙庭，就可以随心所欲，从此翻身农奴成主人了。公元684年，他刚上任就要提拔老丈人韦玄贞做宰相，遭到现任宰相、举朝唯一的顾命元老裴炎的坚决反对，认为韦玄贞刚刚由普州参军提为豫州刺史，马上又拜相，这不合法统，没有经过民主推荐和组织考察，更没有经过考核和公示，不能晋升。

李显还要将奶妈的儿子——大字不识一个的白丁升为五品的中级

国家干部，别人会怎么看呢？总之，裴炎是一百个不同意，固执不肯从命。这番抗议使得李显大为光火，气头上脱口说了一句要命的话：“我让他当宰相怎么了？我一高兴就是把整个江山都让给他又能怎么着！一个宰相的官位算得了什么？”没想到这位对唐王朝忠贞不贰的裴炎组织观念极强，听中宗此言，顿觉恐惧，立即报告了道义上的更高级领导人武太后。武则天一听裴炎说中宗要把江山让给老丈人，就气得拍桌子说：“这孩子算白生了！娶了媳妇忘了娘，竟然要把皇位让给外人，你就是要让，首先也应该让给老娘我呀！不行！”她当时就让裴炎亲自草拟了关于免除李显最高领导职务的命令，带着与中书侍郎刘祎之、卫戍司令程务挺、张虔勖进殿，当着所有在京高级官员的面，让裴炎扶挟着中宗李显从龙椅上走下殿来，然后对他宣布免除其党政军一切职务的命令，职务降为庐陵王。李显不服气地问母亲：“我犯了什么罪？”武则天怒斥道：“你想把天下交给韦玄贞，这难道还是小罪吗？”就这样，可怜的中宗坐了几十天的龙椅就这样没了，别说热身，连屁股都还没坐热。要说试用，还没等期满就被炒鱿鱼了。他这才真正认识到老妈超强的实力，不是自己细胳膊嫩腿能扳得倒的。这次皇帝的废立，从武则天来说是借机除去对自己专权不满的儿皇帝，从而威慑以后即位的皇帝和满朝文武大臣，以达到自己长期操纵君权的目的。

裴炎在这次宫廷政变中因与武则天合谋定策有功，被封为河东县侯。裴炎和武则天两人还算是合作愉快的，然而裴炎没有料到，他成功地避免了国丈窃国，却导致武则天擅权，其独裁地位更加稳固，从此给他们两人的决裂埋下了真正的祸根。

裴炎和武则天为什么会从合作走到决裂呢？从思想根源上说，裴炎的理想和武则天的终极目标有根本的冲突，他二人在合作初期充其量只是同路人而已。裴炎的理想是当一个权臣，他帮助武则天把不听话的李显废掉，拥立李旦，是希望借助拥立之功做到大权独揽。他的意图是让更软弱的李旦当皇帝，由他自己掌握实权。在这个政权模式中，并没有武则天的位置。换句话说，他从没想过要改朝换代，更没有想过要对一个女皇帝俯首帖耳。那么武则天的终极目标是什么呢？她的理想就是自己当皇帝，而且不容许任何人和自己分享权力。在权力的归属问题上，两个人出现的这种分歧是不可调和的。对于这一点，武则天看得很清楚，裴炎也看得很清楚。

◎徐氏兵变　被逼入伙

文明元年（684）二月，武则天改易官员，裴炎任内史。秋天，徐敬业在扬州起兵，讨伐武则天专权抑李。大唐此时仍处于鼎盛时期，政治军事都很强盛，经济繁荣，官民都有大量存粮，百姓不存在吃不上饭的问题，他们只要有饭吃，生活安定，谁来做皇帝一般不在乎。所以徐敬业起兵反武不可能出现一哄而起的局面。徐敬业唯一可利用的，就是朝野都有一批对武氏专权不满的人，但这只是意识形态的信念问题，还没到真正动手的份上。几个光杆儿文官，要想拉杆子起义，人在哪里？钱在哪里？刀枪、马匹、经费哪里来？这些问题，拥戴李唐的铁杆保皇派裴炎当然不可能想不到。

但徐敬业看准了裴炎至少在思想上是个同盟军，把准了他的脉，就千方百计拉他下水。徐敬业先把裴炎的外甥、监察御史薛仲璋发展为同党，让其加入组织，参与造反。薛仲璋对太后专权久已不满，当然愿意共举大业。就在九月初改元“光宅”之后没几天，薛仲璋以中央特派钦差大臣身份出使江都（今江苏镇江一带）巡视。他刚到江都，匡复李唐党的党羽韦超跑到薛仲璋的临时官衙，揭发检举扬州都督府指挥驻军的司令员（长史）陈敬之谋反。司令要造反，这还了得吗？

其实这派人告变都是事先安排好的。薛仲璋心领神会，立刻下令把陈敬之收捕入狱。如此一来，扬州的兵马群龙无首。匡复党立刻抓住这个空当登场，一把就抓过扬州的军政大权握在了自己手中。总后台徐敬业早已准备妥帖，几天后就堂而皇之来到扬州都督府门前，自称是奉密旨前来担任扬州司马。薛仲璋闻讯，装模作样前来迎接。徐敬业，一个失意官僚，就这么不费吹灰之力掌握了扬州的军政大权，为匡复党白捡来一个司令部。这时候，有权、有兵、有粮草、有行政机构，可称得上空手套白狼的最佳案例。有了基本的武装力量，又能够调动扬州一州之兵，就有了起事的本钱。徐敬业于是伪造“最高指示”杀了陈敬之，又诈称高州酋长冯子猷谋反，皇帝有密诏要他“募兵进讨”，这谎越扯越大了！

当日，徐敬业命人打开兵器府库、释放囚徒，招兵买马，招募在押犯、民工、壮丁，统统发给武器盔甲，正式打出“匡复李唐”的旗号，以骆宾王为秘书长（记室）、魏思温为军师，迅速搭起了一个领导班子。造反可真是一件大大的快事，所有由于各种缘故对当局不满的人，都为之一振。据史载，旬日之内，徐敬业竟招募、裹挟了十几万人，就连“初唐四杰”之一的骆宾王也跟着凑热闹。官有了，兵也有了，徐敬业还缺造舆论这个环节。他决定“传檄四方，疏武氏过恶”。这写讨伐书的任务，自然是非骆宾王莫属。这就是留传青史的古今第一檄文——《为徐敬业讨武曌檄》。开篇一句，就大义凛然，说“伪临朝者武氏，人非温顺，地实寒微”，这是说她性格不好，出身微贱。接着就是一句批判武氏的千古名句：“入门见嫉，蛾眉不肯让人；掩袖工谗，狐媚偏能惑主。”文章最后，是对大唐衮衮诸公使出攻心战术，给诸君指出一条弃暗投明的光明大道。最后，骆大才子激情奔涌，气吞山河，以无比豪迈之句收篇：“请看今日之域中，竟是谁家之天下？”这篇短小精悍的告全国官民公开信，既文辞华丽，又气势磅礴，既晓以大义，又诱以大利，做足了讨逆先攻心的文章，端的是人间极品！

整篇文章仅五百余字，却写得翻江倒海，狂舞龙蛇，简直当得百万雄兵。徐敬业等一干义军头领看了文稿，惊喜之余赞赏不已，命抄写数千份，发往各地。雄文一出，应者影从，一些对武氏专权不满的官员和士绅也被打动，纷纷前来投效。扬州这个绮丽繁华地，一时间势倾东南、震慑神州！据说，当《讨武曌檄》传至京都，武则天初读时微笑平静，但读到“一抔之土未干，六尺之孤何托”一句时，不觉耸然一惊，问侍臣：“此语谁为之？”有人答曰：“骆宾王之辞也。”武则天便叹道：“此乃宰相之过，安失此人？”骆宾王的才华可见一斑。

为了倒逼裴炎入伙，徐敬业令骆宾王策划如何让裴炎一同起事。人在狂热的时候，文思是十分的活跃。骆宾王本来就满腹锦绣，当此之际更是挥毫如飞，倚马立就，出口就编成一段小童谣，裴炎所住小区以及其家乡的小孩们、本辖各军干部家属子弟广为传唱：“一片火，两片火，绯衣小儿当殿坐。”骆宾王这一招厉害，真是太有才了！传说这童谣一传十，十传百，京城里的小儿都会唱了。童谣不久也传到了裴炎的耳朵里，他不知作者是何人，想找人来破解一下，找来找去竟找到了骆宾王。裴炎给他许多宝物锦绮，骆宾王一言不发。裴炎又用美女骏马诱惑他，骆还是不说话。裴炎又与骆一起观看家藏的古忠臣烈士图，骆宾王神色很严肃地说：“此英雄丈夫也。”于是说起自古大臣执政，常会改换社稷。裴炎问谣言中的“片火”、“绯衣”是什么意思，骆宾王北面而拜说：“一片火，两片火”就是“炎”字，“绯衣小儿”就是“裴”字，“当殿坐”当然就是做皇帝。你就是人主啊。原来骆宾王只是想借此迫使裴炎倒戈，与徐敬业联手，其才华真是令人不得不服。还有人传说扬州起兵后，裴炎给徐敬业写了一封信，内中只有“青鹅”二字，被人告发送至朝中，官员都不能破解，武则天看后说：“这个‘青’字，拆开来就是十二月；‘鹅’字，就是‘我与’，即我参加的意思。想要等到十二月，和徐敬业里应外合一起动手。”这些绘声绘色的传说，使一些人相信裴炎的确谋反了。而面对徐敬业通过各种方式传递来的联手反武的召唤，裴炎不是热血青年，他考虑的要深刻得多。作为朝中大佬，与小儿辈徐敬业谋划这些事，不免要为天下笑。且徐敬业这个人桀骜，一旦成功，掌握军队的他还不是要一人独大？裴炎想到这儿，就不打算介入。

◎支持李唐　规劝武后

中宗李显被废后，武则天扶立李旦为唐睿宗，自己垂帘听政，不久又将李旦降为皇嗣，亲自临朝，代李家主持国务。这时，武家的显赫权势如日中天，武则天开始了真正“圣衷独断”的时代，史称“则天朝”，并进而为改朝换代、从法律和名义上完全独立做准备。此时，武则天的侄儿武承嗣上疏，奏请立武氏七庙，追封武家祖宗。武则天正准备批准这个提案、要立庙追认自己的先祖时，裴炎起而坚决反对。唐朝属李姓江山，武则天是李家儿媳，另立武家宗庙就是背叛的开始，最终会威胁到李唐社稷。裴炎向武则天说：“太后母仪天下，宜以至公而不应示人以私。”他还摆出西汉初年吕后擅权的血淋淋的历史事实教训武则天：“独不见吕氏事乎！臣恐后之视今，亦犹今之视昔。殷鉴未远，当绝其源。”武则天宣称自己和吕后不一样，自己是追尊已经故世的人，对活人没什么影响。她解释说：“吕氏之王，权在生人；今者追尊，事归前代。存殁殊迹，岂可同日而言？”裴炎不愧阶级立场坚定，政治旗帜鲜明：“事当防微杜渐，不可长耳！”武则天听了自然是不太高兴，但也只好暂缓建庙祀立武祖。当武皇废除并致死太子李贤后，李氏宗室中还有韩王李元嘉和鲁王李灵夔有可能继承王位，这两人与李世民同辈。武承嗣与武三思为了确立武周王朝，铲除唐王朝李家的势力，主张斩草除根，准备把韩王李元嘉、鲁王李灵夔杀掉，以绝李唐宗室继承江山之望。武则天当即召开政治协商会议，向大臣们征求意见。此时又是裴炎挺身而出，据理力争，说这两人没有任何谋反的证据，你怎么可以无罪杀人？裴炎制止了这件谋杀事件，又使武则天深为遗恨，“愈衔怒”。两个人的矛盾就这样逐步深化，到最后量变积累，引起质变，终于走向了决裂。

十月初，徐敬业事变的警报传至京城，朝野气氛骤然紧张。对方既然把挑战书都传到大殿上来了，就不能不认真对待，这可是唐朝建立以来最大规模的内乱啊。武则天不愧是个临危不乱、非俗流凡辈的顶级女强人，此时显示出超强稳定的心理素质，指挥若定。她令左玉钤卫大将军李孝逸为扬州道行军大总管，御史魏元忠为监军使，责成他们在七天内调集30万大军前去征讨。对外要镇压叛乱，对内要清洗高层。对高层的清洗，首先就拿当朝第一宰相裴炎开刀。当时中央最高领导层的核心人物其实一共就三个人，即武则天、李旦和裴炎。这三人小组中，武则天最有权力，不过毕竟是太后临朝，女流之辈，没有战争经验；皇帝李旦只是个傀儡，一直没有亲政，因此也无从插手；而裴炎作为顾命大臣，德高望重，有几十年的行政经验，在这件事上理应发挥重要作用。可他老人家作为朝中地位最高的辅弼重臣，面对已闹得如火如荼的扬州兵变，却一不着急，二不研究如何征讨，也不积极参与朝臣们关于讨伐“叛军”的大讨论，每天优哉游哉，跟没事一样。其实他表面上不动声色，暗里是想给叛军一点儿时间，待事态闹大，等武则天焦头烂额时他再相机行事，顺势逼她“归政”交权。首席大臣不急，别人当然也不好发话。

◎惹怒武后　身首分家

武则天等得心急，就亲自召集党政军领导人扩大会议，征求大家对徐敬业起兵反对中央的意见："现在扬州闹得很凶，我们该怎么讨伐呀？"

在中央决策会议上，裴炎听武太后问大家怎么应对徐敬业反叛这一突发紧急事件，脑袋一热，想孤注一掷，以当前危局来要挟太后，于是"诚恳"地说："臣以为用不着讨伐，当今皇上年龄已渐渐大了，一直未能亲自执政，所以徐敬业那家伙自然振振有词。假如你把实权交还给皇上，叛贼无须讨伐就会自散，不攻自破。"话一出口，简直是石破天惊，整个朝堂顿时鸦雀无声。他不但不谈如何平叛，反而敦促太后交权，几句话说到了武氏的痛处。裴炎以为武则天这个"女流"遇到这样的兵变一定会惊慌失措，自己趁势一逼，就会使她丧气而放弃大权。正在得意待变之际，忽然，一个声音打破了朝堂的沉默："裴炎为前任领导服务二十来年，大权在手，如果没有什么意图，为什么要请您交出政权给李唐家呢？"这话是谁说的呀？大家定睛一看，原来是监察御史崔詧，一个小人物。但就是这一句话，替武则天解了围，武则天长舒了一口气。

崔詧不知怎么知道了这次军机会议的内幕玄机，一语破的。武则天对裴炎的磨磨蹭蹭早已有疑，崔詧这话更把她一下点醒，于是不顾平叛战争在即，"攘外必先安内"，恼怒地指示对裴炎实行"双规"，命监察部的御史大夫骞味道、御史鱼承晔亲自审查，既而批捕入狱。堂堂宰相裴炎因为"异图"罪，一夜之间就沦为了阶下囚。武则天明白，当日废中宗时的政治盟友，现已成为抵制她临朝称制的大敌。裴炎的逼宫也太不是时候！若义军已占据了半壁江山，说此话也许有出奇制胜的效果。现在形势尚未分明，平叛讨伐大军已经集合，说这话不是自找倒霉吗？真是白读了一肚子书！尽管很多大臣纷纷上奏营救裴炎，武则天都置之不理。裴炎在狱中刚烈不屈，有人劝他委曲求全，说点软话，人在屋檐下，哪能不低头！裴炎却不愿折节苟免，在生命的最后时刻表现了威武不屈的气节。他说："当此国家危机时刻，作为宰相我不下地狱谁下地狱！既然进来了，哪还有全身而退自保之理？"他知道，这一关是过不去了，双方没有妥协的余地。通过几次较量，裴炎已深知武则天难以制约的本性和觊觎皇权的野心，知道无法让她主动让权还政了。裴炎被上上下下公认为社稷元老，受遗诏辅政，被捕下狱自然引起朝野震动。

批捕裴炎，是李武唐周鼎革之际牵动政治全局的一件大案，尤其是与徐敬业扬州起兵在时间上又相契合（扬州起兵10日裴炎就被逮捕下狱），人事上也不无联系（裴炎外甥薛仲璋参与了密谋兵变），所以裴炎是否真的谋反历来为人们争执不一。当初扬州叛乱的消息传来，朝士们尚能稳得住架势，待宰相裴炎入狱，他们却如同炸开了锅，在朝堂上发生激辩。当时除了少数官员认为裴炎有谋反的主观动机外，多数还是认为裴炎不是"反革命"的。裴炎的副手、凤阁侍郎胡元范，还有裴炎的搭档、侍中刘景先，都先后给武则天上奏，坚持说裴炎不可能通贼谋叛。他们说："裴炎是国家高级官员，有功于国，全心全意为领导服务，我们可以证明他不是反贼。"紧接着，满朝文武纷纷表态，为裴炎说话。

面对群臣来势汹汹的质疑，武则天对他们说："裴炎谋反是蓄谋已久的，非自今日始，有他的思想和历史根源，你们不知道而已。"这意思很明白，裴炎谋反是有证据的，只是你们不知底细罢了。可是既然武则天手里攥着裴炎谋反的证据，就应该拿出来给大家看啊，武则天却又拿不出来。这样一来，大臣们便不依不饶了，纷纷说："如果说他会反叛，那我们大家也都是造反派了。”这等于是拿自己的身家性命为裴炎作担保。有那么多人愿意力保裴炎，说明他的支持率很高，能团结同志凝聚人心。武则天却说：“我知道裴炎他确实是谋反了，但你们没有谋反也不会谋反。裴炎是裴炎，你们是你们，你们跟裴炎瞎搅和什么？”

还有一种说法，是武三思设局，通过严刑逼供，做了一个谋反的大口袋意图把朝中重臣包括裴炎都装进去。拿到供词后，武三思迫不及待进宫向其姑母汇报，武后淡淡一句“知道了，你去办吧”，转而问身边的上官婉儿：“你认为裴炎会谋反吗？”似乎武后自己也不太相信。

裴炎到底有没有反迹？两边的人都只是推论。说他谋反的拿不出过硬的证据，说他没谋反的也只是凭义气经验。反正无论谁说，武则天一概不理，最后听得忍无可忍了，索性将裴炎判了斩首之刑，在洛阳都亭驿前街执行。武则天做事，快刀斩乱麻，她不能容许朝堂上这样纷争不休。裴炎临刑时向受株连的兄弟亲属诀别说：“你们的官职都是自己努力得来的，我没有帮上半点忙，今天却因为我而受株连，我对不起你们啊！”话音未落，只听铡刀“咔嚓”一声切下去，那老僵的脖颈皮肉再硬，哪能抵挡得住冰冷铡刀的锐利！此时距裴炎下狱不过 10 天工夫。

武则天为什么要在扬州叛乱还没有平定的时候就杀掉裴炎呢？首先，扬州叛乱对于武则天来说是肢体之患，而裴炎逼宫是心腹之患。如果中央出现了反对派，它的危害远远大于一场地方叛乱。其次，只有中央高层统一了思想，才能投入全部精力去平定反叛；只有把裴炎治罪处决，整个朝廷才能统一认识，上下全力组织平叛。所以，武则天临阵换将，看起来是触犯了兵家大忌，但这也是无奈之举，这样确保了政局的稳定和战争的胜利。

◎君王怀念　冤案昭雪

裴炎被杀后，武后派人去查抄裴家，却发现没有一担存粮，连价值一百斤粮食的钱财都没有，家徒四壁！可见她除去的是一位多么廉洁的高官。查抄之人莫不怜之敬之，暗自叹息。不管裴炎一生功过是非如何，就清正廉洁这一点来说，也应该算是一个不错的宰相了。

裴炎一案，使那些多次营救过或为他说过好话的大臣，几乎都受到株连，凡是为他申辩过的官员都受到惩处。宰相刘景先初贬吉州长史，后被酷吏陷害入狱，自缢而死；凤阁侍郎胡元范被流放到琼州（今海南岛），最后死在那里；吏部侍郎郭待举先被罢相，后又贬为岳州刺史；程务挺被诬“与裴炎、徐敬业潜相接应”，于军中处斩。

裴炎的侄子太仆寺丞裴伷先当时才 17 岁，也很有种，在被流放之前请求面见武则天。武则天也许是为了显示自己的“公正”，就召见了裴伷先，对他说道：“你的伯父谋反被正法，你还有什么好说的？”裴伷先故作恭敬地说：“我只是为太后您着想，哪敢鸣冤？太后您是李家的媳妇，先帝去世后，您却把持朝政，贬斥李氏宗室，给武家的亲戚封高官厚禄。我伯父忠于国家，反被诬为谋反，连家人都被连累了，您这么做，我实在为您感到惋惜。您应该早点儿归政皇上，自己退居深宫，那么武家宗族可以保全，否则等天下变化后就来不及了！”武则天大怒道：“胡说八道！你这小子竟敢这样对我说话！”命令把他拉出去重打一百大板，然后永远流放到穷远之乡。可见裴炎的子侄也继承了他那种不愿屈节的性格。

唐中宗李显复位大赦天下时，武则天已死，本可以为裴炎平反，但此时武氏兄弟仍然在位掌权，而李显却与他的政敌兼情敌武家兄弟打得火热，裴炎仍与徐敬业一样被排除在赦免之外。唐睿宗李旦也就是李显的弟弟于公元710年再登帝位，裴炎一案才得到昭雪。裴炎一心扶起来的睿宗，对他念念不忘，专门下制称赞他："故中书令裴炎……文明之际，王室多虞，保义朕躬，实著诚节。而危疑起衅，仓促罗灾，岁月屡迁，丘封莫树。永言先正，感悼良多。宜追责于九原，俾增荣于万古。"同时追认为益州大都督，谥号"忠"。

武则天执政时期，酷吏政治非常突出，滥杀无辜时有发生，这是不争的事实。裴炎被杀，到底是真的参与了谋反还是维护李唐皇脉、抵制武氏专权为武家政权所不容，或是还有其他因素，是唐朝的一桩悬疑积案，千百年来一直为后人争论不止。

◎历史功过　后人评说

裴炎其实是死在他的政治立场上了。他作为朝廷最高位置的命官，显然不可能去参与一个局部的地方叛乱。但他又很希望这场叛乱能起到迫太后还政的作用，试图两面取利，可是自身的回旋余地实在太小，这就决定了他必然成为李武斗争的牺牲品。在武则天要改朝换代之际，身边却有着这样一个唐室忠臣，这就是裴炎真正的死因。其实，武则天杀裴炎内心还是很惋惜的。按理谋反是要族诛的，而裴炎"谋反"，最终家中却只死了他一人，其家人先后被武后赦免死罪。

唐睿宗时，裴炎一案才得到昭雪，并专门下制称赞他："文明之际，王室多虞，保义朕躬、实著诚节。"同时赠太尉，益州大都督，谥号"忠"。

第七章

救时宰相 几经沉浮——唐朝名相姚崇

姚崇自幼孜孜好学，胸怀大志。长大入朝论政，答对如流，且下笔成章，得到武则天的赏识，初拜侍郎，后连续升迁，成为武则天、睿宗、玄宗三朝宰相，有“救时宰相”之称，是中国历史上的著名宰相。特别是在玄宗朝早期为相，对“开元之治”贡献尤多，影响极为深远。宋代大史学家司马光在《资治通鉴》中高度评价道：“唐代贤相，前称房（玄龄）杜（如晦），后称姚（崇）宋（璟），他人莫得比焉。”但在涉及他的为人品德方面，就不那么始终如一、那么厚道了。所以史书批评他“权谲”，就是好弄权术，滑头，耍小动作的意思。那么应该如何评价姚崇？对其应该持肯定还是否定态度？至今人们仍没找到统一答案。

◎高人指点　人生扭转

姚崇（650 ~ 721）本名元崇，字元之，避唐玄宗“开元”年号讳，改名姚崇。祖籍吴兴（今浙江湖州）。曾祖姚安仁，隋朝时历任青、汾二州刺史。祖父姚祥，任隋怀州长史、检校函谷关都尉。父亲姚懿，字善意，隋末时候，任陕州硖石县令，后辅佐初唐创业有功，但因受人嫉妒而遭到贬退，唐武德四年（621）后，便带领全家老小隐居于“硖石东北重岗之曲”，此后，姚家后人就成了陕州硖石人，姚崇的祖籍也是这里。后来，高宗即位，姚懿又被起用为硖州（今湖北宜昌）刺史、嶲州（唐朝古州名，今四川西昌越西东北）都督。

唐高宗永徽二年，姚崇诞生于陕州硖石，但他从少年时就生活在河南洛阳。龙门石窟现存有姚崇兄妹为其母刘氏所造的石窟，今称极南洞。

史载，姚崇的父亲姚懿初娶张氏、李氏，可惜不久就陆续死掉了，后娶刘氏。开元三年（715）由秘书丞胡皓撰写的《姚懿碑铭》说，姚懿于龙朔二年（662）死于嶲州官舍，当时姚崇才 12 岁。刘氏生育了姚元崇、姚元景和姚八娘。刘氏拖儿带女长途扶柩，于次年七月十五日将姚懿安葬在故乡硖石安阳公之原。姚懿一门也算是大家族，儿女众多。加上姚懿前两位夫人所生育的子女，姚崇排行第十。

姚崇刚刚 12 岁，就成了没爹的孩子。可能是受家族尚武的影响，他小时候风流倜傥，厌恶读书，而以打猎为乐事，“少为猎师”。20 岁时，“居广成泽，以呼鹰逐兔为乐”。

相传，黄帝时期，有一个叫广成子的人在汝州临汝的崆峒山修道成仙。轩辕黄帝曾亲驾崆峒山，向广成子询问养生之道，《庄子》《黄帝内经》和《史记·五帝本纪》中都有记载。《庄子》的记载比较详细："黄帝立为太子十九年，令行天下，问广成子于崆峒山，故往见之……黄帝再拜稽首曰：'广成子之谓天矣！'"后人为了纪念广成子在养生文化上的贡献，便把他居住过的崆峒山周围的泽地称为"广成泽"。郦道元的《水经注》记载"汝水又东于广成泽水合……其水自泽东南流，迳温泉南，与温泉水合……其水东南流，注广成泽水，泽水又东南入于汝水"。明正德元年（1506）纂修而成、正德五年（1510）正式刻印发行的《汝州志》载有"山有丹霞院，即广成子修道之处"。

据《汉书》《后汉书》和新旧《唐书》记载，汉、唐两代，广成泽被辟为狩猎游乐的"皇家禁地"，定名为"广成苑"。班固在《东都赋》中写道："皇城之内，宫室光明，阙庭神丽；都城之外，因原野以作苑，顺流泉而为沼。""苑"即指广成苑，"沼"为汝州温泉。西汉文帝刘恒的母亲薄太后曾来温泉洗浴，如今温泉东南的薄姬庙村便是她当年的行宫所在地，镇北的娘娘山也因其驾临而得名。汉明帝、安帝、恒帝、灵帝都曾多次"校猎广成苑"，沐浴温泉水。隋炀帝杨广听说广成泽（今涧山水库）既是"周回百里，水草丛生"的好牧场，又有"神泉侧出"可供玩乐，于是在此设置牧场，放牧一种据说是"出汗如血，踏石能烂"的名马。公元621年春，唐太宗李世民率兵攻克汝州，进军洛阳途中领略了温泉神水奇趣。公元637年，再次临幸温泉，还命人在镇北十里盖了一座"清暑宫"，宫南一里处设有专门安排官员居住的地方，即现在的官庄村。五代时梁太祖朱温来温泉洗浴，也住在"清暑宫"里，此处后来被称为梁古城，至今仍有梁古城遗址。唐高宗李治曾先后五次到温泉沐浴察看。公元700年2月22日，女皇武则天率群臣"入汝州温汤"，在此设行宫，随后又两次来温泉沐浴休养，"武后池""八卦楼"分别是她当年洗浴和大宴群臣的地方。"八卦楼"又名"流杯亭"，武后让群臣围池而坐，把绑着羽毛的酒杯放在池中，斟满美酒，杯借泉水浮力，漂浮在谁的面前谁就一饮而尽，并赋诗一首，以庆升平，其诗汇集为《流杯亭侍宴诗集》。唐开元十四年（726），唐玄宗李隆基来到温泉，感受灵泉神汤，流连忘返。金朝暴君完颜亮从洛阳到温泉打猎洗浴，下诏方圆一百五十里州县派商贾来温泉“置市”，成为物资交流的集散地，这样旅游业带动了附近地区经济的发展。

言归正传，姚崇最开始只尚武不喜文，后来，对姚崇一生影响深远的人出现了，他改变了姚崇不喜欢读书的习惯，此人就是张憬藏。张憬藏，长社（今河南许昌长葛）人，是当时的一个相学家，说白了就是个算命先生，但由于算得比较准，在全国也是小有名气。据姚崇63岁时回忆，就在他“居广成泽，目不知书，唯以射猎为事”，整日陶醉于呼鹰逐兔之乐时，遇到了张憬藏。当时张憬藏游学路经广成，落脚姚崇家，见姚崇气宇轩昂，眼神里透出一股灵气，非一般山村野夫可比。可是，当张憬藏与姚崇一交谈，发现他知识贫乏，文理欠通，便力劝姚崇要好好读书，增长识见，并鼓励说：“广成是上古贤人广成子所居之地，黄帝曾问道于广成子。你将来当以文才显名，很可能做到宰相一级大官，不要自暴自弃，要好自为之！”在张憬藏的鼓励和规劝下，姚崇潜心修文，刻苦攻读，改变了整日“呼鹰逐兔”的坏习惯。《新唐书·张憬藏传》也有相同的记载：“姚崇、李迥秀、杜景俭从之（张憬藏）游，憬藏曰：‘三人者皆宰相，然姚最贵。’”看起来，姚崇当时不但得到张憬藏的指导，而且还结交了李迥秀、杜景俭等一批青年才俊。这些，对促进姚崇“折节读书”，都起了很大的帮助作用。通过几年的努力，姚崇终于成为东都洛阳一带远近闻名的博学之士。

◎志向高远　步入政坛

我们知道，姚崇最终走向大唐的高层机关，靠的是科举考试，靠的是自己的能力与水平，其实，在他考取功名之前，他是有一个捷径步入仕途的，但他放弃了。什么捷径呢？就是做挽郎。

挽郎，就是出殡时牵引灵柩边行边唱挽歌的人，通常由男性而且是青少年充任，所以叫挽郎。选上挽郎以后，治丧期间包吃包住、免费治装，这些只算小恩小惠，真正重要的是这种给死人送殡的活儿是天赐的入仕当官的机会，能获得“选人”（后备干部）的身份。等到治丧结束，挽郎的档案材料就会马上由礼部移交负责组织人事的吏部，转入分配工作和提拔当官的程序。《二十四史》的人物传记中有记载，有的人是靠科举起家，有的是靠军功起家，也有的是靠挽郎起家，如北魏史上的名人崔巨伦，其出身就是“以世宗（魏宣武帝）挽郎，除（授）翼州镇北府墨曹参军（《魏书·崔巨伦传》）”。这是一个七品官，放在科举取士的唐宋时代，一个人寒窗苦读多年，侥幸考中个进士，也只是授你一个七品官。所以做官的捷径，莫如抬棺材。

姚崇就获得了这个天赐的机会。唐高宗上元二年（675）四月二十五日，皇太子李弘病死于东都洛阳之合璧宫倚云殿。高宗李治和武则天非常悲伤，高宗亲撰《孝敬皇帝睿德纪》文，追谥太子李弘为“孝敬皇帝”。自汉魏以来，皇帝驾崩，需选一百二十名潇洒帅气、演技较好的英俊少年作为挽郎。根据《通典》卷八十六《葬仪》：“大唐元陵之制：……执绋挽士，虎贲千人，皆白布葱褶，白布介帻。分为两番。挽郎二百人，皆服白布深衣，白布介帻，助之挽两边，各一绋。挽歌二部，各六十四人，八人为列。”

由于姚崇出身名门，这个时候的他刚刚25岁，仪表堂堂，风流倜傥，便被人举荐做了李弘的孝敬挽郎。八月十九日，李弘被安葬于恭陵。时为孝敬挽郎的姚崇自始至终参加了李弘的葬礼。

按照唐朝的制度，姚崇履行完这个挽郎的职责，就可以像当时的许多人一样，以挽郎入仕，去稳稳当当地做官了。但姚崇并不满足于此，他不愿意被人说是靠抬棺材起家的，要靠自己的才学，通过科举考试来实现自己的抱负和理想。因此，他去吏部注册，改名姚崇，回家后仍然孜孜不倦，继续苦心攻读。仪凤二年（677），高宗皇帝李治在长安亲自主持制举考试，姚崇以文思敏捷，才华横溢，下笔千言，一挥而就而制举高第，中了“下笔成章科”，成了天子门生。被朝廷授予濮州（今山东鄄城北旧城）司仓参军（从七品），外放做了地方官。

◎才干出众　首任宰相

垂拱元年（685），姚崇被调任郑州（今河南郑州），担任司仓参军。天授元年（690），被朝廷召回，在神都洛阳担任司刑寺的司刑丞之职。司刑寺，本称大理寺，主持刑狱，是国家的最高审判机关，是中央一级司法活动的重要枢纽，也是朝廷对重大案犯做出正式审判的机构，其责任之重、权力之威自然是不言而喻。司刑丞，官品为从六品上阶，其职责是裁决狱讼，判定量刑之轻重，其身份的重要性同样不可小觑。

天授之际，登上皇帝宝座的武则天为巩固自己的政权，招来了一批酷吏，对杀人整人以及找杀人整人的借口极有研究。这些酷吏本着“宁可错杀一千，不可放过一个”的原则，残酷地镇压了有反抗言行的李唐宗室及元老大臣，其中也不乏滥杀无辜的情况，尤其是平日与这些酷吏有点矛盾的，更成为被打击的对象，无数人被扣上“造反”的帽子，朝臣人人自危，心中纵有百般不满，也没人敢站出来说句公道话。当然，再想整人，也得遵照司法程序，凡是被发现有点造反苗头的嫌疑人，都要被押至司刑寺进行审判。作为司刑丞，姚崇接受最多的案件就是所谓的“谋反案”。但姚崇没有头脑发热，也没有轻率断案，他始终坚持从实际出发，公正执法。那些有“谋反”言行的人按“谋反罪”惩办，没有“谋反”言行的则另当看待。经过姚崇审理，关押的所谓“谋反案”中许多官员，都被无罪释放而保全了性命。三十多年后，姚崇去世，张说在《姚崇神道碑》中赞扬道：“天授之际，狱吏峻密，公执法无颇，全活者众。”

天授年之后，姚崇又被调任到兵部担任兵部员外郎（从六品上阶）。万岁通天元年（696），升至兵部郎中（正五品上阶）。这年五月，东北的契丹族首领松漠都督李尽忠与其内兄归诚州刺史孙万荣起兵造反，不断骚扰中原，攻破了营州（今辽宁朝阳），杀了节制契丹人的营州都督赵文翔，纵兵南下，进逼檀州（今北京密云一带），又连连击败了武则天派来的围剿大军。十月，攻入幽州（今北京西南部）。各地告急文书像雪片一样飞向神都洛阳。对付契丹进犯成为当时朝廷的头等大事。兵部衙门成了战事的参谋中心，事务特别繁忙。兵部郎中姚崇有了施展才能的更大的舞台。不管多繁杂的事务，到了姚崇手中，都变成小菜一碟，并以很快的速度被处理得干净利落，井井有条。史称：“剖析如流，皆有条贯。”兵部是中央机关，姚崇有才华的消息很快传到武则天耳里。武则天既惊讶又高兴，她很欣赏姚崇的才干，破格提拔他为兵部侍郎（兵部侍郎，正四品下，相当于今天国防部的副部长）。

姚崇得到重用，更加勤勉用事。他参谋中枢，运筹帷幄，于神功元年（697）七月，协助武则天调兵遣将，彻底平息了契丹叛乱。

成为兵部侍郎后，姚崇有了更多的机会参与国家大事而改革弊政。神功元年九月二十日，武则天在神都通天宫里召见群臣。武则天对朝臣们说：“前些时候，周兴、来俊臣审理案件，牵连到不少朝廷大臣，说是他们反叛，国家法律摆在这，我也都是按章办事。不过其中有一些我也怀疑有冤情，是滥用刑罚造成的，就派近臣到监狱中去审问，但看到他们手写的状纸，都是自己承认有罪，我也就不怀疑了。自从周兴、来俊臣死后，就听不到谋反的事了，只是以前被杀的人中，是不是有被冤枉的呢？”对于这一敏感话题，群臣皆以自保，不敢多言。姚崇当初曾在刑部任职，办案公道，也保过不少人。因此对这方面情况比较熟悉；另外，他对武则天也比较了解，他知道她也重用过一些坏人，滥杀无辜，不过还没有完全被一些别有用心之人控制，也任用一些正派人主管刑法，在这个问题上能够听得进不同的意见。姚崇针对武则天提出的问题，陈述了自己的看法：“自从垂拱（685 ~ 688）以来，很多无辜之人都被整得家破人亡，告密的人因此而立功，人人自危，情况比汉朝的党锢之祸还要厉害。陛下您派人到监狱中查问，被派去的人自身尚且难于保全，还怎么敢去翻案？被问的人因为怕遭到那些人的毒手因此谁都不敢翻案。老天保佑，皇上你终于醒悟过来，诛杀了一些别有用心之人，朝廷才算安定下来。从今以后，我以自身及全家百口人的性命担保，现在内外官员中绝对再也没有想谋反的人。所以恳求陛下，今后要是收到告状，只把它收存起来，不要去追究就是了。假若以后发现证据，真得有人谋反，我甘愿承受知情不报之罪。”慷慨陈词之后，在场的众大臣都为姚崇捏一把汗，他们只等着武后大发雷霆，令人不解的是，对于这一尖锐的批评和直率诚恳的态度，武则天非但没有发怒，反而表现得很高兴。她说：“以前宰相顺着既成的事实，害得我成了个滥行刑罚的君主。听了你所说的，很是符合我的心意。”并赐给他银千两，以表奖姚崇的忠贞。按姚崇的建议，武则天下令废除了酷吏政治。一年后，在内史狄仁杰的举荐下，姚崇又被任命为夏官侍郎加同凤阁鸾台平章事，从此步入宰相行列。

◎清除积弊　以为己任

中宗时期，姚崇做过好几任州刺史，睿宗时，他也做了好几个州的刺史或长史。在做方官的时候，他政绩卓著，有的地方还竖立碑刻，记载他的功德。然而这在姚崇一生中不占重要地位，对当时的大局也没有产生多大影响。

在武则天的时候，姚崇做过相王府长史。相王就是后来的睿宗。睿宗立即任命姚崇为宰相。这时，太平公主干预朝政，而且颇有势力。太平公主是睿宗的妹妹，武则天的亲生女儿，长得也特别像武则天，一贯深受武则天的宠爱。她也要走武则天的老路，要当女皇帝。为了防患于未然，姚崇与宋璟联名上奏，建议将太平公主搬到洛阳去住，并将几个掌握兵权的王派到地方上去当刺史。昏庸无能的中宗，竟如实地将这些话转告给了太平公主。太平公主大怒，太子李隆基（后来的玄宗）慌了手脚，就争取主动，指控姚崇等挑拨皇上与兄妹之间的关系，应加惩处。于是，姚崇被贬为同州刺史。

太平公主的势力越来越膨胀，活动也越来越肆无忌惮。玄宗再也按捺不住了，乃瞒着睿宗，一举将太平公主及其党羽清除掉。先天二年（713），玄宗到新丰（治所在今陕西临潼东北）讲武（类似现代的军事检阅）。按照传统，皇帝出巡，方圆三百里内的州郡长官都得到行在（皇帝行营）去朝见。这时姚崇任同州（治所在今陕西大荔）刺史，而且又得到玄宗的秘密召唤，是非去不可的。姚崇到的时候，玄宗正在打猎。玄宗问他会不会此道，他说，他从小就会，到二十岁时，常以呼鹰逐兽为乐，所以人虽老还能行，于是就参加了玄宗的打猎行列。他在猎场上驰逐自如，要快即快，要慢即慢，处处都使得玄宗满意、喜欢。

罢猎之后，玄宗征求他对国家大事的意见，他侃侃而谈，不知疲倦。玄宗听了，说道："你应当做我的宰相。"姚崇知道玄宗胸襟比较宽广，而且锐意图治，就故意激他一下，没有立即行礼谢恩。玄宗很是奇怪。姚崇说："我有十点意见要上奏，陛下考虑，如果做不到，那我这个宰相就不能做。"玄宗要他说出来看看。

姚崇所说的十条，大意是：

第一，自你当皇帝以来，朝廷以严刑峻法治理天下。我请求圣上，改成以仁义先行，可以吗？玄宗说："我衷心希望你这么做。"

第二，朝廷自在青海被吐蕃（古藏族）战败以来，从来没有后悔之意。我请求在数十年内不求边功，可以吗？玄宗说："行。"

第三，自从则天太后临朝称制以来，往往由宦官代表朝廷发言。我请求今后不要让宦官参与公事，可以吗？玄宗说："这个问题我考虑很久了。"

第四，自从武氏诸亲窃据显官要职，继之以韦庶人（中宗的皇后，被清除后去掉皇后称号）、安乐公主（中宗、韦庶人的女儿，与韦庶人一起被铲除）、太平公主用事，官场秩序混乱。我请求以后不准国戚在朝廷要害部门做官，以前巧立名目任命的官吏一律撤销不算，可以吗？玄宗说："我老早就立志要这么做。"

第五，近来，亲近佞幸之徒，触犯法律的，都因为是宠臣而免予惩处。我请求以后依法办事，可以吗？玄宗说："对于这种现象，我早就是切齿痛恨的。"

第六，近年以来，那些豪门大族，凭着同乡的关系，向上送礼行贿，以至公卿、方镇也这么干。我请求除租、庸、调等赋税而外，其他一切摊派都要杜绝，可以吗？玄宗说："愿意这么做。"

第七，武后造福先寺，中宗造圣善寺，上皇（睿宗）造金仙、玉真观，皆耗资巨万，坑害百姓。我请求禁止建造寺观宫殿，可以吗？玄宗说："我一看到这些现象，心里就不安，又怎么敢再这样干呢？"

第八，前朝皇帝玩弄大臣，有损于君臣之间互相尊敬的常礼。我希望陛下对臣下以礼相待，可以吗？玄宗说：“事情就应该这么办，有什么不可以的呢？”

第九，前朝大臣直言进谏者，有的就丢了性命，从而忠臣都感到灰心。我请求，凡是做臣子的，都可以犯颜直谏，无所忌讳，可以吗？玄宗说：“我不但能够容忍臣下这样对待我，而且还可以按照忠言去做。”

第十，西汉与东汉，外戚乱政，后世感到寒心，而我们唐朝的外戚专政，则更加厉害。我请求陛下将我朝的这种事情写在史册上，永远作为前车之鉴，成为万世不能重犯之法，可以吗？

玄宗听了，情绪久久不能平静，说道：“此事诚可谓是刻肌铭骨之事啊！”第二天，就正式任命姚崇为宰相。

宋朝司马光写《资治通鉴》时，对姚崇的上述言论持半信半疑态度，所以只极为概括地提了几句，这未免有点过分拘谨。姚崇在武则天时，就做过相王府长史，早就认识相王的儿子李隆基，他在得到他的密召之后，将自己多年的亲身感受，略加整理，并当面陈述，是完全可能的，不应当怀疑。而且前节所说他对武则天的态度，那主要是就肯定方面而言的，其实，他对武则天并不是一概肯定，而是也有否定的一方面。特别是对于韦皇后、安乐公主、太平公主及她们党羽的胡作非为，他更是深恶痛绝。他是唐王朝的一个忠臣，也是一个头脑清醒、注重实际、怀有理想的封建政治家，在他看来，唐朝要振兴，就必须清除掉那些多年积存下来的流弊，这样国家繁荣才有希望。

◎求真务实　政绩斐然

姚崇不是一个高谈阔论的理论家，而是一个脚踏实地勇往直前的实干家。

唐朝佛教盛行，其次还有道教及其他宗教。上自皇帝、皇后、达官贵人，下至豪绅富户，无不利用宗教捞取好处。因此，在宗教的旗帜下，不可避免地要产生许多社会流敝。对此，姚崇深为不满。在武则天时，张易之要将京城有名望的佛教高僧十名，调往定州（治所在今河北定县）去私建新寺，高僧们不愿意去，向朝廷苦苦哀求。姚崇接受了他们的请求，同意他们不到定州去。张易之一再坚持要调他们走，姚崇始终不改变主意。结果，得罪了张易之，不久就被调出京城，去做灵武道大总管。中宗时，公主、外戚得到批准，可度民为僧、为尼；有的人还私造寺庙。这样，一些富户强丁，乃纷纷出家，因为当时制度，凡出家人，即免除赋税徭役。姚崇在做了玄宗的宰相之后，就提出要改变这种状况。他提出的理由是：对佛教的信仰，主要是在内心的虔诚，而不在于外表的形式；以往的一些信仰佛教的帝王权贵，都没有得到好的结果；真要心怀慈悲，做的事有利于人民，使人民得到安乐，就是符合于佛教的要旨，何必妄度坏人为僧尼，反而破坏了佛法呢？玄宗接受了他的意见，下令有关部门，暗中进行调查，将一万二千多冒充和滥度的僧尼还俗为农。对于这种宗教流弊，姚崇到死，都是持反对态度。他在遗嘱里猛烈地抨击了佛教，用正反对比的方法，戳穿了佛教僧徒所宣扬的一些预言；他坚持佛即是觉的观点，信仰在乎内心，只要行善不行恶，就行了。他无情地揭露了那种将佛教僧侣的宣传当作事实的无知行径，那种抄经写像、破业倾家、施舍自身、为死人造像追福等愚昧风俗，指出这都是“损众生之不足，厚豪僧之有余”；他嘲笑了那些所谓通才达识之士，也不免于流俗，成了上述种种怪象的俘虏。他认为佛教的宗教活动，乃是有害于苍生的弊法，要他的子侄们警惕，不要上当，在办他的丧事时，即使不能完全摆脱佛教陈规陋习的束缚，在斋祭、布施方面，也只能略事敷衍，不能铺张浪费。他也顺便提到了道教，指出道教的本旨是尚玄虚，不谈趣竟，只是由于受到佛教的影响而变了样。这种着眼于实际的求实精神，对宗教所持的否定态度，离无神论已不太远了。

开元四年（716），山东（泛指华山以东之黄河流域）蝗害成灾，老百姓受迷信思想束缚，不敢捕杀，而在田旁设祭、焚香、膜拜，坐视庄稼被蝗虫吞食。姚崇上奏，引《诗经》及汉光武诏书，证明蝗虫是可以捕杀的；历代以来，有时候所以捕杀不尽，那是由于人不努力，只要齐心协力，就可以除尽。他说：“蝗虫怕人，故易驱逐；苗稼有主人，故救护者必定卖力；蝗虫能飞，夜间见火，必定飞往；设火于田，火边挖坑，边焚边埋，定可除尽。”玄宗说：“蝗是天灾，是由于德政不修所致，你要求捕杀，这不是背道而驰吗？”姚崇又说：“捕杀蝗虫，古人行之于前，陛下用之于后，安农除害，是国家的大事，请陛下认真考虑。”玄宗被说服。但当时朝廷内外，都说蝗虫不能捕杀，玄宗说：“我同宰相讨论，已定捕蝗之事，谁再反对，即行处死。”于是派遣御史分道督促，指挥老百姓焚埋蝗虫。结果颇见成效，当年农业获得了较好的收成。

第二年，山东又发生蝗灾，姚崇按照老办法，派人到各地督促捕杀。朝廷议论又起，多以为蝗虫捕杀不得。玄宗也犹豫起来，又同姚崇进行商量。姚崇说：“这些庸儒们死抠书本，不懂得变通之道。凡事有时要违反经典而顺乎潮流，有时要违反潮流而合权宜之计。”接着他列举了历史上一再出现的蝗灾，后果都很可怕。又说：“今山东蝗虫，滋生之处，遍地皆是，倘农田没有收成，则人民就要流移，事关国家安危，不可拘守成规。即使除之不尽，也比养了成灾好。陛下好生恶杀，此事不烦你下诏，请允许我下文处理。若除蝗不成，我所有的官爵，一概削除。”又一次把玄宗说服了。

汴州（治所在今河南开封）刺史倪若水拒不执行命令，并说：“蝗乃天灾，应该修德，以感动上天。”姚崇得知，勃然大怒，给他写信说：“古时州郡有好太守，蝗虫即不入境，要是修德可以免除蝗灾，那么蝗灾的出现，就是无德所造成的了！现在坐看蝗虫吃食庄稼，怎能忍心不救！要是由此而造成饥荒，将何以自安？幸勿迟疑犹豫，否则是要后悔的。”倪若水不得已，只好执行命令，焚埋蝗虫。他所捕杀的蝗虫共达十四万石，投入汴河不计其数。另一宰相卢怀慎也反对捕杀蝗虫，他对姚崇说：“蝗虫是天灾，怎么可以用人力来制服呢？外面的议论，都认为捕杀蝗虫不对。而且杀虫太多，有伤和气。现在停止，还来得及，请你考虑。”姚崇力辩其谬，他列举古帝王及孔子为例，证明为了人的安全和不违礼制，杀生是可行的。又说：“现在蝗虫极多，只有驱除，才可消灭：若放纵蝗虫吃食禾苗，各处田地，都要空虚。山东百姓，如何能够听其饥饿而死呢？此事我已奏请皇上定夺，请你不要再说了。若是救人杀虫，因而得祸，我愿独自承受，与你无关。”并派人到各地去检查，看谁捕蝗勤快，谁捕蝗不力，列名上报。又有一个既耿直又迂腐的人韩思复反对姚崇捕杀蝗虫，他说，河南、河北蝗虫，近更猖獗，所到之处，苗稼都损，且更向西蔓延，到达洛阳；使者往来，不敢声张，山东数州，甚为恐慌。接着，他又是那一套天灾流行，土埋不容，只有悔过修德，以求上天保佑的陈词滥调。最后，他请求停止捕蝗使的工作，以收揽人心。玄宗又被他的话弄糊涂了，便将他的奏章交给姚崇处理。姚崇请求派韩思复调查山东蝗虫所造成的损失，韩思复上报了受灾的实际情况。姚崇不相信，又派刘绍去调查。据说，刘绍看着宰相的脸色行事，鞭打百姓，修改旧状，假报无灾，因而山东遭灾的数州，竟未减免租赋，这只是局部的情况。总的情况是，由于姚崇力排众议，坚持捕杀蝗虫，故虽连年发生蝗灾，仍未造成严重的饥荒。

由捕蝗而引起的轩然大波，至此尚未平息下来。姚崇的同时代人张鷟在其所著《朝野佥载》中又对姚崇进行攻击，说什么蝗虫“埋一石则十石生，卵大如黍米，厚半寸盖地？上天要是不灵，则不至生蝗，上天要是降灾，蝗会越埋越多；对于蝗灾，应该修德慎刑，以报答上苍的惩罚，为什么不修福以免灾，而要逞杀以消祸呢！”这一通指责，也还是老生常谈，没有也不可能有什么新意。没有见到姚崇对这一批评的反驳，但在他以往批驳别人的言谈中，已包含有反驳这种偏见的内容。在一个被腐朽的精神力量统治着的时代里，要想办点事情也真是不容易！姚崇捕蝗的决心、勇气、才干和坚持到底的精神，今天提起来，也还是令人肃然起敬。

姚崇在围攻中取得了捕蝗的胜利，但既未立功，也未受赏，而是在不久之后就从宰相的宝座上跌了下来。事情是这样发生的。姚崇的一个部属犯了法，玄宗要惩办，姚崇想保护他过关。恰好遇到京师大赦，玄宗特意把这个人排除在赦免之外。机智的姚崇发觉，玄宗此举，目的已不在这个罪犯，而是在他本人了。于是就请求辞去宰相职务，并举宋璟以自代。

开元五年（717）正月，玄宗决定到东都洛阳去，这不完全是为了巡幸，而是因为关中收成不好，粮运要增加，皇帝到了东都，就可以减轻这方面的负担。正在这时，太庙的房屋倒塌，这在当时又是一件了不得的大事。玄宗召见宰相宋璟、苏颋，问他们这是什么缘故。他们解释说，太上皇死还不到一年，三年的丧服未满，不应该行幸。大凡灾异的发生，皆为上天的告诫，陛下应当遵守礼制，以答复上天，不要去东都了吧！玄宗听了大约有点不以为然，又把告退的姚崇找来，问道：“我临近从京都出发时，太庙无故崩塌，这是不是神灵告诫我不要去东都呢？”其实，太庙殿本是前秦苻坚时建造，隋文帝创建新都，将北周宇文氏殿移到这里，建造此庙，唐朝又利用了隋朝的旧殿，积年累月，朽蠹难支，故而倒塌。姚崇先向玄宗介绍了这一实际情况，接着又说："高山含有朽土，尚且不免于崩塌，年久朽木，自应摧折。这次太庙倒塌恰好与陛下东幸的行期偶合，不是因为陛下要出行而太庙倒塌。而且皇帝以四海为家，东西两京，相距不远，关中收成不好，增加粮运，人民劳苦，故陛下出于对人民的爱护而行幸，并非无事笼络人民。何况东都各部门已都做好准备，不去将失信于天下。"最后他提出：一、将神主移到太极殿；二、重新建造太庙；三、皇帝东行计划不变。玄宗听了，很是高兴，说道："你说的正合我意。"

开元九年（721）九月丁未（初三）日（9月28日），姚崇以七十二岁高龄死去。临终前立下遗嘱，告诫子侄们，说他自己知止、知足，从宰相高位退下来之后，优游于田园之间，甚感满足；人总是要死的，他之死乃自然的归宿。其次，他将田园事先分好，子侄们各得一份，为什么要这么做呢？他说，他所"见到的一些达官贵人，身死之后，子孙失去庇荫，多至贫困，于是互相争夺起来，搞得水火不相容，不但本人有失体面，而且也玷污了先人，无论是曲是直，都要受到别人的讥笑与谴责；庄田水碾，既然是大家共有，于是互相推诿谁也不管，以致荒废。所以仿效前人，将遗产预先分好，以绝后争"。第三，要薄葬。他指出，厚葬非但无益，甚至是会招祸，"死者无知，自同粪土，何烦厚葬，使伤素业"。第四，是反对宗教迷信。这在前面已经作了介绍，要指出的是，他不但自己反对宗教迷信，他也要求自己的子侄们及子孙后代也走他这一条路，其用心可谓深远。姚崇遗嘱说的虽都是个人及家庭私事，但针对的却是当时的社会风气，所以实际上也是篇针砭时弊的檄文。

综观姚崇的一生，有一点是非常突出的，这就是着眼于现实，那些高居社会之上的什么儒家之经、佛教之经、道教之经，以及其他一些神圣不可侵犯的传统，在他眼里，都降居于次要地位。有一次，姚崇问他的僚属："我作为一个宰相，可以比得上历史上什么人？"僚属未答。姚崇自己说："可否比得上管仲与乐毅？"僚属说："管、乐之政，虽然不能施行到后世，还可以保到他们自己死的时候；你的政令，随时更改，似乎比不上他们。"姚崇又追问："如此说来，究竟可以与谁相比呢？"僚属说："你可以算得上是个救时宰相。"对于这种评价，姚崇并不觉得是贬低了他，而是感到高兴，他将拿在手中的笔投下道："救时之相，难道容易得到吗？"

◎好弄权术　为人权谲

作为救时宰相，姚崇敢于面对现实，勇于冲破传统观念，坚韧不拔，政绩可观，是很值得称道的；但在涉及他的为人品德方面，就不那么始终如一、那么厚道了。所以史书批评他"权谲"，就是好弄权术，滑头，耍小动作的意思。

开元元年（713），姚崇从同州到新丰见玄宗，玄宗打算任命他为宰相。现任宰相张说知道此事，出于嫉妒，指使别人对他进行弹劾，玄宗不听。张说又指使人向玄宗建议，派姚崇去当河东总管，又被玄宗识破，提建议的人差一点丢掉脑袋。姚崇当上宰相，张说恐慌起来，想走玄宗的一个弟弟岐王的后门。姚崇要抓住这件事对张说进行报复，但又不直接加以揭发。一天，已经罢朝，朝臣们都已离去，姚崇独自跛着脚做有病状，玄宗叫住他，问他是怎么回事。他说："我的脚坏了。"又问："不很痛吧？"答道："我心里有个忧虑，痛苦倒不是在脚上。"玄宗又问这是什么意思，他说道："岐王是陛下的爱弟，张说是辅佐大臣，他们秘密乘车出其家门，恐怕要坏事啊！所以我很担心。"张说宰相当不下去了，被贬为相州（治所在今河北临漳县西南）

刺史。在姚崇的同时代人中，张说也是出类拔萃的人物，可是他们二人之间的关系始终是钩心斗角的。

据传说，姚崇临死前，还告诫自己的儿子说："张说与我嫌隙很深，我死之后，出于礼节，他必来吊丧，你们可将我平生所服用的珍宝器皿陈列出来，他最喜爱这类东西，如他看也不看，那你们就要做好准备，灭族之灾就将来临了。如他看这些东西，那就预示没事了，你们就将这些东西送给他，并请他为我撰写神道碑。得到他所撰碑文后，立即誊写，报呈皇上，并准备好石头，立即刊刻。他比我要迟钝，数日之后，定要反悔，他如派人来索取碑文，就说已报请皇上批准，并将刊刻好的碑拿给他看。"姚崇死后，张说前往吊丧，见到所陈服玩，看了又看。姚崇诸子如姚崇所嘱办理，得到了他所撰写的碑文，并使他索回碑文的计谋落空。张说气愤至极，说："死姚崇犹能算计生张说。"

姚崇同另一些当代名人的关系也不甚协调。在贬张说为相州刺史时，另一宰相刘幽求也被免职。刘幽求很是不服，有人告他的状，说他"有怨望语"，就是说在背后说怪话，发牢骚。玄宗下诏追查，姚崇等人以和解的姿态劝说玄宗道："刘幽求他们都是功臣，乍任闲职，稍微表现沮丧，也是人之常情。他们功业既大，地位又高，一旦被送进监狱，恐怕要引起很大的震动啊！"结果刘幽求被调出京城，去做睦州（治所在今浙江淳安西南）刺史。姚崇等人的上述一席话，表面上是保护刘幽求，实际上是证明了他确有"怨望"之罪。史书说，姚崇对刘幽求是素怀嫉妒之心，看来是有根据的。魏知古也是当时的一个名人，其功劳、地位、声望与姚崇也不相上下。他原是姚崇所引荐，后来与姚崇并列相位，姚崇渐渐地瞧不起他，把他排挤到东都洛阳去专管那里的吏部事务，魏知古心怀不满。姚崇有两个儿子在东都做官，知道魏知古是自己父亲提拔过的，就走魏知古的后门，谋取私利。魏知古到长安时，将他们的所作所为，都报告给了玄宗。有一天，玄宗与姚崇闲谈，顺便问道："你的儿子才能与品德怎样？现在做什么官？"

姚崇十分机敏，一下子就猜透玄宗的话中有话，就采取主动，答道："我有三个儿子，两个在东都，为人贪欲而又不谨慎，必定会走魏知古的门路，不过我还没有来得及问他们。"玄宗原以为姚崇要为儿子隐瞒，在听了姚崇道出真情后，很是高兴。玄宗又问姚崇，他是怎么知道的。姚崇说："在魏知古社会地位很低时，我保护过他，提拔过他；我的儿子蠢得很，以为魏知古必定因为感激我而容忍他们为非作歹，故而去走他的门路。"玄宗听了，认为姚崇为人高尚，而鄙薄魏知古，觉得他有负于姚崇，要罢他的官。姚崇又请求玄宗说："我的儿子胡闹，犯了法，陛下赦免他们的罪已是很万幸了。若是因为这件事而罢魏知古的官，天下必定以为陛下出于对我的私人感情而这样做，这就会连累到陛下的声誉。"然而魏知古还是左迁为工部尚书。

◎历史功过　后人评说

一代历史学家、文学家司马光评论唐代宰相道："姚（崇）宋（璟）相继为相，崇善应变成务，璟善守法持正。二人志操不同，然协心辅佐，使赋役宽平，刑法清省，百姓富庶。唐代贤相，前称房（玄龄）杜（如晦），后称姚（崇）宋（璟），他人莫得比焉。"（见《资治通鉴》卷二一一）肯定了姚崇为唐朝的四大贤相之一。

宋朝宋祁在撰写《新唐书·姚崇传》后评论说："（姚）崇善应变以成天下之务。"变，就是变革，就是改革。纵观姚崇的一生，可以说他是一个以清除天下积弊为己任的改革家。

毛泽东阅读了《新唐书·姚崇传》之后，这位好评说"千秋功罪"的伟人在传记的天头上批注道："大政治家、唯物论者姚崇。"在读到姚崇的"十事要说"时，批注赞扬道："如此简单明了的十条政治纲领，古今少见。”批注指出姚崇、宋璟“二人道同，方法有些不同。”批注还认为，中唐时期大文学家“韩愈《佛骨表》祖此。”毛泽东评论历代帝王时说：“秦皇汉武，略输文采。唐宗宋祖，稍逊风骚。一朝天骄成吉思汗，只识弯弓射大雕。”但对姚崇，评价可谓高矣！

第八章

半部『论语』治理天下——宋初名相赵普

北宋初期，出了一个声名并非显赫的宰相。他的一句牢骚“半部《论语》治天下”成为千古名言。他并不是常出现在前台，而只是辅助君主在幕后出谋划策，此人就是赵普。他为赵宋的建立，以及宋太祖政变之后稳定住内部局势、强化中央集权立下了卓越的功劳。在统一全国的战争中，他为太祖、太宗两任君主定下先南后北的正确路线，是赵宋统一大业的主要设计者。然而，这位赵宋建立的功臣却与当时宫廷的两大疑案紧密相关，有人说两大疑案是他亲手炮制的，那么事实真的如此吗？赵普究竟是怎样的一个人呢？

◎足智多谋　导演政变

赵普出身小吏世家，生于五代乱世，自幼学吏事以谋衣食，所读过的书也就是《论语》等启蒙读物。赵普成年以后，最初在衙门里当幕僚，就是师爷之类的人，帮助县官出主意、做参谋。后来被举荐到滁州任军事判官。

显德年间（954～960，具体是哪年史书上并没有记载），赵匡胤（时任后周宋州节度使）在滁州捕获了一百多名盗匪，准备全部处斩。赵普（时任滁州参佐）怀疑其中有无辜者，请求审讯。结果，十之八九是被诬良为盗的。这件事使赵匡胤认为赵普有先见之明，且处事周密老成。牛刀小试的赵普一下子就赢得了赵匡胤的赏识。

赵普是个天生机敏的人，他虽然读书并不多，但目光却很敏锐，还特别善于审时度势、把握机会。就在赵匡胤攻打滁州时，他的父亲赵宏殷也被派到滁州助阵，没想到的是老爷子到了滁州却病得起不了床。由于军务急迫，赵匡胤哪里还顾得上老爹的病情，不得不领兵出征。于是，赵普就像赵宏殷的亲儿子一样朝夕看护他，服侍汤药，照顾得无微不至，替赵匡胤解了后顾之忧。赵匡胤是个很孝顺的孩子，从那时起，他们全家都把赵普看作是自家人。后来回到京城，赵普自由出入赵家，俨然以家臣自居。赵匡胤的母亲特别喜欢赵普，因为他处事沉稳。赵母还经常对赵普说："你多费些心，我儿有时没经验。"还叮嘱当时尚年幼的儿子赵匡义："出入常和赵大人一起，为母才放心。"在赵家赵普被视为心腹，与赵匡胤一家保持着如家臣般亲密的关系，可以说这对他后来的人生发展影响巨大。

公元960年正月初一，正当后周的君臣喜迎新年到来之际，突然，边境镇、定二州飞马入奏，说契丹大军南下，与北汉合兵，将大举南侵。此时，后周小朝廷原来的皇帝世宗刚刚去世20天，在位的是一个年仅7岁的幼儿柴宗训，皇太后符氏是已故皇后之妹，才20出头，入宫刚刚20天便遭丧夫之痛，她一个弱女子，吓得早已没有了主张，一切只能听凭大臣安排。时任都点检的赵匡胤手握兵权，威势逼人，出征御敌，自然是非他莫属了。

正月初二，因军情紧急，赵匡胤立马带兵出发。第二天傍晚，当大军行至陈桥驿时，将士托故不行，军中便鼓噪说："主上幼弱，我们出死力破敌，谁能知道？不如先册立点检为天子，然后北征，为时未晚！"有人把这一情况报告给赵普。其时，赵普以掌书记身份，随军出征。所谓掌书记，无非是个幕僚，负责军中一些文书起草事宜，地位既不高，实权更是谈不上。可发动政变的将领和赵匡胤的弟弟赵匡义，却一同来向赵普请教。商议完毕，赵普立即派快马入京，通知赵匡胤的死党石守信等人准备内应，又部署众将彻夜守护在赵匡胤的军帐四周，以防不测。次日黎明，赵普等人入帐，将准备好的黄袍披在赵匡胤身上。由此，大宋建立。当时，赵匡胤33岁，赵匡义22岁，赵普已37岁。在这场政变的三个核心人物中，赵普年龄最大、机谋最多，所以他极有可能是这场好戏的编剧、导演和最好的演员。

五代时期，主弱臣强，掌握重兵的将领左右政局，可以说是皇位最大的威胁。赵匡胤通过兵变夺取政权，因此他非常担心属下也会效仿他，为这事他常常辗转反侧，夜里睡不着觉。在平定了李筠、李重进叛乱后，赵匡胤就立即召赵普谋划此事。赵普建议赵匡胤削弱领兵将领的权力。赵匡胤犹豫地说："我待这些人恩重如山，绝对不会有问题。"赵普立即反问："后周皇帝待你同样恩重如山，怎么就出了问题呢？万一他们的部下也把黄袍披到他们身上，又会如何呢？"赵匡胤被说中心事，就问怎么办。赵普回答："削夺其权，制其钱谷，收其精兵，则天下自安矣。"

过了一段时间，赵匡胤找了个机会设宴招待那些手握重兵的功臣们一起喝酒。席间，他借着酒意大发感慨，说做个皇帝实在太难了，连觉都睡不安稳，不及做臣下高枕无忧。当石守信等人纷纷表示誓死效忠时，赵匡胤推心置腹地说："人生如白驹过隙，追求富贵，也不过是想多积点钱，图个舒心快乐。你们不如放下手中的兵权，到经济比较发达的地区去做官，买点儿地，建些屋舍，多娶几个美貌佳人，饮酒作乐以终天年。这样，咱们君臣互不猜忌，该多好啊！"

第二天，识相的石守信等将领纷纷辞去军职，交出了兵权。于是，赵匡胤信守承诺，就让他们到经济比较发达的地方去做官，还把自己的一个妹妹、三个女儿都嫁给了这些功臣。就这样，赵匡胤不伤兄弟情分，如愿以偿地使北宋王朝进入了文人主政的时代。

根据赵普的建议，赵匡胤还分离掌兵权和发兵权，使"兵无常帅，帅无常师"；推行文人政治，创建了"强干弱枝"的中央集权政治体系。赵宋王朝由此走出了军阀混战的阴影，在三百多年历史中，兵变从没成为宋廷的致命威胁。

作为陈桥兵变的重要策划者，赵普促使黄袍加身的宋太祖赵匡胤成功地导演了一场让古今权术家叫绝的"杯酒释兵权"的悲喜剧。不凡的谋士遇见了不凡的皇帝，有功于社稷的赵普顺理成章地成了一人之下万人之上的宰相。而接下来，他将参与和导演的故事将更加精彩。

◎强干弱枝　分化职权

"杯酒释兵权"只是解决兵权的第一步。中唐以来方镇弄权的隐患和新执掌禁军的弄权问题，仍是赵匡胤面临的当务之急。关键是把赵普的十二字方针策略精神渗透到朝廷与地方的职官建置中去，改变权力结构中的独立性，使之必须依附君权而运转。在赵普的参谋下，这套相互制约的职权体制终于制定出来了。这就是中央设副相、枢密副使与三司计相以分宰相之权，收相互牵掣之效。枢密使直属皇帝掌指挥权，而禁军之侍卫马、步军都指挥和殿前都指挥负责训练与护卫。乾德元年（963），用赵普谋，罢王彦超等地方节度使和渐削数十异姓王之权，安排他职，另以文臣取代武职，于是武臣方镇失去弄权的基础，另一方面，收厢兵之骁勇和荒年募精壮之丁为禁军，于是天下精兵皆归枢密院指挥。地方虽无精兵，但地方厢兵合则仍可制约禁军。这就形成了强干弱枝而内外上下相互制约之制。

地方则以文人任知州及副职通判为行政官员，重要文献需会签有效，通判为皇帝督察知州之耳目。宋初州设团练使副原为闲职，熙宁变法中有的成为负责义勇之主管。

制其钱粮，是指限制节度使的财政粮饷权限的一种办法。规定地方钱粮大部输送中央，设转运使副主其事。熙宁变法中财税增多，地方之府库也很充盈，此时，节度使问题业已解决。

总之，赵普提出的这套方针、方略，确实在宋初起到了加强中央君主集权制及其军、政、财、文权力分立，防止方镇跋扈与地方各自为政的重要作用，改变了五代十国时期武臣专权、政变频繁的局面，使宋朝成为一个高度集中统一的国家。但是这套方针反过来又成为宋朝长期存在养无用之冗兵，冗官而冗费负担沉重，导致自我削弱各种权力结构之有效职能，而走向“积贫”“积弱”之境的重要原因。因为赵普的方针只是从防兵之变、防方镇之跋扈、防官员之损害君权为出发点，而主要不是去提高国力、军力、政权与财政的效力。这就是为什么北宋空有军队120万，官员两万余，封椿库存之钱财成堆，而在北宋与南宋的300年统治时期，一直对外屈服于辽、夏、金民族政权，内不能消弭官乱于上、民变于下，而处于深重的统治危机的一个真正原因。对此，赵普与宋太祖是要负历史责任的。

◎知识贫乏　遭遇尴尬

自从赵普成功地导演了“杯酒释兵权”这部戏后，有功的武将们该回家的都回家了，当然，赵普的地位也更加显赫了。但令人想不到的是，善造阴谋的老谋士、胥吏出身的赵普在太祖高举的兴儒大旗下，遇到的烦恼事反而更多了，遭遇的尴尬事也越来越稠了。这到底是为什么呢？我们还得从赵普小时候不爱读书说起。赵普与宋太祖赵匡胤是老乡，小时候一起在河南洛阳生活。上学时赵普就不喜欢读书，而赵匡胤也对“之乎者也”之类的东西不感兴趣，于是二人经常凑到一起，好得就像穿一条裤子的亲哥俩。

赵匡胤一直认为读书无用，不如学点护身保家的功夫来得实惠，而赵普认为读书读多了人就会变得迂腐，不开窍，闯天下还得靠当官走仕途。因此他更是“寡学术”，一门心思地琢磨着怎样做官，怎么把官做好。赵普因为不爱读书，和当时的一般文臣比起来，他的学问就差得多。

据宋人笔记记载，宋太祖赵匡胤曾多次向赵普问及前朝制度，他都无以对答。令他最为难堪的一件事发生在宋太祖乾德初年。据文莹《玉壶清话》载：一天，太祖心血来潮，随意向各位大臣问道：男尊女卑，为何男子行跪礼，女子却不跪？赵普竟然支吾半天，还是答不上来。倒是前朝旧相王溥的儿子王贻孙告诉太祖，过去男女都行跪礼，到武则天当皇帝后，抬高了女子身份，女子才拜而不跪了。这件事不仅弄得赵普很下不来台，也让赵匡胤心里很不爽。

在中国的皇帝里面，赵匡胤虽是一介武夫，和赵普一样不喜欢读书，但他却深知武力可以平天下不可以治天下的道理，所以他倒是很喜欢读书人，也比较尊重和重用那些读书人。据《宋史·范质传》里记载，太祖曾对一生手不释卷、廉洁自持的太子太傅范质发出“真宰相”的感叹，对读书不是很多的赵普就时不时提出尖锐的批评。

《长编》里就记载了让赵普非常伤心的一件事：乾德三年（965），宋太祖灭掉后蜀后，后蜀有被抓到的宫女送到后宫。一天，宋太祖观赏她的镜匣，发现一副旧的铜镜，铜镜背面镌刻有“乾德四年铸”的字样。当时他大为惊奇，取镜子给宰相赵普看，并问道：“现在怎么已有了（乾德）四年铸的铜镜？”赵普端详半天，不知所以然。于是，宋太祖又召见学士陶谷、窦仪询问此事，窦仪说：“此镜一定是前蜀的东西，过去前蜀主王衍用过乾德这个年号，铜镜应是那时候铸造的。”宋太祖听了才恍然大悟，并由此感叹道：“宰相必须用读书人来当。”让赵普羞愧得无地自容。从这件事情以后，宋太祖更加重用读书人了。

在叶梦得《石林燕语》里也记载了这件事，不过赵宰相的表现更加丢人现眼。一日太祖想改年号为乾德，赵普听后，连声赞美，说是前无古人，后无来者，直吹得天花乱坠。没想到翰林学士卢多逊却站出来冷言道，这号伪蜀时曾经用过。太祖一惊，忙派史官去查，果然如卢多逊所言。大凡拟定年号，绝不可与前代相同。太祖感觉很下不了台，十分气愤，于是就拿赵普当替罪羊来出气——他用墨笔点画赵普的脸骂他不争气。赵普很沮丧地回了家，因为是天子圣笔，他不敢擅自洗掉，次日上朝时仍是个大花脸。太祖看到后又生气又好笑，便下旨让他洗去，他这才赶紧跑去洗掉脸上的墨迹。

虽然赵普因为以前不好好读书屡屡受挫，没少出洋相，但失落的赵普并没有因此消沉下去，知道了读书的重要性的赵普最终还是坐稳了宰相的位置。他接受了赵匡胤要求他深造的建议，每天下朝后就把自己关在屋子里，发奋读书，史书上有这样的描述：“手不释卷，读之竟日”。真是功夫不负有心人，很快，他就尝到了读书给他从政带来的好处，之后，他在办理政务时，处理决断非常快“及次日临政，处决如流”。

读书使赵普提高了执政能力，也陶冶了他的品格和性情。后来，读书竟成了他后半生的特别嗜好，并最终摘掉了“寡学士”的文盲帽子。

◎犯颜直谏　恃宠而骄

宋朝刚建国那会儿，赵普是赵匡胤身边的心腹幕僚、第一谋士，深受赵匡胤的赏识和倚重。他和赵匡胤关系好到形影不离，可以说是天天不离左右，两人一起参与制定了一系列重大决策。无论大事小事，赵匡胤都喜欢先跟他商量，即使当上皇帝以后，仍然经常驾临赵普家里。

因为太祖多次微服私访功臣之家，弄得赵普每次退朝后都不敢穿便服。一天晚上，天降大雪，赵普以为太祖不会来了，高兴地正要睡觉。过了一会儿，忽然听到急促的叩门声，赵普赶忙出来，见太祖正立在风雪中，赵普慌忙叩拜迎接。太祖说：“我已经约了晋王了。”随后太宗也到了，在厅堂铺上双层垫褥，三人席地而坐，用炭火烤肉吃（据说赵普老婆的烤肉技术很高，太祖一直很喜欢吃她烤的肉），赵普的妻子在旁斟酒，太祖把她喊作嫂嫂。他们边吃边聊，太祖趁机便与赵普商量、策划攻打太原的事。赵普说：“太原阻挡着西、北两面，太原攻下来后，就要由我们来独挡了，不如暂且等到平定各国后，那时太原这样的弹丸棋子大的地方，还能逃到哪里去呢？”太祖笑道：“我的想法正是这样，只是试探一下你罢了。”他们在亲如一家的气氛中，纵论天下事，制定了“先南后北”的战略决策。

赵普作为宰相，既尽忠又尽智，可以说深得太祖的信任，而且，他对于应该坚持的意见，往往表现出异常的刚毅和果决，敢于犯颜直谏，可谓胆量非凡。有一次，赵普向宋太祖推荐一个人做官，接连两天，宋太祖没有同意。第三天赵普上朝的时候，又送上奏章，坚持要求宋太祖同意他的推荐，这下可触怒了宋太祖，他一怒之下把奏章撕成两半，气呼呼地扔在了地上。

待太祖走后，赵普趴在地上，不慌不忙地把扯碎的奏章拾起来，放在袖子里。退朝回家以后，赵普把扯碎的奏章粘接起来，过了几天，他又带着它上朝交给宋太祖，宋太祖见赵普态度如此坚决，只好接受了他的意见，算是给了他一个面子。不过，后来的事实证明，赵普推荐的这个人果然很称职。

还有一次，赵普要提拔一名官员，宋太祖说什么也不批准。赵普就像前次一样坚持自己的意见。宋太祖要赖说："我就是不准，你能怎么样？"赵普说："提拔人才，都是为国家着想，陛下怎能凭个人的好恶专断！"宋太祖听了，气得脸色变白，一甩袖子就往内宫走。赵普就紧紧跟在后面，宋太祖进了内宫，赵普就站在宫门外守株待兔一样，就是不走。

宫门前的卫士见宰相站在门口不走，只好向宋太祖回报。这时候宋太祖气已经平了，就叫太监通知他，说皇上已经同意他的请求，叫他回家去。

又有一次，太祖想让符彦卿主持军务，赵普却屡屡谏阻。因为，天雄节度使符彦卿是后周的遗老，他的两个女儿相继为周世宗的皇后，第六个女儿又嫁给了太祖的弟弟赵匡义。因为有这么坚固的后台和靠山，其在宋初专横一方。赵普认为符氏名势过盛，不可再授以军权，所以屡屡谏阻。公元963年，太祖又一次想起用符彦卿，赵普启奏太祖说：符彦卿之事，仍请"陛下深思利害，勿复后悔"。太祖反问："卿苦疑彦卿，为何也？朕待彦卿至厚，彦卿能负朕邪？"赵普见太祖固执己见，不由得顶撞说："陛下何以能负周世宗？"这话虽短，却力抵千钧，又尖刻，又辛辣，太祖听后，像被雷击中一般，顿时清醒了许多。这件事之后太祖也就不再提起用符彦卿的事情了。

◎以权谋私　失去帝宠

赵普做了十年宰相，权力很大，连皇帝有时候都不得不听他的。日子久了，自然就有人想走他的后门，也不时有人给他送礼物来。宋太祖经常到赵普家里去，事先也不派人通知。有一次，吴越王钱俶派个使者送信给赵普，还捎带了十坛“海产”。赵普把十坛“海产”放在堂前，还没来得及拆信，正好宋太祖到了。宋太祖在厅堂里坐下，看到这十只坛，就问赵普是什么东西。

赵普回答说：“是吴越送来的海产。”

宋太祖笑着说：“既然是吴越送来的海产，一定不错，把它打开来看看吧！”

赵普就吩咐仆人，打开坛盖，这一看不要紧，在场的人都傻了眼。原来坛里放的哪里是什么海产啊，竟然是一块块金光闪闪的金子。

宋太祖向来怕官员接受贿赂、滥用权力，看到这种情况，心里早窝了一肚子火，脸色也就跟着沉了下来。赵普一看太祖的样子，吓得满头大汗，惶恐地趴在地上向宋太祖请罪，说：“臣没有看信，实在不知道里面是什么东西，请陛下恕罪。”

宋太祖冷冷地说：“你就收下吧！他们以为国家大事都是由你们书生决定的呢。”话虽这么说，但宋太祖心中却很不痛快，因为在他看来，赵普此举不仅仅是收受贿赂，而且还触及了他作为皇帝的尊严和权力。

此后，赵匡胤对赵普的反感日渐加深，用史书上的话说，就是“帝不喜”“始有疑普意矣”。宋太祖对赵普再也没有之前那种绝对的信任感了。不久，又有大臣告发赵普违反禁令，贩运木料。当时朝廷禁止私自贩运秦、陇（今陕西、甘肃一带）大木。赵普却违反禁令，派遣亲信到秦陇采运大木，联筏运至京师，好为自己造住宅。结果，他的亲信趁此机会就多运了一批大木，到京城贩卖牟利。结果三司使赵玭廉发现了这件事，向宋太祖举报了。宋太祖不知道还好，一听说赵普也与这件事有关系，当场发飙，命翰林学士拟旨，打算下诏驱逐赵普。后来，太子太傅王溥竭力求情，宋太祖怒气稍平，这才改变了主意。

要知道，人一旦倒起霉来，喝口凉水都会塞牙！赵普的霉运并没有就此结束。翰林学士卢多逊与赵普不和，攻击赵普联姻大臣（赵普子赵承宗违反宰辅大臣间不得通婚的禁令，娶枢密使李崇矩之女为妻），经营邸店谋利，排挤大臣，为政专断。由于这一系列公忠其表、谋私其内的问题，赵普终于失去了皇帝的信任与恩宠，宋太祖设副相与赵普分掌权力，并监督相权。

其实早在宋太祖设副相之前，已经开始采取措施降低宰相的地位。在中国历史上，宰相为百官领袖，处于“一人之下，万人之上”的地位。秦汉时，宰相身份尊贵，皇帝任命宰相称“拜相”。宰相还可以佩戴着宝剑上殿，见到皇帝也不必下跪，皇帝反而要起身向宰相致意。在朝堂上，宰相还可以与皇帝一起接受百官的叩拜。如果皇帝和宰相在路上遇上了，皇帝也要先下车向宰相致意。到了隋唐，群臣朝见，宰相得有座位，皇帝还得给宰相赐茶。宰相可以与皇帝坐谈国家大事，即所谓的“三公坐而论道”。宋太祖即位后，宰相奏事开始还是沿用旧制。

据说，某一天早朝，宋太祖突然对当时的宰相王溥、范质说：“我眼睛有些昏花，把你们的奏疏送上前来。”于是王溥、范质二人从椅子上站起来，走上前去递奏疏。就在二位宰相离座递疏时，早已经得到指示的宫廷侍卫乘机将宰相的座位搬走。自此以后，宰相便只能站在皇帝面前奏事，于是成为定制，宰相的地位由此便大大下降了。

宋太祖在宰相下设参知政事若干人。又设置枢密使，以此来分宰相的军政大权；再设置三司使，以分宰相的财政大权。如此一来，赵普的权力便被大大削弱了。显然，这不光是针对赵普本人，也是为了加强中央集权的需要。

尽管赵普的权力大大被分散，宋太祖似乎还是不能原谅这位患难之交的种种过错。不久，翰林学士卢多逊再次告发，赵普曾以一块空地与皇家菜园的菜地交换，以扩大自家的房屋用地，营建旅店，与民夺利。这大概是压倒赵普的最后一根稻草，自此宋太祖对赵普的信任完全丧失。宋太祖大怒，后果很严重，开宝六年（973），太祖终于罢黜了赵普的相位，让他出任河阳三城节度使。

◎宫廷疑案　紧密相关

免职离京后的赵普心有不甘，一直等待着时机东山再起。

开宝九年十月二十日（976），一个雪夜，皇弟晋王赵匡义在宦官王继恩的策应下，夜入皇宫，杀死病中的赵匡胤，夺取帝位，是为宋太宗，这便是历史上著名的“烛影斧声”案。之后，赵普声称杜太后（赵匡胤和赵匡义的亲妈）临死前，命宋太祖传位于其弟宋太宗，并由赵普起草誓书，藏于金匮之中。赵普的“金匮之盟”为赵匡义继承皇位提供了合法根据。赵普本人也凭此扶摇而上，再度成为北宋的宰相。

但后世对这段“金匮之盟”的故事多有怀疑。“金匮之盟”是一份机密文件，它的出现，决定了北宋初期两代帝王的交替，却因其神秘性成为北宋宫廷三大疑案之一。历代史学家对其真伪性一直存疑，认为这是后来宋太宗赵光义（宋太宗赵炅，本名赵匡义，后因避其兄宋太祖讳改名赵光义，即位后改名炅）与赵普勾结起来编造出来的谎言，目的是为了掩饰宋太宗之得位不正。

金匮之盟与陈桥兵变、烛影斧声并称宋初三大疑案，我们不妨先根据后来的追述来说说当年“金匮之盟”的立约情况和誓约内容。

建隆二年（961），杜太后病危的时候，赵普曾经上过一道奏折，说起皇位继承人的事情。后来，杜太后就召见了赵普，当时太祖也侍立在侧。杜太后对太祖说：“因为周世宗以幼主临天下，倘若后周立长君，天下岂能为你所得？你百年之后应该传位给你兄弟，能立长君，社稷之福啊！”见太祖磕头应允以后又对赵普说：“把我这些话都记下来，不可违背。”于是赵普就在杜太后病榻前写下誓词，一式两份，一份随杜太后下葬，另一份由太祖保存。这就是“金匮之盟”的由来。

由于誓约的原文从未见诸史书记录，而转述的记载却颇有出入。大体说来，盟约关于皇位传承的办法有“独传约”和“三传约”的区别。所谓独传约，即太祖传位给太宗，这是杜太后的遗命。而所谓“三传约”，即太祖传之太宗，再由太宗传其弟魏王赵廷美，廷美再传太祖之子德昭。如果“金匮之盟”属实，那这应该是杜太后和太祖的本意。而关于“金匮之盟”这一历史之谜的症结有三：第一，究竟有无此事？第二，为何此时出笼？第三，誓约内容如何？先说究竟有无此事。金匮之盟的立足点是立长君。说它是伪造的人认为：杜太后死时，太祖35岁，德昭11岁，她岂能预料太祖死时，德昭仍是幼主？倘经光义、廷美三传至德昭，一般在四十年左右，那时候德昭已年过五十，生死尚且难卜，长君从何谈起？认为确实有此事的学者指出，五代诸帝在位时间最长者不过十年，平均在位时间不到四年，所以杜太后的担心并非杞人忧天，因而太后临死立长君的遗言，当时完全可能有。虽然有这可能，只是未必书为誓约。

首先，从太祖的作为看，他始终没有举行定储之举。但到开宝六年（973），德昭已23岁，也到完全可以继位的年龄，一向秉承母意的太祖才断然拒绝赵普的建议，按前朝惯例将赵光义封为晋王，确定其准皇储的地位。由于不是正式定储，皇位传承仍可能存在着变数。太祖的举动正说明他在皇位继承问题上是受母意约束的，但又不必像履行书面誓约那么循规蹈矩。

其次，从赵普的作为看，他作为誓约的监督署名者，如果说太祖时期不敢泄露此事尚在情理之中，但到了太宗即位六年间，自己分明已经失势，为何不上书言明以邀主欢呢？这也反映了当时并没有成文的誓约。

总之在太祖一朝，并没有形成书面形式的盟约，这几乎是可以肯定的了，而口头上究竟有没有，大概也只有他们自己才能知道了。再说为何此时出笼。“金匮之盟”是太平兴国六年（981）炮制出笼的（按说在此之间早已存在），其誓约见诸史册最早是神宗咸平二年（999）重修的《太祖实录》（《新录》）。《新录》还说约誓时太宗也在场，这是连编谎都编不圆。倘真如此，太宗对赵普的衔恨和致歉都无从解释。何况太宗即位时不宣布，太平兴国五年九月修成的《旧录》也不载其事，既表明《新录》所谓太宗在场纯系妄说，也反证“金匮之盟”的出笼却在《旧录》修成以后。

“金匮之盟”是机密文件，藏在宫中，本来没有人知道，三个当事者中只有赵普还健在，而他给太宗捅破此事的方式仍是密奏。也就是说，只有赵普与太宗两人知道此事，他们联手做手脚，别人谁都难以否认。而对太宗来说，迫害廷美，传位子嗣，都需要赵普这样元老级的开国元勋的支持和谋划。以赵普的政治经验，当然知道太宗肚里淌的是什么坏水，也知道这是改变自己“日夕忧不测”处境的唯一机会。于是，他可能孤注一掷，伪造了“金匮之盟”，作为效忠的入场券，为太宗不正常的继位找了一个合法的根据，以借机东山再起，恢复失去的权势。正是在这一节骨眼上，两人一拍即合，“金匮之盟”便应运而生。

三说誓约内容如何。若杜太后真有口头遗嘱，三传约的可能性最大。但太平兴国六年，“金匮之盟”刚由赵普炮制出笼时，肯定不是三传约，而只可能是独传约。倘是前者，无疑在宣传秦王廷美应是当然的皇位继承人，简直在为即将进行的迫害廷美的阴谋自设障碍，任谁也不可能如此愚蠢。独传约突出太宗，一方面为逆取太祖之位、逼死太祖之子的太宗进一步确立合法的地位，打上了一针强心针；一方面也树立了赵普“顾命大臣”的高大形象。只有当赵廷美死后，三传约形同废纸，才可能在士大夫之间流传开来，因其时已是太宗一系独传的天下了。

接下来，再来说说最不幸的赵老四赵廷美，如果按照他老娘定下的调子，他是有机会过把皇帝瘾的，但赵老三与赵普的不谋而合粉碎了他的帝王梦。非但让他帝王做不成，连做个普通人都难——因为宋太宗要改变“金匮之盟”的传位规则，就容不得他的存在。

当投机家赵普以“金匮之盟”重新换取相位后，在他担任宰相的第二天，秦王赵廷美就感到了来自赵普的一种无形压力，于是，他急忙要求列班在赵普之下，而以其准皇储的地位是可以位居宰相之上的。

次年三月，就有人“告发”廷美准备在太宗前往庆祝金明池的水心殿落成之际犯上作乱。太宗假意不忍心张扬这件事情，只是罢去了廷美开封尹一职，把他调到洛阳任西京留守。与此同时，与廷美往来密切的一批文武臣僚都因“交通秦王”而被贬官流放到了其他地方。

这件事过了没多久，针对秦王廷美的黑枪又来了，赵普向太宗报告，调查到卢多逊与秦王廷美勾结之事。卢多逊立即被罢相下狱，审讯下来，卢多逊与相关人等都表示“伏罪”，具体罪名是卢多逊派中书属吏向廷美密告高级机密，还效忠道：“愿太宗早点死去，尽心事大王。”廷美也表示：“愿太宗早点死去。”于是卢多逊被削夺一切官爵，连同家属流贬崖州（今海南崖县）。有关牵涉本案的属吏和证人都被斩首在都门之外，最终来了个死无对证。秦王廷美则被勒令归私第，他的儿女也不再称为皇子皇女，至此，他在朝中的势力也被彻底扫尽。

五月，继廷美出任开封府尹的李符迎合太宗旨意，在赵普指使下猛参秦王廷美，上奏说廷美衔恨怨望，“乞徙远郡，以防他变”。这正中太宗下怀，于是把廷美降为涪陵县公，房州（今湖北房县）安置。这是流放后周退位小皇帝的地方。廷美最终忧悸成疾，两年后死在了那里，年仅38岁。这件事，赵普的落井下石的确有失厚道，难怪《宋史》这样说他："凡廷美所以遂得罪，普之为也。"

这种明目张胆的迫害，其实连太宗的长子元佐（太宗的长子德崇后来改封楚王，改名元佐）也看不下去，他对父亲迫害叔叔廷美十分不满，对力助其事的帮凶赵普也相当厌恶。他为营救四叔出面向父亲申辩，但最终也没有结果。雍熙元年（984），当廷美死亡的消息传来时，元佐因为不能承受廷美已死的事实，一下子就发疯了。

就算这样，太宗还不打算放过他的亲弟弟赵廷美，他还对宰相李昉等说廷美是乳母耿氏所生，而《宋史·杜太后传》明载杜氏生五子，廷美位序第四。可见这是太宗为掩饰逼杀廷美之罪，不惜向自己父亲泼脏水，故意编派出来的谎言。

涪陵之狱，始终未见有丝毫的显罪确情。《宋史·赵廷美传》把这一冤案归罪于赵普。实际上，廷美不死，太宗就难以传位给自己的儿子，因而元凶是太宗，赵普不过帮凶而已。

综上所述，"金匮之盟"极有可能是察觉到危机的赵普和对皇位早有觊觎之心的赵光义两人合谋所为。他们表面上说是太后的遗命，其实，不过是个掩盖他合法即位的幌子罢了。所以，编造"金匮之盟"、炮制"廷美疑案"不管是否确有其事，都和赵普脱不了关系，他也无法洗掉这个嫌疑。

◎解嘲之语　千古名言

太平兴国年间（976 ~ 984），赵普第二次做宰相，朝中有人不服，讥笑他平生所读只一部《论语》而已。于是有人就在太宗面前说赵普不学无术，所读之书，不过一部《论语》。宋太宗赵光义不相信，召见赵普询问：“有人说你只读过一部《论语》，这是真的吗？”赵普回答：“臣所知仅此而已，确实不超出《论语》一书。臣以半部《论语》辅助太祖定天下，以半部《论语》辅助陛下兴天下。”后来，赵普年老病逝，家人打开他的书橱，果然只有一部《论语》。于是，就留下了“半部《论语》治天下”的美谈。

从赵普的回答中不难看出其强烈的情绪化色彩，这完全是一种牢骚不平之语，言外之意是说，我读书范围是不出《论语》一书，可我当年能够靠它帮太祖平定天下，现在仍然能够靠它辅佐陛下您把天下治理好。现今满腹经纶的文臣儒士遍布朝野，哪个又能有我的功劳大、能力强呢？——恐怕这才是这句话的真实含义。

那么赵普为什么会发出这样的牢骚之语呢？综观赵普的一生，他先后三次做宰相，这在宋代其实并不多见。按理说，赵普身居宰相高位，又是颇受倚重的开国元勋，只需照章办事即可功德圆满、善始善终，可是，实际上赵普的仕途却一波三折，并不顺利。概言之，赵普的后半生是：因专横跋扈而受制约、因贪图钱财而受猜忌、因不学无术而受轻蔑、因结党徇私而遭罢黜。就其秉性来说，来自大臣的不满，来自皇帝的约束、猜忌，甚至是罢黜，都不是不能忍受，使他最不能容忍的就是君臣上下对他的轻视。

淳化三年（992），为北宋的建立和国家的统一殚精竭虑的赵普三次上表，以年老多病为由请求告老还乡。宋太宗还是不舍得放他还乡，又拜他为太师，封魏国公，享受宰相待遇。淳化三年（992）七月，赵普走完了生命的历程，终年 71 岁。宋太宗派员治丧，赠尚书令，追封真定王，谥号“忠献”。

◎历史功过　后人评说

赵普一生在政治舞台上活动了50年，作为封建时代地主阶级的政治家来说，他是一个有一定远见的历史人物。他所佐治制定的巩固中央君主集权和地方分权的方针、政策，对于结束长期政治动乱、实现中原统一是有贡献的。然而，对于这一政策所带来的消极后果来说，他同样是负有历史责任的。作为一代名相，他胸中缺少学问，而以所谓半部《论语》治天下，这当然妨碍他做出更积极的贡献。赵普三次任相，在整个居相期间，看不到他造福人民的政绩，这是最大的缺憾。

综观赵普个人的“功名事业”，可谓隆隆其始而未能克终，仅留下“半部《论语》治天下”这句牢骚不平、自我解嘲之语，反倒成了“千古名言”！

第九章

熙宁变法 争议不休——北宋名相王安石

王安石在中国历史上的地位，好像一个谜，近代以前无论官方或是知识界，都把他看作“天变不足畏、祖宗不足法、人言不足恤”的异端和疯子，把他的改革视作导致北宋灭亡的罪魁祸首。近代以来随着古老中国的大门被西方的坚船利炮强行打开，老大帝国千年荣耀变成不值一钱的陈词滥调，王安石又被渴望变革、呼吁变革的人们捧到了天上，好像在千年前他就是一个为资本主义世界设计蓝图的大人物。那么，在“异端”与“伟人”这两个差距极大的评价之间，真实的王安石究竟应该是什么样子的呢？

◎任职地方　多办实事

王安石（1021～1086），字介甫，号半山，江西临川（今江西临川）人。生于宋真宗天禧五年，父亲王益，做过几任州县官吏，奔波于南北各地，官终都官员外郎。

景祐四年（1037）王安石随父亲到江宁。两年后，王安石19岁时父亲去世了，从此王安石就在江宁定居下来，江宁成为他的第二故乡。由于父亲的去世，家境逐渐拮据起来，他和母亲过着很贫寒的生活。

王安石在少年时代就喜好读书，读书一经过目便终身不忘。他做文章落笔如飞，初看似乎漫不经心，写完后，读过的人都佩服他文章精彩绝妙。他精读了大量儒家经典，也阅了诸子百家，还涉猎《素问》《本草》等医学书，并且看过一些小说，真是博览群书。尤为可贵的是，王安石求学并不光停留在书本上，还向富有经验的“农夫、女工”学习不少书本上没有的知识，他不是死读书，是在求知中勤于思考，孜孜不倦地“惟理以求”，这种探求精神使他常能用批判的眼光判断各种问题，因而逐渐形成了有自己特点的思维模式。庆历二年（1042）春，22岁的王安石考中进士，名列上等，从此步入仕途，被任命为签书淮南节度判官职，给扬州地方长官韩琦当幕僚。

任职三年后，按宋制可以准许呈献文章请求投考馆阁的职位，这是一般士大夫求得更高官职的途径，但王安石不走这条路，他愿继续在地方任职，于是在庆历七年（1047）出任鄞县知县。

血气方刚的王安石，一心一意要为当地老百姓做些好事。他看到鄞县地区有丰富的水资源，但由于水利连年失修，不能充分利用，使水白白流入大海，倘若遇到不雨之年，便出现严重旱情，这真是最大的浪费与最大的灾患。所以，王安石在到鄞县的第一年，便决定利用冬闲季节，动员百姓大兴水利，浚治川渠。他亲自奔波在工地上督促检查。由于这件事深得民心，百姓愿意效力。在两三年里建造堤堰，修整陂塘，为当地水利建设做出不少成绩。

在鄞县王安石还看到另一种使他揪心的情况：在青黄不接之际，贫苦农民用粮十分困难，常常忍受高利贷者的高利盘剥。王安石决定以轻微利息把粮贷给贫苦农民，约定秋收后归还新粮，保障他们生活，同时也免受高利贷的盘剥。此外，王安石还在鄞县兴办学校、整顿户籍管理，不断地进行改革试验，鄞县的所作所为，为他以后的变法运动积累了初步经验。王安石在鄞县任满后，皇祐三年（1051）历任舒州通判、群牧司通判、群牧司判官。

此时王安石不但在政治上崭露头角，而且以学问和文章知名于世，欧阳修推举他在朝廷任职，但他仍要求去当地方官。嘉祐二年（1057）被派到常州任知州。嘉祐三年（1058）春，王安石调任江南东路提典弄狱，到任后，王安石发现现行的榷茶法存在严重弊端：官卖的茶叶，质劣且贵。因而他上疏仁宗，请求罢榷茶法，改为商人运销、官府抽税的办法，这样可使民间得到好茶和贱茶。此法经实施，收效非常好。

同年十月，仁宗召王安石进京，任三司度支判官。王安石无法再推辞，只得赴京就职。

◎慷慨奋行　锐意革新

经历十六七年的地方官生活，使王安石对社会问题有了更深刻的感受和认识。约在嘉祐四年（1059）夏，他写成了《上仁宗皇帝言事书》，洋洋万言，表达了自己慷慨奋行、矫正世风改变世俗的志向。

《言事书》对北宋王朝以来内忧外患、积贫积弱的局面及形成的原因有精辟的分析："顾内则不能无以社稷为忧，外则不能无惧于夷狄，天下之财力日益困穷，而风俗日以衰坏，四方有志之士，諰諰然常恐天下之久不安"，其根本原因是"不知法度"。法度在王安石的文章中就是国家的方针、政策和法令，王安石主张在"法先王之意"的口号下，进行变法革新，而法先王之意并非是提倡复古，而是为了减少变革的阻力，使变革不至于"倾骇天下之耳目，嚣天下之口"。

对于人才的高度重视，也是王安石在《言事书》中特别强调的。他引用《孟子》的一句话："徒法不能以自行。"王安石认为宋王朝吏制败坏，做官的人中没有多少有作为的人才，而缺少才能、贪婪卑鄙的人却多如牛毛。他提出培养和造就人才，须从"教之、养之、任之"几个方面下手，而且要"有其道"。在《言事书》中，吏治与人才的问题，占了很大的篇幅。

理财的问题在王安石的《言事书》中也提到，虽然篇幅不多，但其立场是很鲜明的："盖因天下之力以生天下之财，取天下之财以供天下之费。自古治世，未尝以不足为天下之公患也，患在治财无其道耳。"

然而，王安石这篇重要的万言上书，并没有得到仁宗的重视。王安石改革的想法并没能得到实施，但《言事书》无疑是王安石日后变法思想纲领的集中体现，是他的理论基础。嘉祐六年（1061），王安石被任命为知制诰，两年后仁宗去世，赵曙即位，是为英宗。此时王安石也因母亲去世，回到江宁守丧。

英宗即位后，庸庸无为，在位四年就因病去世。治平四年（1067）赵顼即位，是为宋神宗。起用王安石知江宁府，熙宁元年（1068）四月，王安石回到开封，受命为翰林学士兼侍讲。

宋神宗与仁宗和英宗不同，他是一位颇有作为的年轻君主，即位后，有一股改革弊政的强烈愿望，他想效法唐太宗，使宋朝也成为太平盛世，他也想寻求一个像魏征那样的宰相，辅佐他成功立业，因此，登基以后他不断向大臣征询改革意见。

王安石回开封后，神宗即召入对，开头就问，治理国家先要以什么为先。王安石回答说："首先应该选择治理的方法。"神宗又问："唐太宗怎样？"王安石说："陛下当法尧、舜，何以太宗为哉？尧、舜之道，至简而不烦，至要而不迂，至易而不难。但末世学者不能通知，以为高不可及尔。"宋神宗最后说，你要全心全意辅佐我，希望我们能共同来完成这个事业。

又有一日朝席完毕，神宗留下王安石再一次议论政事。神宗认为，唐太宗须得魏征，刘备须得诸葛亮，然后才可以有所作为，这两个人实在是不可多得的人才！但王安石回答说："陛下诚能为尧、舜，则必有皋、夔、稷；诚能为高宗，则必有傅说。"他认为，天下有学识的人才不算不多，而帝王常忧患无人辅佐自己治理天下，是由于"择术未明，推诚未至"，因而虽有贤明的人，也因"为小人所蔽，卷怀而去尔"。神宗说："何世无小人，虽尧、舜之时，不能无四凶。"王安石对答说："惟能辨四凶而诛之，此其所以为尧、舜也。若使四凶得肆其谗慝，则皋、夔、稷亦安肯苟食其禄以终身乎？"

不久，神宗又问王安石，自宋朝开国以来，百年无大变，天下太平是什么原因。王安石为全面回答这一问题，退朝后，写了奏疏《本朝百年无事札子》，上奏神宗。

在《札子》中，王安石认为天下并非太平无事，剖析了特别是仁宗统治时期在用人、理财、治军各个方面的弊端。"农民坏于徭役，而未尝特见救恤；又不为之设官，以修其水土之利。兵士杂于劳，而未尝申敕训练。""其于理财，大抵无法，故虽俭约而民不富，虽忧勤而国不强。"王安石认为"大有为之时，正在今日"，表达了锐意进行改革的决心与愿望。改革已经成为历史的趋势，北宋积贫积弱的形势使要求改革的人越来越多，呼声也越来越高。神宗于熙宁二年（1069）二月，任命王安石为右谏议大夫、参知政事。王安石在神宗支持下，建立“设置三司条例司”，作为主持变法的专门机构，由王安石亲自负责。王安石又推荐吕惠卿作为自己的主要助手，负责条例司日常事务。一场变法革新的运动就此拉开了序幕。熙宁三年（1070）年底，王安石为同中书门下平章事，由副相晋升为宰相，这是变法运动趋向高潮的标志。

◎大刀阔斧　推行新法

王安石的变法，在当时称为新法，新法内容包括农田水利、青苗、均输、保甲、免役、市易、保马、方田等。王安石派出提举官四十多人，把新法颁行于天下。

新法的核心内容是理财。王安石主张“因天下之力以生天下之财，取天下之财以供天下之费”。在具体内容上，各法是这样：

均输法

把发运的职能改为均输，朝廷借予钱币、米粮作为本钱，凡是上供朝廷的物品，都必须从价格昂贵的地方移到价格便宜的地方去购买，用路途近的地方而取代远的地方，预先了解京城仓库里应当置买的东西，价钱便宜的就先购买好，然后储存起来。此法熙宁二年（1069）七月开始实行于淮南路，江南东、西路，两浙路及荆湖南、北路，王安石选派薛向担任发运使，全权负责举力均输，总计东南六路的财赋和茶盐等各项收入。均输法的实施，有效地调整了供求关系，改进了对京师贡物的供应，减少了纳税户的一些不合理负担，政府的财政因而有所增加。

青苗法

把籴买常平仓粮的本钱作为苗钱，散给每家每户，命令他们出二分息，春天散出，秋天收回。青苗法于熙宁二年（1069）九月开始实行。对调节粮价、济饥民有一定作用。青苗法推行后，南方之民认为“皆便之，无不善者”。一般农民也愿意到州县去借青苗钱。青苗法虽然收百分之十利息，二次借贷收百之四十利息，但还是比私人百分之百的高利低得多，因而对高利贷起了一定限制作用。不过由于青苗钱贷款不敷分配，高利贷在农村还是很活跃，青苗法的实施给国家带来一定财政收入，然而，其弊病也是显而易见的，官吏在散敛青苗钱时敲诈勒索，有时折价计钱，使一些农民蒙受到损失。

农田水利法

发布于熙宁二年（1069）十一月。农田水利法是王安石“以天下之力生天下之财”思想的集中体现。发展农田水利，开辟相当多荒田，整治大量陂塘，疏通许多河道、沟渠，兴修大量水利工程，其成就有目共睹。史称“自秦以来，水利之功未有及此者”。

免役法

又称募役法，即根据老百姓家中财产的数量，分别叫他们出钱雇人服役，下到单丁、户，这些本来就不必服役的家庭，也一概叫他们出钱，这叫助役钱。免役法的推行，使各等户都出钱，豪富之家财产多，出役钱也最多。同时也使轮流充役的农民得以回乡务农，有利于农业生产。此法熙宁五年（1072）开始实施。这是继均输法之后，对大商人的进一步限制，并首先在开封设立市易务，作为执行市易法的专门机构，还从内藏库拨出一百发缗作为市易本钱。以后在杭州、成都、广州等许多城市也设立了市易务。市易法的推行，使中小商贩和外来客商避免了豪富巨贾的压榨，使一部分商业利益从大商人手中转到政府手中，同时也增加了政府的税收。

方田均税法

以东、西、南、北四至各千步，相当于41顷66亩160步的面积为一方，每年九月，县令、县佐分地统计，查验田地的肥沃与贫瘠，确定它们的土色和质地，分为五等，根据土地等级，均定地税数额。此法于熙宁五年（1072）八月颁布施行。先在京东路实行，以后推广河北、陕西、河东等五路，且只限于五路的平原地区。方田均税法的推行，给隐田漏税的豪强地主以沉重打击，对地少地薄而税重的贫苦农民，相对减轻了一些负担。

整顿治安，加强军备，也是新法的一个重要内容，具体表现在下面几方面：

保甲法

把乡村各农户登记入册，二名男丁中取一名，十家为一保，保丁都发给弓弩，教他们作战的阵法。此法熙宁三年（1070）年底首先在开封府地区实行，以后推广到京东、京西、河北、陕西诸路，最后推广到全国。实行保甲法，建立起严密的治安网，就是使保甲丁成为正规军的补充力量，“使与募兵相参，则可以消募兵骄志，省养兵财费”。这是军队建设中具有战略意义的大事，因而王安石要求对保甲兵加强了训练，并取得较好效果。“教艺既成，更胜正兵。”到熙宁九年（1076）止，全国受过正规军事训练的保甲兵已达五十六万多人，加强了宋朝军队的实力。

保马法

凡是五路义勇保甲愿意养马的，每户养一匹，以牧马监现有的马匹给他饲养，或者官府给予马价，让他们自行选购良马，每年检查一次马的肥瘦，有马匹死亡或生病的给予补偿。此法熙宁五年（1072）五月先在开封府试行，熙宁六年八月颁布实行。保马法的推行，由于饲养较好，减少了马的死亡，同时也减少了政府的开支。

王安石的变法在一定程度上限制甚至打击了大官僚贵族、大商人对人民的疯狂掠夺，在地主阶级内部进行财力的再调整，“损有余以补不足”，力求民不加赋而国足用。正因为限制了大官僚贵族的经济特权，新法遭到守旧势力的猛烈反扑和围攻。

王安石曾经讲过三句有名的话："天变不足畏，祖宗不足法，人言不足恤。"他认为自然界的灾害，不用害怕；祖宗的立法，不适应时代需要的，可以改变。社会上的舆论，有正确和错误之分，错误的言论就不应当接受。这三句话反映了王安石具有朴素的唯物主义思想和革新的精神。在这种思想指导下，他的变法措施具有一定的进步性。

王安石所采取的措施，只是为了缓和已激化的阶级矛盾，挽救宋王朝的危机。他只能在不触动封建制度的前提下，通过腐败的官僚机构，在统治政策上做某些调整。王安石对大官僚贵族的限制是有限度的，革新派的力量是非常薄弱的。从一些反对新法的奏章和文书中，还可看到，有些新法为某些贪官污吏所利用，反而起了扰民的作用。

◎变法之中　棋逢对手

在变法开始的时候，反对王安石变法的头号人物是司马光。当时，在各方面能够与王安石相抗衡的，也只有司马光一个人。王安石、司马光这两人，一度曾是相互倾慕的好朋友，最终却因为在熙宁变法中明争暗斗多年，而成为政治上的死敌。

相对于王安石而言，司马光也不是什么等闲人物。无论是他的文章还是道德，都足以和王安石相抗衡。司马光比王安石大两岁，比王安石早四年考中进士，为进士甲科，当时他只有19岁多一点。司马光受人称道之处，还不在于他少年得中高第，而是在于他在已经受恩荫为官的情况下，再凭实力考出的前途。若论成名时间，王安石更加无法和司马光相比了。司马光砸缸救人的故事流传了千百年，当时就已经被广为传播。

说起私德，司马光的一个故事恰好可以和王安石相媲美：司马光年轻时，官居通判，相当于某一个城市的副市长兼秘书长。由于妻子未能生育，太守夫人，也就是市长夫人选了一位有宜子之相的侍妾送给他。司马光对此人不理不睬，司马夫人以为是自己在跟前的缘故，于是，事先告诉那个侍姬，等自己离家之后，打扮好了，夜里直接去老爷房中侍候。当天晚上，司马光看到出现在自己房中的女子后，正颜警告说："夫人不在，你竟敢来此？速去！"随即令此女子离去。

司马光历时 25 年主持编写的《资治通鉴》，全部完成时，手稿装满两个房间，是中国历史上唯一能够与《史记》比肩的伟大的历史著作。

王安石忠心耿耿，司马光忧国忧民；王安石勇于任事，司马光敢于直言；王安石上过万言书，司马光也上过"三札子"（一论君德，二论御臣，三论拣军）。可见司马光和王安石一样，也一直在关注和思考着国家的命运与前途。还有一点也很相同，即他们都不是空头理论家，也都不是书呆子，一句话，他们都是务实派。在处理具体政治事务时，都能提出具有可操作性的办法来。

司马光与王安石二人曾经做过同事。当时，他们俩一起在包拯也就是著名的包公包青天手下，担任群牧司判官，包拯则是他们的顶头上司——群牧使。有一次，群牧司衙门里的牡丹花盛开，包公置酒赏花。司马光回忆说：自己素不喜酒，但是在包公劝酒时，还是勉强喝了几杯；王安石也不喜酒，他不管包公如何劝，始终滴酒不沾，包公也拿他没有办法。司马光由此知道，王安石有多么倔头倔脑。只是他没有料到，若干年以后，他将与王安石进行一场势不两立的官场斗争。

司马光因不赞成王安石推行的新法，曾经三次写信反复劝告王安石，在信中司马光指出，你的才略无可否认，但自从当权以来，朝野一致都对你不满，这是因为你"用心太过，自信太厚"了。古代的圣贤治国，不过让百官各司其职，对百姓放宽赋税，使得互不相侵而已。而你行新法，用国家政权去和百姓争相牟利，又让其中一些奸猾之人钻了新法的空子，使得百姓受苦，鸡犬不宁。他同时指出王安石侵夺其他大臣的职权、变法生事、用国家机关牟利、拒绝他人谏言等几个错误，造成怨声载道。王安石回答道，我奉皇上之命变法，怎能说是侵夺职权？我用“先王之政”来兴利除弊，怎能说是生事？我为天下理财，怎能说是牟利？我回绝那些歪理邪说，怎能叫拒绝谏言？至于怨声载道，我早就知道会这样了。

公元1068年年底，王安石和司马光在宋神宗面前发生了一次激烈的争执。当时他们的职位都是翰林学士。王安石说：“国家财政状况不好，究其原因，是因为没有善于理财者。”司马光马上反驳：“你所谓的善于理财，不过是在百姓头上再增加捐税而已！”王安石说：“你理解错了，我说的是可以在不增加捐税的情况下使国库充盈。”司马光尖锐地指出：“哪有这样的道理？天下钱财本有恒数，这些财物不在民就在官，你把财富都收到国库，国家富了，百姓必然穷，你的变法就是设法从老百姓那里巧取豪夺，这比增加捐税还要坏！”

当时国家财政已是十分窘迫，宋神宗觉得王安石的改革措施可以尽快扭转困顿局面，而司马光的意见不过是仁厚治民的老生常谈，于是这位年轻新锐的皇帝，决定提拔王安石。熙宁二年（1069）二月，王安石被任命为参知政事，地位相当于副宰相，开始了他的熙宁变法。

在现代许多人的心目中，司马光是个因循守旧、顽固不化的守旧分子，其实不然。面对严重的社会问题，司马光也主张改革现状，并提出自己一整套治国主张。在宋仁宗宝元年间，枢密副使庞籍出知并州，任司马光为通判。当时，河西良田常常为西夏蚕食，并对河东构成威胁。司马光便建议在麟州筑堡防御，同时招募农民耕种这些良田。这样，不但无地的农民获得了土地，国家的边防也得到了加强。种地的农民多了，粮价就会下跌，这又能平抑河东的物价，也免得要从远处运送军粮，正可谓一箭四雕。这样一种“屯垦戍边”的方案，也是可以和王安石的某些新法相媲美的。所以，司马光和王安石，都是国家的栋梁之材。他们两个相对抗，那可真是棋逢对手，将遇良才。

随着变法的深入，司马光与主持变法的王安石之间分歧越来越大。就其竭诚为国来说，二人是一致的，但在具体措施上，各有偏向与侧重。但这只是就所谓新旧两党的领袖人物而言。要说他们的“党羽”，就不成比例了。王安石这边多为小人，比如他的得力干将吕惠卿就是。吕惠卿是王安石着力培养提拔的人，变法伊始就在“制置三司条例司”担任实际工作。但就是这个吕惠卿，为了自己能够大权独揽，居然在王安石遇到麻烦时落井下石，诬陷王安石参与谋反。可惜这个罪名实在太过荒谬，因此王安石罢相以后不久就又恢复了相位。吕惠卿贼心不死，又将王安石写给自己的一些私人信件抛出。写这些信的时候，王安石出于对吕惠卿的信任，写了“不要让皇上知道”（无使上知）的字样，这是有欺君嫌疑的。王安石知道自己在京城待不下去了，于是辞去官职，并从此告别政坛。

可旧党这边却是人才济济。司马光、欧阳修、苏东坡，个个都是重量级人物。其余如文彦博、韩琦、范纯仁，亦均为一时之选。更重要的是，他们原来也都是改革派。比如韩琦和范纯仁的父亲范仲淹一起，在宋仁宗庆历年间实行过“新政”。而且，从某种意义上说，范仲淹的新政正是王安石变法的前奏。事实上正如南宋陈亮所言，那个时期的名士们“常患法之不变”，没有什么人是保守派。只不过，王安石一当政，他们就做不成改革派了，只好去做保守派。那么，原本同为改革派且都想刷新政治的新旧两党，他们的分歧究竟在哪里呢？说白了，在乎动机与效果。

王安石是一个动机至上主义者。在他看来，只要有一个好的动机，并坚持不懈，就一定会有一个好的效果。因此，面对朝中大臣一次又一次的诘难，王安石咬紧牙关不松口：“天变不足畏，人言不足恤，祖宗之法不可守。”这就是他有名的“三不主义”。王安石甚至扬言：“当世人不知我，后世人当谢我。”有此信念，他理直气壮，他信心百倍，他无所畏惧。在他看来，即便民众的利益受到一些损失，那也只是改革的成本，根本算不得失策。

的确，王安石的变法具有独断专行不计后果的特征。熙宁四年（1071），开封知府韩维报告说，境内民众为了规避保甲法，竟有“截指断腕者”。宋神宗问王安石，王安石不屑一顾地回答说：这事靠不住。就算靠得住，也没什么了不起！那些士大夫尚且不能理解新法，何况老百姓！这话连神宗听了都觉得过分，便委婉地说：“民言合而听之则胜，亦不可不畏也。”

但王安石不以为然。在他看来，就连士大夫的意见，也都是可以不予理睬的，什么民意民心之类，就更加无足挂齿！即便民众的利益受到损失，那也只是一小部分成本。这些成本是必须付出的，因此也是可以忽略不计的。

王安石的一意孤行弄得他众叛亲离。有的原本是他的朋友，如范镇、司马光，但因为不同意他的一些做法，便遭到不遗余力的排斥。司马光出于朋友情分，三次写信予以劝谏，希望他能听听不同意见，王安石则是看见一条驳一条。如此执迷不悟，司马光只好和他分道扬镳。

其实，可以肯定地说，对于帝国和王朝的弊病，司马光比王安石看得更清楚、更透彻。这是他主张渐进式改革的原因所在。不要以为变法就好，有好的变法，有不好的变法。前者催生国富民强，后者导致国破家亡。而一种改革究竟是好是坏，也不能只看动机，得看效果。

公元1086年，王安石和司马光于同年去世。假如他们看到公元1127年靖康之耻的惨剧，不知道司马光会不会责问王安石：这都是你惹的祸！而王安石又会不会责问司马光：为什么不支持变法图强？

◎王氏吃法　特立独行

王安石生活上不拘小节，非常俭朴，毫不讲究，更反对奢华铺张的作风。让我们来看看王安石吃上的“王氏特色”。

某天，仁宗皇帝心情不错，一兴奋决定开一场别开生面的家庭派对——赏花钓鱼宴，把够级别的京官都请到了御苑，想让他们借机领略一番原汁原味的皇家情调。当时王安石的职务是“知制诰”，就是皇帝办公室秘书处负责草拟诏书的官员，管机要的重臣，自然也在被邀之列。

“赏花钓鱼宴”，顾名思义就是宴会的娱乐项目有赏花和钓鱼两项，聚餐前来宾可以依自己的喜好随意选择，已尽雅兴。王安石对花爱好不大，他选的项目是钓鱼。早有内侍将备好的鱼饵盛在金盘中置于茶几上。皇家钓鱼自然与众不同，鱼饵的配制不消说是花了工夫的，各种稀奇古怪的香精香料掺了不少，不要说鱼，就是人也会抵抗不住诱惑。这不，王大人鱼还没钓，不知是因为闻到香气还是别的什么，竟鬼使神差地抓起一粒鱼饵放进嘴里细嚼慢咽起来。这一尝不打紧，居然对上了胃口，遂一发不可收，几个回合下来，竟将一盘鱼饵吃了个精光！

很快，这事传到仁宗皇帝耳中。第二天，仁宗很是纳闷地对宰辅讲了这件事，并说：“王安石这人怪啊，误食鱼饵一粒也就罢了，可他生生吃下一整盘，不近情理嘛！”其实不光这件事，王大人不近情理的作风是一以贯之的。别人请他如此，他请别人同样如此。别不信，这都是有事实依据的。

据说，王安石高升宰相后，一天，他儿媳妇娘家一位姓萧的亲戚到京城拜访他，王安石很有礼节地为客人安排了接风饭局。第二天，萧公子盛装如约而来。心想这宰相设的饭局规格档次肯定一流，这回可以大快朵颐尽情享受了。这边萧公子正兴致勃勃地等着入席，可是午饭时间都过了，那边主人却没一点开饭的动静。估计萧公子吃早餐时特意为中午的盛宴预留了空间，到此时已是饥肠辘辘，但已经约好了的，又不敢不辞而别，只好耐着性子干等着。过了好一阵子，王安石终于放出话来，请客人入座。落座后的萧公子一看餐桌，心里凉了大半，那上面只有酒，而“果蔬皆不具”，原来王大宰相安排的是干喝。这是宰相招待客人吗？萧公子心里虽不爽，却也无可奈何，客随主便嘛。不过，他心里一想，兴许好菜还在后头呢！

几杯酒下肚后，菜终于上来了——俩胡饼（一种类似烧饼的主食），带几块屈指可数的猪肉，这就把主菜上齐了。随后上主食，下饭的是一小盆清汤寡水的菜汤。这便是王大宰相宴请客人的全部菜单——令人不可思议的“两菜一汤”。

这萧公子也是富家子弟，平日好吃好喝惯了，面对宰相大人的“盛宴”，尽管肚里已空，却没一点下筷子的动力。但不吃两口吧又委实觉得对不住亲戚的“盛情”，无奈之下，只勉强把胡饼中间的部分吃了，而把四面部分丢下。王安石倒是一点不客气，捡起萧公子丢弃的饼边有滋有味大吃起来。萧公子见状惊愕不已，二话没说赶紧起身走人。

据说，有一个人曾对王安石夫人说，王安石喜欢吃獐脯，他曾亲眼看到王安石用餐时吃了一盘獐脯，而其他菜动也没动。王夫人笑了，叫这个人在下次一同用餐时把獐脯放远一些，换一道菜摆在王安石面前。结果，王安石将面前那盘菜吃完，獐脯一块也没动。大家这才知道，原来他只吃离筷子最近的菜。

好在当时的王安石在官场已经具有了极高的官声，在文坛也有了一定的名望，使这种出现在常人身上肯定会令人无法忍受的不修边幅和不拘小节，反而给他增加了新的魅力。史书记载：“时人咸谓其贤。”

就是说，人们普遍认为王安石是了不起的高人。这就是对于名人的很多怪异行为，人们不以为意，反而认为是一种独特的个人魅力光环效应。

◎清廉自律　“三不爱”

北宋是一个重文轻武的朝代，文官的地位很高。在当时的京城开封，许多官员追求享乐和奢侈的生活，娶小老婆的官员比比皆是，有的人甚至娶了好几个小老婆。就连被通俗文学塑造为清官榜样的寇准，一次赏赐给歌女的缠头就是一匹绸缎，乃至于他的爱妾都感觉有些过分，当即写作《呈寇公二首》进行规劝，其一说：“一曲清歌一束绫，美人犹自意嫌轻。不知织女萤窗下，几度抛梭织得成。”可知寇准不但有妾，而且生活也很奢侈。

清廉的官员尚且如此，其他官员的生活情形可想而知。在这样的风气下，一个做了八九年宰相，在政坛上呼风唤雨、炙手可热的人物，却终身没有娶一个小老婆，更没有包“二奶”，甚至别人给他娶好了小老婆，他也坚决不接受，而是和原配相守相伴，这实在是难能可贵的，这个人就是大名鼎鼎的荆国公王安石。

在这样的社会风气下，王安石在开封做了宰相，权势很大，他主持变法，尽管因此树了不少政敌，其中不乏吹毛求疵、没病找病、“洗垢求其瘢痕”的整人专家，但是在王安石的生活问题上，没有一个人说出一个“不”字，可见王安石在这方面确实有柳下惠之风。

著名理学家邵雍之子邵伯温著《河南邵氏闻见录》一书，卷十一记载了这样的一件事：王安石出任知制诰时，不到40岁，仕途如日中天，正在上升之时，日理万机，非常劳累。一天，回到自己府邸，进入内室，不禁愣住了：夫人吴氏不在屋里，椅子上却坐着一位 20 多岁年轻貌美的女子。只见那女子高绾发髻，上插凤凰碧玉簪，身穿锦绣华服，淡妆细抹，颇有姿色，手搭在椅子边上，羞答答地看着王安石。

王安石感到很惊诧，忙问她是谁，为什么打扮得漂漂亮亮到他的书房里来。原来，此女子是一个下级军官的妻子。她的丈夫在一次押送军用物品的过程中在河里翻了船，损失了一大批军品，被上级判罪，家产全部查没后还差 90 万钱。上级说，如果能如数交钱，人就可以释放，保持原职。如果没有钱，她的丈夫就要被免职，还要判刑。由于丈夫已被拘押，女子爱夫心切，又没有地方去筹措这么大数量的钱款，万般无奈，才到买卖人口的地方，自己插上三根稻草，自卖自身。要价就是 90 万钱。结果被一个老仆人领进这个不太宽敞却很幽静的大院。

这个女子不认识这是什么府邸，但也看出这是个大户人家，夫人告诉她，买她是要留给官人做妾，吩咐她要好好服侍官人。又说官人是个难得的好人，不会亏待她的。那女子说到伤心处，忍不住掉下几滴伤心的泪。

听完女子的哭诉，王安石命该女子回到她自己的房间安歇。第二天一早，立即命人将该女子送回家去，并且为她主持了公道。于是女子千恩万谢，连连下拜道万福，然后欢天喜地回家与丈夫团圆去了。王安石把女子打发走后，才通知吴氏，并询问吴氏为何要这样做。

原来吴氏进京后，见京师里的人生活特别奢靡，一般的富户都有几房妻室，大富户几乎是妻妾成群，朝廷官员更不用说，几乎没有不纳妾的。尤其是有一定品级一定地位的官员，如果没有一两个妾，就好像不正常似的，人们就会用异样的眼光来看你，或认为这个官员有病，或认为这个官员过于惧内，家中一定是有个母夜叉。

王安石已经是五品官，早已有了纳妾的资格。吴氏见丈夫终日忙于公务，很是劳累，可能是没有工夫顾及于此，就私自做主，派人到外面去给丈夫买了一个妾。见丈夫决意不纳，又见他已经把人打发走了，吴氏便也无话可说。

史料记载，王安石一生只有一个夫人，终生没闹过绯闻这事很可信。王安石也并不是怕老婆，他不娶小老婆完全是出于自律，是一种自觉的行为。用现代的眼光判断，这种带有强烈指向性的素质、能力和品格特征，绝对称得上是一个“官场楷模”。

王安石不纳妾，只知道整日潜心去忙公务，这与西晋的贾充和初唐的房玄龄情况不同。贾充和房玄龄都是因为夫人吃醋而又特别厉害而不敢纳妾。贾充的妻子郭氏极其厉害，给贾充生了两个女儿。贾充位极人臣，却没有儿子，但郭氏依然不准他纳妾。致使贾充那么高的地位，那么大的家业没有继承人，不得不把外孙过继过来当作孙子。

房玄龄的夫人宁可违抗圣旨喝毒酒，也不同意自己的老公娶第二个夫人。这都是历史上有名的故事，王安石的情况与他们都不同。夫人主动给他买妾，一切障碍统统没有，王安石依旧坚决不肯，更见其高洁。

王安石是位冰清玉洁的伟大人物，他不贪官位。进士及第后，其他人都汲汲奔走要谋求一个馆阁之职或京官留在汴梁，这样提升的机会多。而王安石主动请求到偏远地方任职，到鄞县（在今浙江宁波）出任县令，其后几次辞京官。

在事业最兴隆之时，他坚决辞去相位，回家隐居。他不贪钱财，辞相搬出相府时，所有的官府之物寸草不带。夫人特别喜欢那里的一张床，想照价付钱买下来，王安石也没有同意。因为他认为，这样将来会说不清楚。

王安石一生为官，官居宰相高位前后共八年，其间一度权势熏天，几乎可以主宰百官的荣辱予夺。但是，从未用此权力为自己及其亲族谋过私利。他对金钱也从不计较，据说，其宰相俸禄几乎已经变成公费，任凭亲友甚至同事花费。而且，一生少见私敌，所结怨者，大多是为了变法的缘故。因此，就连后世相当厌恶他的批评者，都承认自己面对的是一个真诚、虔敬的洁身自好之士。

不爱色、不爱官、不爱财，因此，王安石被当时的百姓誉为“三不爱官员”。仅此三项，便可令他永享盛名。

◎用人不当　遭遇陷害

宋仁宗嘉祐初年，年仅24岁的吕惠卿中了进士，任真州推官。很快他又转入京师汴梁任职。就在汴梁，他与王安石相识，两人常在一起论经讲文，谈古道今，竟有许多相同的见解，因而大有相见恨晚之感，遂成莫逆之交。

宋神宗熙宁二年（1069），王安石拜参政知事，主持变法。当时的吕惠卿正在集贤院编校《集贤》书籍，王安石便极力在神宗面前推举吕惠卿，并称“惠卿的贤德，非但今人无法追步，即使是前世儒者也不易相比。对先王之道能够学以致用的，恐怕唯惠卿一个而已”。

此后，王安石在变法的过程中重用吕惠卿，视吕惠卿为自己最得力的助手和最知心的朋友，并一再向神宗皇帝推荐他，神宗也予以重用，朝中之事，无论巨细，全都与吕惠卿商量之后才实施；所有变法的具体内容，都是根据王安石的想法，由吕惠卿事先写成文及实施细则，交付朝廷颁发推行。

当时，变法所遇到的阻力极大，尽管有神宗的支持，但能否成功仍是未知数，在这种情况下，王安石认为，变法的成败关系到两人的身家性命，并一厢情愿地把吕惠卿当成了自己推行变法的主要助手，是可以同甘苦共患难的“同志”。然而，吕惠卿千方百计讨好王安石，并且积极地投身于变法，却有自己的小九九，他不过是想通过变法来为自己捞取好处罢了。对于这一点，当时一些有眼光、有远见的大臣早已洞若观火。司马光就曾当面对宋神宗说："吕惠卿可算不了什么人才，将来使王安石遭到天下人反对的，一定都是吕惠卿干的！"又说，"王安石的确是一名贤相，但他不应该信任吕惠卿。吕惠卿是一个地道的奸邪之辈，他给王安石出谋划策，由王安石出面去执行，这样一来，天下之人将王安石和他都看成奸邪之人了。"后来，司马光被吕惠卿排挤出朝廷，临离京前，一连数次给王安石写信，提醒说："吕惠卿之类的谄谀小人，现在都依附于你，想借变法为名，作为自己向上爬的资本。在你当政之时，他们对你自然百依百顺，一旦你失势，他们必然又会以出卖你而作为新的进身之阶。"

然而，旁观者清，当局者迷。王安石对这些话半点儿也听不进去。他已完全把吕惠卿当成了同舟共济、志同道合的变法同伴。甚至在吕惠卿暗中捣鬼、王安石被迫辞去宰相职务时，王安石仍然觉得吕惠卿对自己如同儿子对父亲一样忠顺，真正能够坚持变法不动摇的，莫过于吕惠卿，便大力推荐吕惠卿担任副宰相职务。

吕惠卿一上台，马上便扶植亲信，把自己不通学术的弟弟都升了官，更制定苛律峻法，弄得百姓不胜其苦。王安石失势后，吕惠卿被厚脸掩盖下的"黑心"马上浮出了水面，他不仅立刻背叛了王安石，而且为了取王安石的宰相之位而代之，担心王安石还会重新还朝执政，便立即对王安石进行打击陷害。

"'凶'字上面，定要蒙一层仁义道德"，吕惠卿的心肠可谓黑得出奇。当年王安石视他为左膀右臂时，对他无话不谈，一次在讨论一件政事时，因还没有最后拿定主意，便写信嘱咐吕惠卿："这件事先不要让皇上知道。"就在当年"同舟"之时，吕惠卿便有预谋地将这封信留了下来。此时，便以此为把柄，将信交给了皇帝，告王安石一个欺君之罪，他要借皇上的刀，为自己除掉心腹大患。在封建时代，欺君可是一个天大的罪名，轻则贬官削职，重则坐牢杀头，吕惠卿就是希望彻底断送掉王安石。虽然说最后因宋神宗对王安石还顾念旧情，没有追究他的“欺君”之罪，但王安石毕竟已被吕惠卿的“软刀子”刺得伤痕累累。

郑侠、冯京多次上疏指斥吕惠卿朋比为奸，壅蔽上听。王安石的弟弟王安国素与哥哥政见不一，更看不惯吕惠卿的奸谄狡猾，便当面羞辱了他一番。今非昔比的吕惠卿自然咽不下这口气，将三人一同贬谪赶出京师。此时，王安石对吕惠卿的一些做法才开始有些不满，然而，吕惠卿再也不肯买王安石的账了，并且一下子翻了脸，大骂王安石误国害民，凡有陷害王安石的机会，他都绞尽脑汁决不放过。

后来，宰相韩绛觉得自己对付不了吕惠卿，便密请神宗，复用王安石为相。此时的王安石，再看吕惠卿早已不是当年的手下爱将了。于是，他便借他人弹劾之机，将吕惠卿贬出京城。吕惠卿狡辩奸诈、诡计多端的本质已得到了充分的暴露，受到越来越多的人的厌恶。因此，神宗及哲宗对其一贬再贬，忠义之士无不拍手称快。

◎利民之法　遭人扭曲

改革究竟是好是坏，不能只看动机，主要还应该看效果。从后来的变法效果来看，王安石变法的效果实在是不佳，甚至与他的变法初衷背道而驰。新法的本意是民富国强，结果却是民怨沸腾，甚至发生了东明县农民一千多人集体进京上访，在王安石住宅前闹事的事情。

巧合的是，自从新法颁行之后，各地就不断有异常的自然现象出现，如京东、河北突然刮起大风，陕西华山崩裂，一时间人心惶惶。那些别有用心之人利用这些抨击变法，说这些是上天对人间的警告。

熙宁七年（1074），北方大旱，民不聊生。神宗为此忧心忡忡，他也开始相信这是上天的某种预警，并对自己继位以来所实行的一系列新法进行反思。

后来，就连一个被王安石奖掖提拔的看守城门的小官郑侠，也在熙宁七年（1074）四月画了一张《流民图》进呈天子御览。郑侠同时还附了一道奏疏，说他在城门上，天天看见为变法所苦的平民百姓扶携塞道、质妻鬻子、斩桑拆屋、横死街头，实在是忍无可忍。因此恳请皇上罢废害民之法，“延万姓垂死之命”。而且郑侠还赌咒发誓，说如果废除新法之后十日之内不下雨，请将他斩首于宣德门外，以正欺君之罪。

这件事让神宗大为震惊。据说他观图以后心如刀绞，一夜未眠，两宫太后（太皇太后和皇太后）甚至声泪俱下地说“安石乱天下”，这不能不让皇帝动心。毕竟，天下大旱已整整10个月，难道真是新法弄得天怒人怨？

神宗本想通过变法，使百姓安居乐业，他万万没想到竟然会是这样的结局。第二天，神宗就下令暂罢青苗、免役、方田、保甲等18项法令。尽管这些法令不久在吕惠卿、邓绾等人的要求下以王安石手迹恢复，但是，神宗与王安石之间开始出现裂痕，互相的信任也受到严峻的考验。这对变法派而言，无疑是不祥的预示。

那么，事情为什么会是这样？难道他的新法真有问题？事实并非如此。熙宁变法失败，宋神宗和王安石无疑都有责任。宋神宗太急功近利，急于求成；王安石则太固执己见，一意孤行。但就事论事，就法论法，这些新法本身并无大错。

就拿青苗法来说。平心而论，青苗法应该是新法中最能兼顾国家和民众利益的一种了。通常，一年当中，农民最苦的是春天。那时，秋粮已经吃完，夏粮尚未收获，正所谓“青黄不接”。但换一角度看，这时农民又其实是有钱有粮的。这个“钱粮”，就是地里的青苗，只是不能“兑现”而已。于是那些有钱有粮的富户人家，就在这个时候借钱借粮给农民，约定夏粮秋粮成熟后，加息偿还。利息当然是很高的，是一种高利贷。还钱还粮也一般不成问题，因为有地里的青苗作担保，是一种“抵押贷款”。当然，如果遇到自然灾害，颗粒无收，农民就只好卖地了。土地的兼并，便由此而生。

所谓“青苗法”，说白了，就是由国家替代富户来发放这种“抵押贷款”，即在每年青黄不接时，由官府向农民贷款，秋后再连本带息一并归还，所定的利息，自然较富户为低。这样做的好处，是既免除农民所受的高利贷盘剥，也增加了国家的财政收入，这当然是两全其美的事。至少，在王安石他们看来，农民向官府借贷，总比向地主借好（靠得住，也少受剥削）；农民向官府还贷，也总比还给地主好。还给地主，肥了私人；还给官府，富了国家。农民没有增加负担，国家却增加了收入，这难道不是好办法？

然而实际操作下来的结果却极其可怕。首先利息并不低。王安石新法定的标准，是年息二分，即贷款一万，借期一年，利息二千。这其实已经很高了，而各地还要加码。地方上的具体做法是，春季发放一次贷款，半年后就收回，取利二分。秋季又发放一次贷款，半年后又收回，再取利二分。结果，贷款一万，借期一年，利息四千。原本应该充分考虑农民利益的低息贷款，变成了一种官府垄断的高利贷。而且，由于执行不一，有些地方利息之高，竟达到原先设定的35倍！

利息高不说，手续还麻烦。过去，农民向地主贷款，双方讲好价钱即可成交。现在向官府贷款，先要申请，后要审批，最后要还贷。道道手续，都要求人、托请、给胥吏衙役交“好处费”。每过一道程序，就被贪官污吏敲诈勒索从中盘剥一回。农民身上有多少毛，经得起他们这样拔？

更可怕的是，为了推行新政，王安石给全国各地都下达了贷款指标，规定各州各县每年必须贷出多少。这样一来，地方官就只好硬性摊派了。当然，层层摊派的同时，还照例又层层加码。于是，不但贫下中农，就连富裕中农和富农、地主，也得“奉旨贷款”。不贷是不行的，因为贷款已然“立法”。你不贷款，就是犯法！结果，老百姓增加了负担，地方官增加了收入。而且，他们又多了一个旗号，可以假改革之名行腐败之实了。

所以，不要以为贪官污吏害怕改革。不，他们不害怕改革，也不害怕不改革，只害怕什么事情都没有，什么事情都不做，无为而治。如果无为而治，他们就没有理由也没有办法捞钱了。相反，只要朝廷有动作，他们就有办法，倒不在乎这动作是改革还是别的什么。比方说，朝廷要征兵，他们就收征兵费；要办学，他们就收办学费；要剿匪，他们就收剿匪费。反正只要上面一声令下，他们就趁机雁过拔毛！

这次改革的直接目的原本是要增加国家财政收入，这样一种改革，说得好听叫理财，说得不好听就只能叫敛财。再像王安石那样蛮干，岂有不失败的道理？

为了改革，王安石殚精竭虑恪尽职守，不但弄得身心交瘁、众叛亲离，而且搭上了爱子的性命（因吕惠卿故发病而死）。变法的后果与初衷背道而驰，这恐怕是王安石始料所未及的吧？

◎晚年辞官　逍遥隐居

可能官场的险恶看得多了，晚年的王安石与佛教禅宗结下了不解之缘，过起了悠闲自在的隐居生活。

熙宁九年（1076），王安石二次罢相，回到江宁（今江苏南京）任“判江宁府”一职。次年王安石辞掉这一官职，在江宁府上元县城外筑了座“半山园”，过起了逍遥自在的隐居生活。他常骑上一头小毛驴，带着老仆人，在田野、山村漫游。吟诗、念佛、施舍，清心寡欲，俨然出世之人。

其实，王安石与佛结缘甚早，年轻时就结交了许多高僧。他与蒋山觉海禅师的交情很深。觉海外表木讷而内隐慧珠，年轻时就与王安石成了好友，义若兄弟。王安石贵为宰相后，觉海因避结交权贵之嫌，特意疏远王安石。待到王安石辞官归隐，两人又和好如初，清谈终日。

江宁钟山上，有一座宝公塔，王安石的长子王雱的祠堂就建在塔院内。一心向佛的王安石常去那儿怀念亡儿。一次扫墓后，他下决心将朝廷赐予的田产捐给寺庙，为儿子王雱“置办功德”。元丰七年（1084），一场大病后，他将“半山园”也捐出来作为寺院。

王安石的长女颇有文才，出嫁后寄给父亲一首诗，以表达对远方亲人的思念。王安石接诗，给她寄去了一本《楞严新释》，劝她以佛法作为解脱，从中领悟诸缘如梦、不可执着之理。从中可见，晚年的王安石，几乎把全部的希望和兴趣都集中到佛教上了。

王安石退居江宁后，忘情山水、潜心佛学，精微而富于哲思的禅宗思想抚平了他刚强执拗的个性。这种清心寡欲的生活和心境，使其作品的内容与风格都发生了很大的变化。在江宁10年间，他以诗言志，以诗说禅，引禅入诗，做了大量参禅悟道的禅理诗和雅丽清绝的写景诗。其中的代表作品如泛论佛法之《梦》：

知世如梦无所求，无所求心普空寂。

还似梦中随梦境，成就河沙梦功德。

诗人认为：尘世如梦如幻、不可捉摸，故人应具有无所求之心。心无所求，则一念不起，清净空寂。这都是佛教的老生常谈，并无新意。然而王安石笔锋一转，指出世间既如梦幻，修行功德又何尝不是梦中之事呢？诗人以子之矛，攻子之盾，显示出了他独立思考的精神和无所不疑的风格。这首诗既有很高的艺术成就，也体现了他对佛教禅宗独到的见解。

还有一首净性自悟之《读（维摩经）》：

身如泡沫亦如风，刀割香涂共一空。

宴坐世间观此理，维摩虽病有神通。

在这首诗中，王安石指出，人生不过是四大和合而成，并无自性，如同泡沫与风，到头来终究梦境一场。不论是以刀寸割，还是涂以香油，不论感觉是舒适还是痛苦，在本质上都是空的，没有必要因此而产生憎爱和取舍。由此看来，维摩虽病，却能具有广大神通，入于解脱法门，令人心生敬意。

然而，诗人终究是诗人，以诗说禅只是王安石诗兴禅趣的一小部分。禅宗对他的影响更多的是表现在他那充满禅趣的写景诗上，他倾注全部精力讲究艺术技巧，在语言运用上更加精湛圆熟了。

禅宗有“娟娟翠竹，总是法身，灿灿黄花，无非般若”的话头，其意是禅无处不在，即处处能发现，时时心契合，从而达到参禅悟道的最高境界。这在王安石晚年诗中常有出现。如《昆山慧聚寺次孟郊韵》“扫石出古色，洗松纳空光”；《游北山》“烟云藏古意，猿鹤弄秋声”。这些诗以轻倩之笔写淡远之思，追求空灵超然的情感，意境风格深蕴佛门妙道，在有意无意之间，透露出大自然无处不在的禅机。

王安石很多诗常用“闲”与“云”二字，以此表达他对闲居生活的快慰，如《游草堂寺》“只有春风似我闲”，《游钟山四首》之一“山水空流山自闲”。诗人笔下的山水、溪鸟、春风或自闲，或与诗人共闲，或似诗人闲。空中的云彩飘忽不定，舒卷自如，来去自由，象征适意。诗人寓哲理于意象，以禅家淡泊宁静平常心来对待生活的大起大落，从中表达了他对闲适生活的满足。

宋哲宗元祐元年（1086）四月六日，保守派得势，司马光上台后把此前的新法废除。废除免役法的消息传到江宁，王安石愕然说道：“也罢到这个吗？创立此法，我和先帝（此时神宗已去世）讨论了两年之久，实在是已经考虑得很完善了呀！”然而大势已去，无可挽回，谁也帮不上他的忙。元祐元年（1086）四月，王安石一病不起，与世长辞，终年66岁。他在退居江宁时封为荆国公，死后，谥为“文”。

◎历史功过　后人评说

王安石变法，史称“熙宁变法”，在中国传统的史学评论中是被基本否定的。如南宋的吕中说，如果范仲淹的庆历新政得以尽行，则不会有熙宁之急政，“使仲淹之言得用，则安石之口可塞……神宗锐然有志，不遇范仲淹而遇王安石，世道升降之会，治体得失之几，于是乎决矣。”（《宋大事记讲义》卷一）又说，熙宁时期“引用小人自安石始……盖安石之法犹出于所学，章子厚（惇）之法将托安石以报私怨耳，至蔡京则又托绍述以奉人主（徽宗）之侈心耳，愈变愈下，所以致中原之祸也。”

明清之际的王夫之说：“夷考宋政之乱，自神宗始。神宗之以兴怨于天下、贻讥于后世者，非有奢淫暴虐之行，唯上之求治也已亟，下之言治者已烦尔。”（《宋论》卷四）王夫之也谈到熙宁变法与引用小人的问题，他说：“国民之交敝也，自苛政始。苛政兴，足以病国疟民，而尚未足以亡……惟是苛政之兴，众论不许，而主张之者，理不胜而求赢于势，急引与己同者以为援，群小乃起而应之……”（同上书卷六）“是安石之法，未足以致宣、政之祸，唯其杂引吕惠卿、邓绾、章惇、曾布之群小，以授贼贤罔上之秘计于（蔡）京，则安石之所贻败亡于宋者此尔。”（同上书卷八）按照传统的评价，一是王安石变法之“急政”或“苛政”本身有问题，二是它引起激烈的“党争”，王安石“急引与己同者以为援，群小乃起而应之”，乃至王安石的新党“愈变愈下”，所以导致北宋的灭亡。

对王安石变法评价的转机出现在近代，当时国人面对西方列强的“船坚炮利”，急欲变法而“富国强兵”，遂使商鞅、王安石等都得到肯定的评价。对王安石评价最高者莫过于梁启超的《王安石传》，他说："若乃于三代下求完人，唯公庶足以当之矣……以不世出之杰，而蒙天下之诟，易世而未之湔者，在泰西则有克林威尔，而在吾国则荆公。"

1949 年之后，王安石变法也一直得到肯定的评价。如侯外庐先生主编的《中国思想通史》第四卷（人民出版社 1959 年版）以非常显要的位置写有"王安石的新学、变法思想和唯物主义哲学"一章，此章之外的北宋思想，除把李觏作为"王安石的先驱"外，其余都做了基本否定的评价。商鞅、王安石等在"文革"时期的"评法批儒"中曾成为中国历史上"正确路线"的代表。

第十章

帝王之师 铁血宰相——明朝名相张居正

他是明朝后期杰出的政治家，也是中国历史上最著名的改革家之一。他具有深不可测的心机，高深无比的政治手腕。他从荆州的一个普通家庭起步，经过不懈努力，成为万历首辅、神宗皇帝老师，以及明朝中兴的奠基人。他就是大明的铁血首辅——张居正。张居正出任宰相，果断大胆地对明朝的弊政做了大刀阔斧的改革，取得了良好成效，在政治、经济和军事等方面都颇有建树。但是，为了推行改革措施，张居正也曾经使用过不光彩的手段，其个人生活也难说检点。生前，他位高权重，一言九鼎；死后，却被剥夺谥号，查抄家产，祸及子孙，一代名相落得家破人亡的下场。是耶？非耶？留得后人评说。

◎少年才俊　远近闻名

张居正祖上的出身并不高贵，到了张居正祖辈、父辈时，家境变得愈发清贫。张居正的父亲张文明，自幼被送入书院读书习字，虽弱冠即为秀才，但连续 7 次参加乡试均告失败。无奈之下张家便将金榜题名、成侯拜相、光宗耀祖的理想延续到下一代的身上。

嘉靖四年（1525）五月初三，张居正在荆州江陵出生，迎接他的只是曾祖父的一个白龟梦。梦中的月亮落在水瓮里，照得四周一片光明，然后一只白龟从水中悠悠地浮起来。曾祖父认定白龟就是这小曾孙，于是信口给他取了个乳名“白圭”，希望他来日能够光宗耀祖。其时，曾祖、祖父、父亲均健在。刚刚出世的张居正，即被全家视为掌上明珠，爱护有加。无论是生活和启蒙学习方面，张居正都得到特殊的关照。

白圭年幼时就表现出非凡的才赋。有一天，他的叔父龙湫正在读《孟子》，才两岁的白圭在旁好奇地看着，龙湫就和他开玩笑地说：“孩子，都说你聪明伶俐，不过你要认识‘王曰’二字才算本领。”又过了几天，龙湫读书的时候，乳母和小白圭又来了。龙湫把白圭抱在膝上，要他认“王曰”二字，小白圭居然认识，家人连连称奇。他两岁识字，5 岁读书，10 岁就已通晓六经大义，小小年纪的白圭成了荆州府远近闻名的神童。

嘉靖十五年（1536），才 12 岁的白圭报考生员，顺利取得秀才名号，时人纷纷称奇。这个看起来比其他考生矮一大截的小毛孩以其机敏伶俐的特质深得荆州知府李士翱的怜爱，他嘱咐白圭要从小立大志，长大后尽忠报国，并替他改名为“居正”。古人云：“其身正，不令而行”，又说“官正则民服”，李士翱希望张居正有朝一日做一名堂堂正正的官员。

嘉靖十六年(1537)中秋八月，恰逢三年一度的科考。正是鹅黄绿肥、黄花满地的日子，天高气爽，万里无云，武昌城内，来自府县的学子云集一起，车水马龙。此次秋闱这样隆重，与湖广巡抚顾璘的重视不无相关。这位当朝有名的才子，三年前赴任湖广，恰逢他在任的第一次秋闱，心情自然格外激动。他真希望全省学子俱各怀绝学，奋力考出优秀成绩，也不枉他勤勉为政的心血。倘能出一两个经天纬地之才，国家幸甚，桑梓生辉，岂不是给他脸上生辉！

这天早上，考场考官们开始阅卷。顾璘闭门谢客，独坐花厅，等候结果。忽然他脑子里想起一件事来，那是一年前，本省学政曾告诉他说，荆州发现一少年才子，名叫张居正，12岁应考便以头名得中秀才。顾璘独自揣摩，不知这位少年张居正会不会来应试呢？这时，监试御史兴奋地跨进门来，急忙向顾璘汇报："此次秋闱可谓硕果累累，人才了得！"随手将一摞试卷递了过来。

顾璘急忙问："御史大人，将要录取的头名是谁？"

"巡抚大人绝料不到，竟是一个13岁的少年秀才，名叫……"

"名叫张居正！对吗？"顾璘忙抢着说。

监试御史很是惊讶，只见顾巡抚放声大笑："我已有先见之明！"他随即抽出张居正的试卷仔细品阅，横挑细查，见其果然气度恢宏，辨析严谨，丝丝入扣，一股凛然才令跃然纸上。顾璘不禁拍案叫绝，立即派人召来了张居正。只见张居正唇红齿白，眉清目秀，方巾儒服，气度不俗。顾璘打量很久，顿生爱怜之意。

"张居正，你年未弱冠，我且问你，长大以后有何志向？"顾璘问道。张居正忽闪着机敏清亮的目光，略加思忖，亮开稚音答道："学生常听父母言及，昔行曾祖平生急难振乏，常愿以其身为蓐荐，而使人寝处其上，使其有知，绝不忍困其乡中父老。学生当以曾祖为效尤，宏愿济世，不仅以身为蓐荐，即有欲割取吾耳鼻，当亦乐意施与！"

顾璘大为惊异，想一13岁少年竟有如此大论，心中暗暗叹服。他又手指厅外院墙边一丝翠竹说："你可否以竹为题，即刻作一首五言绝句？"

张居正凝神视竹，略加思忖，未等顾璘一口茶呷完，他已念出来："绿遍潇湘地，疏林玉露寒。凤毛丛劲节，直上尽头竿。"

顾璘一时呆愣在那儿，好半天才回过神来。他坚信张居正乃将相之才，将来必能成大器，因此不住地连连点头。然而，神童若不加以适当理性地对待和扎实的训练，则难免流于平庸，中国历史上这样的事例不胜枚举，《伤仲永》就是最好的一个例子。他认为，如果此次让他中举，他能否会骄傲自大而误了前程呢？倒不如先不录取他，再刺激一下他，使其能更加发愤读书，才具老练，今后必将前途无量。于是，考试成绩名列前茅的张居正，却在他13岁这年的科举考试中未能如愿以偿。

三年后，16岁的张居正再次参加乡试。这次，他终于顺利通过，成为当时最年轻的举人。许多人都很欣羡他、夸奖他。然而，张居正并没有自满，他特地去拜见顾璘。顾璘非常高兴，解下自己身上的犀带，送给张居正，感慨地说："古人云，大器晚成，此为中才说法罢了。而你并非中才，乃大才。是我延误了你三年功名，直到今天才中举。你千万不能自满，再不求进取了。"张居正谦恭地作揖道："感激您的教导。大人实乃学生的再生父母，指点之恩没齿不忘！"

顾璘见张居正很理解自己，甚是欣慰，不由得谆谆嘱咐道："我希望你抱负远大，志向高洁，要做伊尹、颜渊，万不可只做一个少年英名的秀才，一个仅会舞文弄墨，歌风吟月的腐儒！要记住你的济世宏愿！"

张居正是幸运的，在他成长的关键时期遇到了良师指点。后来，走上明朝政治权力中心的张居正对当初顾璘的远见和良苦用心始终心存感激。

◎步入政途　培育幼帝

16岁时，张居正成为大明最年轻的举人。嘉靖二十六年（1547），23岁的张居正中二甲进士，授庶吉士。庶吉士是一种见习官员，按例要在翰林院学习三年，期满后可赐编修。张居正入选庶吉士，教习中有内阁重臣徐阶。徐阶重视经邦济世的学问，在其引导下，张居正努力钻研朝章国故，为日后走上政治舞台打下了坚实的基础。

明初为了加强中央集权，废丞相，设内阁，其职能相当于皇帝的秘书厅。首席内阁学士称首辅，实际上也就是宰相。张居正入翰林院学习的时候，内阁中正在进行着一场激烈的政治斗争，一场决定命运的权力博弈。而此时的嘉靖皇帝深居内宫，修仙炼道，十数年不理朝政，政务自然落到内阁身上。谁成为首辅，谁就能主持朝政，就握有最高的权势。因此，内阁首辅之争异常激烈，严嵩、徐阶、李春芳等一个个轮番登场。最高统治阶层的腐败失控，导致吏治混乱、财政困难、民族矛盾激化，农民起义的烽火在全国各地相继点燃。就在这时候，张居正却迎来了他政治生涯的春天。

嘉靖三十九年（1560），张居正的干练与才识得到了裕王的认可，被请到裕王府做老师，裕王就是后来的隆庆皇帝。隆庆元年（1567），张居正入内阁辅政，虽然他仅列阁臣的第六位，但由于与隆庆皇帝有师生情谊，所以格外受器重。

张居正初入内阁的时候，性格沉稳，不偏不倚，其他辅臣对他的行为大加赞赏。隆庆四年，高拱斗败徐阶，取代了李春芳，跃居首辅之位，张居正位居其次，成为次辅。因在边防问题上，高拱与张居正有着共同的观点、共同的语言，再加上他们都曾为裕邸讲官，又是十年前国子监的同事，关系颇为融洽。最初两人的配合还比较默契，但不久之后，矛盾就开始出现了。

隆庆六年春，长年沉湎酒色的隆庆皇帝在一次早朝时突然中风。高拱和张居正的“PK”终于上演了。隆庆病危期间，宫廷与内阁的各派力量围绕掌印太监与首辅的职位展开争夺。作为阁臣的张居正和太监冯保为了各自的利益，走到一起。

其实，双方早已暗中来个回合，相互侦查火力。首先是张居正的亲信唆使户科给事中曹仲平上疏弹劾高拱。给事中是监察六部九卿的，和监察十三行省、两都的御使合称“言官”，专门给官员找毛病的，这本来是一种很好的制度设计，可到了明朝后期，一些言官基本上沦落成皇帝或者权臣的枪手，说让咬谁就咬谁，说咬几口就几口。曹给谏的上疏中列举高拱十大不忠——“不忠”是帝制时代能给政敌扣上的最大帽子。快死的隆庆帝不想自己见到前朝局势动荡，他还得让首辅高拱在非常时期稳定局势，所以很生气，要求处罚这个乱咬的监察官员，张居正和冯保当然要保护为自己打头阵的先锋，便做了手脚把曹给谏调到京外，异地做官。

当然，此时的高拱也不甘示弱。他知道关键时刻皇上是离不开自己的，所以，一方面上疏要求退休，想以此反守为攻；另一方面授意御史张集上疏攻击张居正和冯保，举太监赵高杀李斯引来秦朝亡国之祸，嘉靖朝大奸臣严嵩勾结太监害死夏言等典故，所指者谁，昭然若揭。

在明朝的政治斗争中扣帽子、抓辫子是重要的技艺之一，你不学习都不行。张居正是何等聪明的人，一眼就看出这个典故的破绽，说这厮竟敢把圣上比喻成秦二世？这一击简直无可抵抗，而冯保做内应，放出风来，说万岁爷因为被比喻成秦二世，非常生气。皇帝一生气，后果当然很严重！

张居正的聪明就在于他并不想去处罚被高拱指使的枪手，而是吓唬攻击自己和冯保的言官，制造一种气氛，不让人步张集的后尘。

在隆庆皇帝去世前，张居正授意冯保做了两件事：一是让皇帝密嘱张居正起草遗诏，其中包含“司礼监与阁臣同受顾命”的内容；二是串通隆庆皇帝后妃，罢斥司礼监掌印太监孟冲，让时任秉笔太监、东厂提督的冯保兼任。由于孟冲与首辅高拱关系甚密，此举既可以帮助冯保登上宦官的最高职位，又可以帮助张居正除掉高拱。

果然，隆庆皇帝临危托孤，要内阁首辅高拱、次辅张居正等尽心辅佐幼主——年仅 10 岁的万历皇帝朱翊钧。万历皇帝登基的第二天，就下旨令掌印太监孟冲回籍闲住，由冯保继任。圣旨一出，朝廷大哗，高拱预感到首辅权位不保。张居正又拿出第二招，利用万历皇帝的生母李太后除掉高拱。李太后是宫女出身，封至贵妃。按明朝制度，万历登基，应当封隆庆皇帝的皇后为皇太后，生母为太后。可张居正与冯保商量，将隆庆皇帝的皇后陈氏封为仁圣皇太后，将万历皇帝的生母李氏封慈圣皇太后，二人并列，大大提高了李氏的地位。李氏大喜过望，全力支持张居正和冯保。六月底的一次早朝，万历皇上下谕旨，革除高拱首辅职务，由张居正接任。慈圣皇太后李氏随即把辅佐、教导万历皇帝的重任一并交给张居正。

作为老师，张居正全面负责小皇帝的学习。他总结自尧、舜以来历代帝王治国的得失经验，亲自撰写了《帝鉴图书》作为教材。这本书以讲故事的方式，深入浅出地讲授帝王行政之道。每个故事还配上精美的图画，图文并茂，以引起小皇帝的学习兴趣。

作为帝师张居正对小皇帝的要求非常严格，每天布置功课，如果小皇帝没有认真背诵或领会，就会遭到严厉的斥责。有一次，万历皇帝读《论语·乡党》时，把“色勃如也”读成了“色背如也”。张居正当着众大臣的面，厉声喝道：“应该读作‘勃’！”吓得小皇帝忙低头纠正。平时，如果小皇帝背着张居正做了越制出轨的事情，冯保就会吓唬他：“让张先生知道了，看你怎么办？”小皇帝听了，很快就会收敛自己。虽然四书五经抽象深奥、枯燥无味，万历皇帝还是仔细听、认真学。

有一天，张居正询问他的学习情况，他说："昨天一位讲官在讲解《大学》时，讲错了字，我本想给他纠正，又担心他害怕，就未敢当面指正。"张居正心中大悦，心想："皇帝长大了，也知道体贴人了。"

在张居正的调教下，少年万历皇帝举止有度，出落大方，初显一位勤政清廉的帝王形象。张居正本人也并不只是一个野心家，面对孤儿寡母的大明天下，他一心想肃清社会流弊，再现大明盛世。于是，万历皇帝和张居正君臣合力，上演了大明历史上最后的华美乐章——轰轰烈烈、急风暴雨的社会改革拉开了大幕。

◎知人善任　行考成法

张居正改革成功的关键归结为一点，那就是善用能干之人"做事"。在张居正的改革中起用了很多在后人看来都很有名气的人才。

通常，作为领导者的责任归结起来有两件事：一是"出主意"，二是"用干部"。从领导者的角度来看张居正毫无疑问，他将"出主意"与"用干部"这两项"领导者的责任"都做到了极致，称得上是一个知人善任的政治人物。接下来，我们来看看张居正独特的用人之道。

第一，重用循吏，慎用清流。

张居正用人，只看能干，不问其他，最核心的一点就是重用循吏、慎用清流。循吏，就是只想把事情做好，把结果放在第一位，而不会有道德上的约束，置自己的声名于度外；清流则不同，总是把道德放在第一，批评夸耀多，办成的事却少。关于这一点，在对海瑞和戚继光的运用上，就是一个很好的例子。

海瑞抬着棺材给嘉靖皇帝上书的事家喻户晓。嘉靖皇帝死了以后，徐阶把海瑞从监狱里放了出来，让海瑞到江南，当了应天府的巡抚，管南京周围几个最富的州府。海瑞在那儿搞了两年，结果当地的赋税减了三分之二。大户人家都跑了，没有了税源。部下官吏也怨声载道，都想办法调走。海瑞是一个非常有操守的人，八抬大轿不坐，骑驴子上班。这样他的部下官吏很不满意，因为他是一把手，既然他骑驴子，那其他人能敢坐轿吗？于是，大家怨声载道，都想办法调走。这说明他对行政管理的确缺乏经验。海瑞又是一个非常理想化的人，穷人和富人打官司，不管谁有理，一般情况下就会是富人输；哥哥和弟弟打官司，大多就是弟弟输；有势力的人跟没势力的人打官司，大多是有势力的人输。这样做事，工作当然搞不上去，海瑞气得骂“满天下都是妇人”，愤而辞职。当时的首辅高拱也不留他，海瑞便回到海南的琼山老家赋闲。

张居正当了首辅之后，让大臣向朝廷推荐人才，其中有不少人写信推荐海瑞。当时杨博就此还专门找了张居正，希望他起用海瑞，但张居正就是不用他。为什么呢？他觉得海瑞是一个很好的人，道德、自律都很好，但好人不一定是好官。海瑞做官有原则，但没做事的手腕，因此有政德而无政绩，是一个典型的“清流”。这一点，张居正看得很清楚。张居正之所以不用海瑞，当然还有更深一层的原因：因为海瑞的清名很高，如果起用，就得给他很高的职位，比他过去的职位还高，这才叫重用；如果比过去的职位低，那就证明张居正不尊重人才。然而，如果给他更高的职位，他依然坚持他的“清流”特色，岂不又要贻误一方？最后张居正决定不用海瑞。

那么，张居正对于他任用的人又如何呢？张居正启用戚继光的时候，他仅仅是个总兵。当时的总兵虽然是部队一把手，但是上面还有一个总督。总督既是地方行政长官，又领导总兵。过去只要总督和总兵产生矛盾，朝廷一定是撤换总兵，而不会换总督。但是张居正既然用了戚继光，他就会信任戚继光到底。所以当戚继光这个总兵和总督产生矛盾以后，撤换的都是总督。而且每一个总督上任，张居正都会找他谈话，要他支持戚继光的工作。戚继光当了13年的蓟辽总兵，蓟辽没有发生一次战争，蒙古人也没有一次进犯。这既是戚继光的功劳，也是张居正知人善任的功劳。

张居正用人，只是让他一心一意地发挥所长做事，而他自己会保证用的人在做事的时候没有任何掣肘，放手去干。张居正是一个务实的人，他不管别人怎么攻击戚继光，始终对他信任有加，对他委以重任。但是，不管别人怎么推荐海瑞，他坚决不用。这种截然不同的态度，就是其“重用循吏，慎用清流”的具体表现。

当然，还有一个比较极端的例子，那就是他放手任用殷正茂这个酷吏治理边远地区。殷正茂是个心狠手辣的枭雄，为人贪酷，名声不好，任用他当然遭到了多人反对，可张居正认为只有他才能解决问题，因此力排众议，任命他为两广总督。结果，殷正茂一上任即大张旗鼓地镇压蓝一清、赖元爵起事，杀了上万人，并最终平息了这一风波。张居正在给他的信中，不无得意地说：“平复南方乱事，立下大功，官员士大夫都佩服公之雄才，也相信我的知人之明。”

万历元年（1573），张居正刚上台，就面临广东潮州一带的反朝廷势力的叛乱，他在给殷正茂的信中嘱告：“南方盗贼犹如野草，铲除又复再生，自古以来南方将领做不到一举荡平。今当申严法令，调动兵力，斩草除根，‘见贼即杀，勿复问其向背’，倘有违反者，一律按军法处置，斩首示众，让怀有异见之人胆战心惊，不敢不听命。要不惜一朝之费，确保永世的安全。”

正是因为张居正始终坚持的这一用人原则，万历前十年的朝廷大臣，凡是张居正亲自选拔的，大部分都是青史留名的人才。当然，这青史留名的人才中，也并不都是清一色的好官，也有像殷正茂这样的枭雄与酷吏。

第二，德才兼备，唯贤是用。

张居正也任用私人，但讲感情不讲能力的事，张居正绝不去做，他任用的都是有才能的人。只要是有才的人，是亲人不回避，是仇人不排斥，一律大力任用。

早在张居正任首辅之初，就曾公开表示，“不以己之好恶决定用人取舍，而是依据才能推荐部院人选”，“为国家爱养人才，不敢以私意用舍”。

他曾任命他的亲家王之诰担任刑部尚书，而王之诰政声卓卓，是个很有建树的官员，因而这一任用并没有招致非议。总而言之，如果张居正用了某个同年、同乡或者朋友，那么此人一定是贤才；反之，如果是庸才，即便是其同年、同乡或者朋友，他坚决不用。在张居正当上首辅之后，他的同年、同乡纷纷前来攀缘。其中有一同学叫汪伯昆，安徽人，和另一位同学王士祯一起成为当时诗坛两大领袖。汪伯昆在湖北当了几年巡抚，张居正任首辅后，他给张居正写信，希望能到京城工作。张居正觉得这个同学有能力，资格也比较老，就同意了，把他调到北京当兵部左侍郎。

明代的官吏体制，省里的巡抚与朝廷六部差两个级别，朝廷的六部尚书是二品；左侍郎、右侍郎可能是从二品，也可能是正三品，而巡抚只有三品。汪伯昆从巡抚到了兵部左侍郎的位置，从正三品提到从二品。汪伯昆履任之后，张居正给他一个任务，巡视整个西北的军事设施，即北京、蓟辽、陕西、山西这一带。汪伯昆的巡边之旅，第一站就是蓟辽，当时的蓟辽总兵是大名鼎鼎的戚继光。可是，汪伯昆可能真是诗兴太浓了，每到一个地方，他不是去听汇报，探讨军事问题，而是先和当地的文人一起开个文艺“沙龙”吟诗作赋，然后才尽欢而去。

当张居正听到这个消息后，就开始对汪伯昆有点不满意。更可笑的是汪伯昆回到北京后，还很快就给皇上写了一份奏章，详细汇报了他视察边境军事的情况。这份奏章字斟句酌，文辞清新，但再细细一看分明是一篇优美的散文。张居正一看就气不打一处来，挥笔批了八个字：“芝兰当道，不得不除”。这八个字的意思是，兰花芝草，都是最好的花草，但它长得不是地方。既然长错了地方，就得铲掉。换句话说，汪伯昆是优秀的诗人，但兵部是搞军事的地方，不是吟诗的地方。于是，汪伯昆的官职就此被罢免，卷起铺盖回家了。

第三，用人必考，授任以当。

张居正用人是要用在“做事”上，这集中体现在他的“考成法”上。“考成法”的内容是：凡皇帝谕旨交办，政府日常公务以及各衙门执掌之事，必须专人负责，限期完成。所做每一件事，其完成情况都要记录在册，以备查验核实。此后，所有官员的升迁、奖励或罢黜，都凭这本“考功簿”的挡录作为依据。考成法的实行，提高了各级部门的办事效率，而且明确责任，赏罚分明，从而使朝廷发布的政令“即使在万里之外，早上安排的任务到了晚上也都能够完成”。

用其才，考其素，用人必考，授任以当，是张居正的一贯主张。张居正在考察中裁撤了大批冗员，奖励贤能。万历九年（公元1581年），朝廷一次就裁革冗官169名。张居正当政期间，裁革的冗官约占官吏总数的十分之三。当然，在撤换官员的同时，张居正也广泛地搜罗人才，他把那些拥护改革、政绩卓著的官员，都提拔上来，委以重任。“如此，月有考，岁有稽，不惟使声必中实，事可责成，……即建言立法者亦将虑其终之罔效，而不敢慎其始矣。”改变了以往“上之督之者虽谆谆，而下之听之者恒藐藐”的拖拉现象，形成了“百官惕息”，“一切不敢饰非”的良好局面。

万历四年十月的一天，神宗皇帝审阅了关于山东昌邑知县孙凤鸣贪赃枉法的报告后，问张居正：孙凤鸣进士出身，为何这样放肆呢？张居正说：孙凤鸣正是凭借他进士出身的资历，才敢这样放肆；以后用人，当视其才，不必问其资历。神宗赞同了他的意见。这样，张居正又以圣旨为令箭，打破论资排辈的传统偏见，不拘出身和资历，大胆起用人才，起用人才时，他主张“论其才，考其素”，对才能和品德进行全面考察。同时，他又注意到每个人的长处和短处，用其所长，避其所短，此所谓“用人必考，授任以当”。被他选中的文武官员都在改革中发挥了骨干作用。

从万历元年到万历十年，张居正政绩斐然。他重用名将李成梁、戚继光、王崇古，使得以蒙古人为主的北方异族每次入侵都大败而归，只得安分守己的和明朝进行和平贸易；南方少数民族的武装暴动，也都一一平定；国家富强，国库储备的粮食可用十年，库存的盈余超过了全国一年的支出；交通驿站办得井井有条；清丈全国田亩面积，使得税收公平。经过张居正十年的苦心经营，明朝已成为当时世界上最先进、最富强的大国。

张居正的名言是“世不患无才，患无用之道”，他在著名的《陈六事疏》的“核名实”一篇中，专门论述了用人方略。总结了他前后主持十年国事的用人经验，提出看人容易出现的六大误差：“徒眩于声名、尽拘于资格、摇之以毁誉、杂之以爱憎、以一事概其平生、以一眚掩其大节。”告诫后人莫听名声而看行为，莫问资历而看潜力，莫听闲言而看成绩，莫凭好恶而趋理性，不以一事论英雄，也不以一错定平生。

◎惩治贪赃　一条鞭法

张居正以推行实施考成法为核心，使腐败到极点的吏治得以整顿，使腐败之风得以改变。

张居正依据立限考成的三本账，严格控制着从中央到地方的各级官员。每逢考核地方官的“大计”之年，张居正便强调要把那些秉公办事、实心为民的官员列为上考；那些专靠花言巧语骗取信任的官员列为下考；那些吃粮不管事的冗官，尽行裁革。万历八年（1580），张居正下令撤苏松地区擅自添加的管粮参政，并责成吏部检查各省添设官员人数，核实上报。

对于因工作政绩好坏而被赏罚的官员，无论是升职或是被革职，他们一般都不敢有二言，都是心服口服的，因为有考成法在那里比照。但对于朝廷上下滥用职权、以权谋私、行贿受贿等问题的处理却很难判断是非，难以惩处。有些官员大量侵吞国家财产，欺压百姓，但因政绩突出，甚至还会被升迁。

面对此种现象，张居正觉得有必要针对具体问题，制定出行之有效的办法，彻底打击这股贪赃之风。正在张居正着手制定新法规的时候，忽然接到了吕调阳送来的奏本。张居正一看，原来山东布政司报告孔圣人后代“衍圣公”每借进京觐见之名，沿途骚扰各路驿站，苛派强索，夹带走私，驿道沿线深以为苦，提请朝廷颁布一个好办法予以制止。

张居正看后，经过深思熟虑颁布了新驿站规则。驿站新规颁发后，混乱不堪的驿站由此大有改观，许多人立刻收敛了自己的行为，不敢再滥用职权，违法强索驿站财物的行为也得到抑制。但是有些官员却不以为然，顶风犯法，依然我行我素，滥用驿站车马。万历五年（1577）正月，张居正开始对违规使用驿站的官员严惩，据《明实录》和《国榷》记载，万历八年（1580）五月至十二月 8 个月中，违制使用驿站受处罚者达 30 人之多。这样，经过张居正整顿，改变了长期以来无法改变的、滥用驿站的混乱状态，确保了军国要务的畅通，节省了大量开支。

张居正的改革，是先由军事、政治着手，逐渐向经济方面推广。明朝中叶以来，随着土地兼并的发展和吏治的腐败，豪强地主与衙门胥吏相勾结，大量隐瞒土地，逃避税粮，各种各样的征求，多如牛毛，致使民不聊生，日益贫困，国库空虚，财政日拙。大学士张四维和吕调阳纷纷向张居正提出建议，要求立即改革赋役，兴利除弊，并推荐了“一条鞭法”。所谓一条鞭法，早在嘉靖年间就由部分有识之士在福建、江西等地开始实行了。这一方法最早由福建巡抚庞尚鹏提出，他主张把田赋、徭役及其他名目繁多的杂税、杂征、杂差统统合为一体，按照各家各户的具体境况重新核实编定，将有丁无粮的编为下户，有丁有粮的编为中户，粮多丁少和丁粮俱多的编为上户。在总数确定后，按照丁、粮比例，将所有赋役派到丁、粮里面，随同完纳。总而言之，“一条鞭法”，就是把各种赋税一体化，简便了征税的手续，在一定程度上防止富户的逃避纳税。但是，自那时到张吕二人重提五十年来，朝中对此争论不休，各陈利弊，以致屡行屡止，从来没有成为正式、统一的法令颁布。

要实施一条鞭法，事先就得将天下田亩丈量清楚，这样才好合理分配。张居正责成户部尚书张学颜亲自主持清丈。凡庄田、民田、职田、牧地，通行丈量，限三年完成。所丈量土地，除皇上赐田外，一律按地办纳粮差，不得优免。

户部随后颁布了《清丈条例》，规定了各级官员的职责及其完成期限。嘉靖以来不断有人提出清丈天下田亩的倡议，在张居正的努力下终于付诸实施了，这确实是当时朝野的一件事。

但是，清丈天下田亩触犯了官僚、贵族、豪强地主的利益，因而遭到了他们的反对，加上有些地方官对清丈田亩很不认真、很不得力，甚至公开袒护豪强，因此迟迟打不开清丈局面。张居正了解这些情形，但坚定不移，他表示“只要对国家有利，不怕个人安危”。他运用考成法，严厉惩处。他下令：“但有执违阻挠，不分宗室、宦官、军、民，据法奏来重处。”他一再告诫百官，“清丈之事，实为百年旷举”，不应“草草了事”、必须“详审精核”，“务为一了百当”。这样清丈田亩工作终于冲破重重阻力，在全国范围内推广开来。

清丈达到了预期的效果，仅据北京、山东、河南统计，清出隐占田亩就达五十余万顷。至清丈完毕统计，全国田亩总数达到七百余万顷，这样一来，扩大了摊派税粮的负担面，初步做到“粮不增加，而轻重适均”。清丈田亩的告成，为全面改革赋役制度创造了条件，户部尚书张学颜亲自起草的一条鞭法终于到了可以全面推行的时候了。万历九年（1581），张居正下令在全国推行一条鞭法。

一条鞭法的推行是与张居正创考成法、整顿吏治、抑制豪强、清丈田亩密切配合、相辅相成的，没有这些先决条件，一条鞭法就难以推行。可以说一条鞭法的推行是张居正改革最主要的内容。张居正推行一条鞭法的直接目的是为了整顿赋役、克服经济危机、稳定明朝的统治，然而其所产生的积极作用和重大影响，却远远超越了张居正的主观愿望。

◎夺情风波　最大考验

在万历年间的改革中，张居正可谓雷厉风行，始终站在权力争斗的风口浪尖，这期间，他的无数对手都想将他置于死地。这场轰轰烈烈的改革，就像是狂风中的孤焰，转眼就烧到了万历五年。

这一年，张居正迎来了他人生最大的考验。他的父亲张文明病死了，这件事把改革正推向深入的张居正摆到了两难境地，10 天后张居正接到家人送来的丧信，当日他没有上朝。万历皇帝朱翊钧从次辅吕调阳的奏疏中得知了此事，于是，提笔给张居正写了一道谕旨，差司礼监太监李佑送到张居正的家中。

按明代礼制，张居正的父亲死了，他必须辞职回家守制两年。因为在明代，内外官吏人等都有丁忧的制度，在遇到重祖父母、亲父母的丧事时，自闻丧之日起，不计闰，守制 27 个月，期满起复。英宗正统七年（1442）有令，凡官吏匿丧者，俱发原籍为民；正统十二年又令，内外大小官员丁忧者，不许保奏夺情起复。所谓“夺情”，即指在 27 个月中，由皇上特别指定，不许辞职。在明朝立国以来，除投身军队的人，在朝大臣是较少被“夺情”的。

就算是首辅张居正也得照例提请回原籍守制 27 个月，但他内心十分矛盾，于公于私他都极不愿在此时回乡。一方面，万历皇帝朱翊钧此时还年幼，他们母子都离不开深谋老练的顾命大臣张居正；他自己已推行开的尊主权、课吏职、行赏罚、一号令的举措及准备着手进行的在全国范围内丈量土地、改革赋税制度、推行一条鞭法等改革方案还有待进一步谋划和执行。从个人的私利来考虑，自己数十年来从湖广江陵的乡间走到现在的权倾朝野这一步，也确实来之不易，他生怕日久生变。更令张居正想不到的是，就在他因丧没有上朝的第四天，官员竟都去祝贺次辅吕调阳。根据明朝不成文的规定，首辅去位三日以后，次辅便可把座位从右边移到左边。这次，张居正去留还未最后确定，内阁僚属和翰林院的学士、侍讲读学士、修撰、编修、庶吉士们就都纷纷穿上红袍到内阁向次辅吕调阳道贺。真是人未走茶已凉，把张居正气得咬牙切齿。

虽然张居正心里很难受，但他对目前的形势看得很清楚，他知道朱翊钧母子此时离不开他，是不会轻易让他就这么走的，太监冯保等人都支持他夺情，凭自己数年的经营和深谋老到的权术，去留问题还是最后由他自己来定。于是，他决定调动自己的所有能量。让万历皇帝和自己一起来演一出完美的“二人转”。接下来，张居正加紧了私下的活动。很快，也就是张居正接父亲死讯的一周以后，朱翊钧就明确地表示了自己的态度，在下发吏部的圣旨中写道：“安定社稷，朕深切依赖，岂可一日离朕？父制当守，君父尤重，准过七七，不随朝，你部里即往谕着，不必具辞。”

既然张居正知道皇帝要“夺情”的态度，于是，就故作姿态上了一首《乞恩守制疏》，在叙述了一通父子人伦当守制的道理后，又说自己年纪只53岁，丁忧的时间也不过是27个月，到那时，身体尚还康健，只要皇上不嫌弃，还可再召回任用。朱翊钧悟出其中的奥妙，他此时只有一个念头，就是不让张先生离开京师回籍守制。于是他又给先生下了一道圣旨：“爱卿笃孝至情，朕非不感动，但念朕十岁上先皇辞世，先生受托尽心辅导……朕于幼冲之年，垂拱仰成，顷刻离卿不得，安能等得三年？况且爱卿身系国家安危，又岂是一般的金革之事可比？请强抑哀情，勉遵前旨，以不负我皇考委托之重，勿得固辞。”朱翊钧抬出了死去的先皇，希望张先生就此而留下。

张居正和万历皇帝通过连日来的几辞几留，这几出“二人转”演下来，“夺情”心愿不仅如愿以偿，而且他在朝中的地位和威望也得到了空前的提高，天子盛赞他的无双忠孝、盖世大功，是他今后继续当国受之不尽的资本。

至此，“夺情”的事情就此算是定了下来，但朝臣中的分歧和争论也激烈地展开了，虽然支持的人也不少，但极力加以阻止和明确反对的声势也不小。针对“夺情”风波的处理，伴随着越来越多起来反对的人，张居正渐渐处在了被孤立的境地。这年的十月初五，天上出现彗星。按当时的说法，这是不祥的征兆，是上天在示警。按以往历代帝王的习惯做法，朱翊钧诏修省，上自皇帝下至百官都要反省。而这一次，有不少大臣把它与张居正的夺情问题联系起来，率先上疏的是翰林院编修吴中行。这位来自南直隶武进县的翰林后进，虽是隆庆五年的进士，与张居正有师生之谊，但此时他上了一道《因变陈言明大义以植纲常疏》，以为“夺情”既不近人伦情理，也不合义理法度。第二天，隆庆五年进士翰林院检讨赵用贤再上疏，请令张居正奔丧归葬，事毕回朝。第三天，刑部员外郎艾穆、主事沈思孝又联名上疏，奏请令张居正回籍守耕。张居正发怒了，他实在没有料到，挺身而出反对他“夺情”的都是些自己的门生或同乡。朱翊钧更是龙颜大怒，他觉得吴中行四人的矛头不只是对着张先生“夺情”问题，也是对自己权威的藐视！万历皇帝的态度异常坚决，他决定效法列祖列宗对直言犯谏的建言大臣所惯用的手法，对此四人执行廷杖。

就算万历皇帝采取了如此严厉的惩罚措施，朝臣中竟也有不被这场淫威所吓倒的，那就是刑部观政进士邹元标。这位来自江西吉安府的青年进士，对张居正素无好感。就在四人挨杖的当天，他义无反顾地将自己的奏疏呈上，矛头直指张居正的诸般过失。在他看来，张居正虽然有才有志，但学术偏隘，自用太甚，人做事乖张，用刻深之吏、沮豪杰之才等行为，不胜枚举，何况朝中除他以外，也不是没有能人。张居正自称非常之人，其实亲丧不奔，别人视他为禽彘。

竟敢挑战皇帝的权威，这还了得，这下不仅邹元标成了箭靶子，被廷杖八十，发配边地。吴中行、赵用贤等人也受到了连累，被杖打六十大板，这还不算，还要被逐出京城，发回原籍为民，永不叙用。艾穆、沈思孝也有过之而无不及，发配边地。同时遭廷杖的还有一位来自浙江余姚的布衣姚韩，他也上了一封万言疏指责张居正，被抓来打了一顿后，发送回原籍。

处罚结果一经公布，反对张居正“夺情”的官员面面相觑，都大吃一惊。没想到这小皇帝人虽不大，气性还不小，办起事来干净利落，怎一个狠字了得。至此，反对张居正“夺情”的斗争终于被镇压下去了。

张居正和万历皇帝和演的这一出“二人转”，虽然最终的结果并不是很理想，但总算胜利过关了。

◎意外结局　令人唏嘘

“夺情风波”这出戏充分显示了处在权力巅峰上的张居正驾驭权柄的能力，这也在表明——似乎一切都在他的掌握之中。然而，正当他准备把改革进一步深入推进的时候，一场宿疾痔疮的复发，让他一下子病倒了。

张居正病倒之初，万历皇帝屡次颁下谕旨询问病情，并拨出大量财物作为医药费。但张居正的病经过四个月也没有痊愈，后来，百官一齐斋戒设道场为他祈祷。特别是南京、秦、直、楚、豫的许多大官，没有不设道场的。这期间万历皇帝命令张四维等处理内阁中的具体事务，但大政方针还要到张居正家里去由他做最终的决定。开始张居正还能尽心尽力，后来渐感疲惫不堪，就没法全部审阅。就算到了这个时候他仍旧不想让张四维等参与内阁事务。等到病势沉重之时，他就上奏乞求让他回故里。万历皇帝又下诏书褒奖慰留他，称他为“太师张太岳先生”。张居正自料病再不会好了，就推荐前礼部尚书潘晟和尚书梁梦龙，侍郎余有丁、许国、陈经邦。过后，又推荐尚书徐学谟、曾省吾、张学颜、侍郎王篆等可以大用。皇帝就将这些人的名字贴在御用屏风上。潘晟，是冯保跟从他读过书的，因而张居正推荐他。当时张居正神志已经很不清楚，心里想的和所做的都不能自主了。

缠绵病榻半年后，一代名相张居正于万历十年（1582）六月二十日，抛下他呕心沥血建树的改革业绩以及年近八旬的老母、30余年的伴侣、6个儿子、6个孙子，静静地离开了人间，终年58岁。张居正生前神宗曾经对他说：“先生功大，朕无可为酬，只是看顾先生的子孙便了。”自然，张居正在九泉之下也用不着为自己的子孙担心了。

张居正病逝后，万历皇帝为他停止上朝，下诏赐祭九坛，按照国公兼老师的规格治理丧事。张居正原先任职满六年，加衔特进中极殿大学士；满九年，加赐坐蟒袍，进衔左柱同，恩泽及于一个儿子任尚宝丞；庆贺皇帝的婚礼，增加每年幸禄一百石，录取儿子为锦衣千户任指挥佥事；满十二年，加衔太傅，由于辽东大捷，进衔太师，增加每年俸禄二百石，儿子由指挥佥事升任同知。到这时候，赠封上柱国，谥号文忠，万历皇帝还命令四品京官、锦衣卫高级官员、司礼监太监护送张居正的灵柩回乡安葬。显然在赐谥时，神宗对于张居正功勋业绩的估价还是相当高的。可以说，张居正死后的一段时间也极尽哀荣。

但紧接着却风云突变。万历十二年（1584）四月，万历皇帝突然下诏削夺张居正一切官爵，并查抄家产。张居正从权力之巅跌入家破人亡的地狱，生前身后的巨大反差给后人留下了太多的思索。

万历皇帝态度的转变对张居正的败亡起到了决定性作用。一个言听计从的好学生，何以在很短的时间内突然转变，对恩师家族痛下杀手呢？这么个结局不仅令人们唏嘘不已，更引来猜测无数。当然，要分析个中原因，可能还要从万历皇帝刚登基时说起，那时冯保早晚照料万历的生活，跟随看护很是卖力，皇帝只要稍有抵触，冯保立刻去报告给慈圣皇太后。慈圣皇太后就严厉责备教导万历，而且说："如果让张先生知道了，怎么办？"因此皇帝很害怕张居正。等到皇帝慢慢长大了，心里对张居正颇为不满。乾清宫的小太监孙海、客用等常带着皇帝游玩，很受万历的喜欢。慈圣皇太后派冯保逮捕了孙海、客用，杖罚以后放逐了他们。张居正又列举他们同伙的罪恶，建议全都斥逐出宫。而且让司礼监和各宫内的太监自己陈述过失，再由万历来决定去留，趁此机会还劝告皇帝节制游玩宴饮而注重生活规律，不要滥行赏赐以减少浪费，拒绝珍奇玩物以端正风尚，亲理万机以求政治清明，勤听讲学以有助于治理天下。皇帝受太后的逼迫，无可奈何，就答应说可以，而心里却很恨冯保和张居正，仇恨的种子从那时候就已经埋下了。

还有一件事情就是，当初皇帝所宠幸的宦官张诚由于得罪冯保而被斥逐在外，皇帝就命他暗中刺探冯保和张居正的情况。张居正死后，张诚借机再进入宫中，并详细地将冯张两人相互交结肆意专横的情况奏报给了万历皇帝，而且夸大其词说他们家里的珍宝财物超过了皇宫，万历皇帝听后心动不已。左右的人也渐渐都说些冯保的过失和罪恶。而张四维的门生御史李植也极力揭发徐爵和冯保欺骗皇帝狼狈为奸的各种罪行。至此，万历皇帝终于不愿再忍受下去了，在宫里将冯保拘捕起来，将徐爵囚入诏狱。后来又将冯保贬到南京充任奉御。冯保被抄家时，搜出家产白银上百万两。当然，这使万历皇帝有理由怀疑张居正的家产更丰厚，心里也更加嫉恨。

再说张居正死后，张四维进入内阁开始执政，而他跟张居正推荐的王篆、曾省吾等人的关系却搞得很坏。他在任内动作很多，最重要的就是打倒了活着的冯保和死掉的张居正，这个人昙花一现，靠巴结张居正入阁，但又不像申时行般得到赏识，因此受够了张居正的气。张居正死后，他是老大，也是因为自己没有真本事，只好靠踩前任树立威望。可惜前任是踩了，可威望还没有树起来，他就早早谢幕。

谏官弹劾王篆、曾省吾，但更致力于攻击张居正。万历皇帝就下诏削去他的上柱国、太师的爵位，又削去他的谥号。张居正所推荐的人，差不多都被斥放或削职。万历帝又召回中行、用贤等人，分别给升了官。御史羊可立又追究张居正的罪，指责张居正制造了辽王朱宪㸅的冤狱，朱的妻子因此曾上疏："我家金银财宝以万计，全部被张居正侵吞了。"万历皇帝就命司礼监的张诚以及侍郎带着锦衣指挥、给事中去抄张居正的家。

然而，还没等张诚等一帮人到达张居正家里，荆州的地方官就先去了张家，封了他家的门，他的子女多躲进空房间，等至门被启封，饿死的已有十多人了。张诚等到了之后，又查抄了他儿子兄弟储藏的财物，得到黄金万两，银子十多万两。张居正的长子礼部主事张敬修受不了刑罚，没多久就自己上吊死了。这些事情传开去，申时行等人和六卿大臣联合上疏，请求宽容张家，刑部尚书潘季驯的奏疏说得尤其激切沉痛。万历皇帝只好下诏给张家留空住宅一所、田十顷，用来赡养他的母亲。此时御史丁此吕又追究科场的事，说高启愚用舜、禹命题，是为张居正策划取代帝位。尚书杨巍等和他辩驳，丁此吕被外放，高启愚也被革职。后来谏官又不停地攻击张居正，皇帝下诏削去张居正的官爵品级，收回过去所赐的玺书和四代的封号，将他的罪状昭示天下。他的弟弟都指挥张居易，儿子编修、嗣修，都被充军到烟瘴地区。

整个万历年间，没有人再敢说起张居正，这个结局真是令人唏嘘不已。自张居正死后，明朝的各种社会矛盾急剧恶化，一发而不可收。在大明亡国丧钟清晰可闻的时候，人们愈发怀念那个敢作敢为、魄力非凡的张居正。而历史就是这样令人悲啼欢笑。当年诽谤新政的人又何尝料到，日暮途穷时他们竟会梦想追回改革的盛景？甚至当初大骂张居正是禽兽而被廷杖致残的邹元标，后来也拖着一条拐腿，为张居正的昭雪奔走呼号，试图召回失去的新政。

明熹宗天启二年（1622），熹宗帝下诏令恢复张居正过去的官职，给予安葬祭祀。崇祯三年（1630）礼部侍郎罗喻义挺身而出为张居正鸣冤，崇祯命令部里讨论，恢复两个荫职及诰命。到崇祯十三年（1640），崇祯皇帝终于下诏恢复张居正长子张敬修官职，并授予张敬修的孙子张同敞为中书舍人。尚书李日宣等说："前任首辅张居正，受先帝临终托付，辅助国家政务，为神宗效力十年。肩负重任，任劳任怨，恢复被破坏的制度，整顿松弛了政治秩序，辅助了万历初年安定的局面。那时中外太平无事，国内民生富裕、物产丰饶，伦理道德、法律制度都很清明。他功在国家，日子长了来评定，人们更加追念他。"尽管张居正的改革没能完全继续坚持下去，但张居正忠心耿耿辅佐小皇帝，革除积弊，创建新政，呕心沥血，鞠躬尽瘁，他的功绩是不可磨灭的。

◎历史功过　后人评说

在不同时期对张居正的评价是不断变化的。在明朝，张居正生前由于他的权势，对他的那些盛赞可以不计；张居正死后不久，不少人对他的追讨、贬斥也可以不计。万历末年，关于张居正的风波已经尘埃落定，在政局纷乱之中，人们又怀念起这位治世能臣。万历壬子（1612）刊刻的《张太岳文集》卷首的《太岳先生文集评》就出现了这样的句子："高皇帝为生民以来未有之神圣，开天而作君；太岳先生为生民以来未有之异人，中天而作相。"张居正的乡人对他有这样的说法，是不足为怪的。

到了20世纪，新史学出，梁启超在有着广泛影响的《中国历史研究法补编》中评价明代政治时说：“明代有种种特点，政治家只有一张居正。”对张居正评价是相当高的，但他只是从张居正作为“政治家”这一角度而言的。

30年代，邓之诚《中华二千年史》第一次以大量篇幅叙述了张居正的事功，说道：“张居正当国十六年，最初即以六事上陈，一省议论，二振纲纪，三重诏令，四核名实，五固邦本，六饬武备。得君专任，力行不怠。万历初政，百废俱举。四境宴然。太仓、太仆积六七百万金，京通仓积粟八百万石。居正为政，可谓能起衰振敝。……首辅中当以居正功最显。”邓之诚对张居正盛赞有加，但就事论事，还没给张居正戴上任何桂冠。

1943年出版的朱东润的《张居正大传》，在谈到张居正施政时，使用的是“建设”与“成功”这样颇为中性的词。

尚钺主编的《中国历史纲要》，是新中国成立后第一部简明中国通史，用了较大的篇幅叙述王安石变法，却没有提到张居正。

翦伯赞主编的《中国史纲要》在谈到张居正时，说到他对军事、政治、经济的“整顿”，“特别是着重于经济的改革，企图扭转嘉靖、隆庆以来边防松弛和民穷财竭的局面。”在内政方面，他反对因循苟且，奖励官员“急公进取”，“他更希望统治阶级内部的行动能够取得一致，以加强专制主义中央集权的统治。”而“加强专制主义中央集权的统治”正是张居正执政的核心理念。《中国史纲要》同时指出，“张居正的成就最突出是在经济方面”，“丈量土地和赋役改革是张居正颁行的重要的经济政策。”在谈到一条鞭法时说：“把嘉靖初年已在福建浙江等地实施的一条鞭法，推广在全国范围内实施。”对于一条鞭法的影响，作者认为它“不仅在客观上促进了明中叶后商品货币经济的继续发展，也说明农民对国家的人身依附关系比以前又有一定的松弛了”。该书较早地使用了改革一词，也较早地把张居正的政绩与社会经济的进步联系了起来。

第十一章

文韬武略 官场楷模——清代名相曾国藩

一个手无缚鸡之力、胸无用兵之策的文弱书生，曾因兵败走投无路，两次投水、多次以剑自刎未遂，还给儿子写绝命信，叮嘱子孙后代永不再带兵征战——而正是这样一个人，最终成为驾驭千军万马的最高统帅，打出了“无湘不成军”的传奇，并被朝廷封为一等勇毅侯，成为清代“文人封武侯”第一人。他就是曾国藩，一个备受争议的晚清重臣。有人骂他是卖国贼、遗臭万年的汉奸、杀人不眨眼的刽子手，而有人又视他为顶礼膜拜的偶像，将他的治兵语录终生拜读。那么，他究竟是怎样一个人呢？为什么人们对他的评价有如此不同呢？

◎蟒蛇转世　非同凡响

曾国藩是晚清重臣、湘军的创立者和统帅。他从湖南双峰一个偏僻的小山村以一介书生入京赴考，中进士留京师后10年7迁，连升10级，37岁任礼部侍郎，官至二品。后因母丧返乡，恰逢太平天国巨澜横扫湘湖大地，他因势在家乡拉起了一支特别的民团湘军，后率领自己打造的湘军与太平军对峙于武汉及沿江各地，最终攻克南京，成功地打败了太平军，成了清廷眼中的大功臣。因此，曾国藩被授武英殿大学士，封为一等勇毅侯，成为清代以文人而封武侯的第一人。晚年则历任直隶总督、两江总督等要职，朝廷赠太傅，死后被谥“文正”。

人们总说，但凡历史上非同凡响的人，总是奇人自有异相。据说曾国藩出生的时候就有点与众不同，还留下了一些匪夷所思的传说。

嘉庆十六年（1811）十一月，曾国藩出生于湖南长沙府湘乡荷叶塘白杨坪（今湖南娄底双峰县荷叶镇天坪村）的一个豪门地主家庭。

曾国藩出生的时候，他的曾祖父曾竟希还健在，不过已年届古稀。据说，在曾国藩降世的前天夜间，他的曾祖父在睡梦中见到一条巨大的蟒蛇在空中盘旋，呼的一下降至院子上空，盘旋一周，慢慢地将巨大的蛇头伸进了房门。惊恐之下，老人醒来。第二天早上起床后，老人坐在屋檐下面想着昨夜的奇梦，正百思不解之时。忽听隔室传来“哇”的一声，老人知道这是孙媳江夫人临盆了，接着下人来报说：“添了一个曾孙！”老人顿有所悟，立即招来曾国藩生父曾麟书，将梦中所见告诉了他，并说：“这小子一定要好好培养，将来一定会有出息，必光大我曾家门楣。”曾麟书唯唯诺诺。说来也巧，就在曾国藩出生的当天，曾家屋后长出苍藤，缠绕在树上，后来，树死了而藤却日益苍翠繁茂，垂荫一亩，真是世所罕见。这一巨藤，乡人称之为“蟒蛇藤”，其形状恰似竞希翁梦中所见巨蟒。这使其祖父更加相信巨蟒转世这一梦语。根据野史的说法，家人只要观藤之枯荣，便可知曾国藩境遇如何，如曾国藩加官晋职，事业顺遂，则巨藤枝叶茂盛，反之则形容枯槁，巨藤似乎成了曾国藩的化身。

关于蟒蛇转世的传说，故事也有很多版本。据说某一年，曾国藩入塾读书了。他整天埋头在“子曰”“诗云”里，快要闷死了。正月十六到了，乡下出嫁的女儿要回娘家，他的母亲就带他去外婆家。一大早舅舅就划了船来接，他如小鸟放出笼子，高兴极了！于是同母亲、妹妹上了小船，小船慢悠悠地在江水上划行。江水清澈见底，连水里的游鱼都能看清楚，阳光照射在水面上，金光闪耀。曾国藩时而看着远去的山峦，数着峰顶；时而伏在船边，数着游鱼。突然，母亲一声尖叫：“蛇！”小船随着母亲的叫声一个歪斜，专注着江水的曾国藩“扑通”一声掉进了江水里。

母亲和舅舅大惊失色，急得要跳水救人，但是却见孩子抱着一根木头稳稳地浮在水上。舅舅把船轻轻划过去，伸过船桨把曾国藩拉到船上。母亲睁大眼睛说：“刚才明明是一条大蟒蛇游过来的，怎么会是一根木棒？”这事便由此传开了，成了曾国藩“蟒蛇转世”的根据。

然而更奇的是，曾国藩生来就患着类似“牛皮癣”一类的皮肤病，浑身上下都是像蛇的鳞片一样的癣，经常把他折腾得坐卧不安。怪癣发作时，痛痒难耐，双手抓搔，皮屑飞扬。所以曾国藩自己也相信了蟒蛇转世这一梦语。而其抓搔的姿态，又似虬龙张牙舞爪。后来，精于观人面相的饶州知府张丰翰为曾国藩看相说：“曾国藩是龙之癞者。从他端坐的姿势、注视时的神情和用手捻须的动作，就可以看出他是条转世的癞龙。”

再有就是，曾国藩最爱吃鸡，却又莫名其妙地最怕鸡毛。当时的紧急公文，信封口处往往要粘上鸡毛，俗称鸡毛信、鸡毛令箭。但曾国藩在见到这种信时，总是毛骨悚然，如见蛇蝎，必须要别人帮他取掉鸡毛，才敢拆读。有一次，他到上海阅兵。当他登上阅兵台，猛然看见台上有一把鸡毛掸子时，他吓得直往后退，差一点摔下台去。在旧社会曾有这样的说法："焚鸡毛，修蛇巨虺闻气即死，蛟蜃（即龙蛇）之类，亦畏此气。"曾国藩对鸡毛如此害怕，难免更让人相信他是蟒蛇转世。

◎少年得志　平步青云

曾国藩的出生，给曾家带来了一派兴旺的气象。特别是对于曾国藩的祖父曾玉屏来说，真是一大幸事，因为，他曾经渺茫的希望，在孙子出生的这一天终于有了一个实在的可供描绘的蓝图。

为什么这么说呢？因为曾玉屏早年失学，常引以为耻，于是便望子成龙，企盼有朝一日他的儿子能榜上有名，从而弥补自己平生最大的缺憾。但事与愿违，他的儿子曾麟书却天资平平，屡考屡败，因此，老爷子曾玉屏便只有寄希望于孙子了。而曾国藩是曾麟书的长子，曾玉屏、曾麟书父子都把曾国藩视为掌上明珠。当然，也把光宗耀祖的任务，在不经曾国藩同意的情况下转交给了他。

其实，最初的曾国藩也并不叫曾国藩。从小到大，他其实有过好几个名字。据说，在他刚出生后，他的曾祖父给他取的名字叫宽一。后来，在道光九年（1829）他到衡阳唐氏家塾读书时，家人为他取名子城，取字居武。第二年他转到湘乡涟滨书院读书，改号为涤生。道光十八年（1838），当他中了进士之后，便改号叫伯涵，后又取名叫国藩。

在曾国藩六岁时，他的祖父曾玉屏就为其设家塾一所，专门聘请陈雁门先生教他读书识字。第二年，父亲曾麟书因屡考不中，便在家中设了一所私塾，取名“利见斋”，招了十余名学生，课徒为生，一面让曾国藩跟他在塾中读“五经”，一面继续求取功名。

曾麟书也知道自己天分不高，想到自己取得功名的希望渺茫，于是便把满腔热血都灌注在了这个宝贝儿子身上。他在读书方面也没有高招，只是在儿子身上用苦功夫。既为父又为师的曾麟书先生常把儿子在睡梦中叫醒。曾国藩苦读《诗》《书》，颇有点“头悬梁，锥刺股”的味道。他们就连吃饭、走路、睡觉都嘟嘟囔囔，父子俩相互提示，背诵诗书、议论文义。在父亲曾麟书的苦心教导下，曾国藩也很刻苦，加上他的天资很高，记性又好，到9岁时就读完了五经，开始学做八股文。

小小年纪的曾国藩也很争气，他一心向学，又有韧性，加上祖父、父亲不厌其烦地教诲、督责，学业有了很大进步。他14岁时，在当地的读书人中已很有才名。那年，父亲的好友衡阳廪生（资历高的老秀才）欧阳凝祉到湘乡来看曾麟书，读了曾国藩的诗文后大加赞赏。欧阳氏是衡阳、湘乡有名的学者，诗文尤其做得好，功名虽不高，但平日自负得很，能得到他称赞的人也实在不多。为了试一试曾国藩的才学，他当场出题考问。曾国藩对答如流，据题赋诗，这使欧阳凝祉大为惊奇，认为这孩子将来一定大有前程，于是他当即与曾氏议婚，成就了曾、欧阳两家的儿女亲事，欧阳之女便是后来曾国藩的原配。

曾国藩16岁那年参加了长沙府举行的童生府试，考取了第七名。这使曾国藩信心倍增，决心叩开科举之门。从长沙回来后，曾国藩仍然跟着父亲曾麟书学习，只是更加夜以继日，发愤苦读。曾麟书自知所学有限，有些力不从心，开始觉得教不了曾国藩了。他考虑到，如果让儿子继续跟在自己身边读书，恐怕会误了他的前程，应该让他往外县访求名师。当他听说衡阳汪觉庵先生是个声播远近的八股名师时，便将曾国藩送到了汪先生在衡阳所开的唐氏家塾去读书学习，这一年曾国藩19岁。

不过，只用了一年，他就学完了该校的课程，然后又回到本县的涟滨书院就读。随着年龄的增长，经过不同名师的多方指引，曾国藩渐知自己过去各方面的幼稚，许多想法也不对，必须从新做起，奋勉不懈，才能真正有所长进。为此，在涟滨书院读书期间，他特为自己取了个“涤生”的名号，即有洗涤过去，重新做人之意。

道光十三年（1833），曾国藩23岁。这一年可以说是他人生旅途上的转折点。这一年，曾国藩参加了科考，最终榜上有名，补上县学生员（俗称“秀才”）。他的父亲曾麟书苦苦挣扎了二十多年，考了17次，才于上年博得这最起码的功名，而曾国藩却如此早就达到了这一步，怎不令曾家人感到欢欣鼓舞啊！而更令曾家欣喜的是，这年底，家长为他与订婚已9年的欧阳小姐成亲，23岁才结婚，这在当时是突出的晚婚了，诚可谓“双喜临门”。

道光十四年（1834），曾国藩离别妻子，进入省城岳麓书院读书。岳麓书院是北宋初年创建的，是当时全国最著名的四大书院之一，大理学家朱熹和张载都在此讲过学。曾国藩能进入湖南最高学府，对他个人的前途发展极为有利。该书院是当时全国极负盛名的学府，其山长（相当于校长）和主讲是当时名声很高的欧阳坦斋先生，他是嘉庆四年的进士，曾任郎中、御史等官，以母老告归后在该书院任主讲。他为书院主讲长达27年之久，前后教出知名的学生三千余人，所以有“弟子三千”之称。

曾国藩能诗能文，是书院中屈指可数的高才生，备受欧阳坦斋先生的赏识，当然他的能诗能文也引起了同窗的妒忌。据说有位同学性情急躁，因曾国藩的书桌放在窗前，那人就说：“我读书的光线都是从窗中射来的，不是让你遮着了吗？赶快挪开！”曾国藩说：“你叫我放在什么地方呢？”那人说：“放在床边好了！”曾国藩果然照他的话移置了。曾国藩晚上读书用功，而且常常要念到很晚才睡觉。那人又说：“平常不念书，夜深还要聒噪人吗？”曾国藩只好无声默诵。但不久之后曾国藩中举，传报到时，那人却更大怒：“这屋子的风水本来是我的，反叫你夺去了！”在旁的同学听着不服气，就问他：“书案的位置，不是你叫人家安放的吗？怎么能怪曾某呢？”那人说：“正因如此，才夺了我的风水。”同学都觉得那人是在无理取闹，都替曾国藩抱不平。但曾国藩却毫不在意，可见他的气度非一般常人能比，而这年他也才 24 岁。

曾国藩在岳麓书院学习了不满一年时，参加了 1834 年秋天的省城乡试，得中举人。两年连中两级，成了“举人老爷”，这对于曾家来说，已是破天荒了。全家喜庆尚未结束，曾国藩便打起行装，前往北京，准备参加来年的进士会试。

道光十五年（1835），曾国藩踌躇满志，第一次独自一人走出大山，“公车”北上，参加礼部会试。经过千辛万苦，他终于到达北京，参加了礼部的会考，但杏花春榜一发，他名落孙山。幸运的是，这年恰巧逢皇太后六十大寿，照例增加会试一次，这叫“恩科”，所以下年曾国藩还有一次机会。想到从湘乡到北京，千里迢迢，如去而复来，旅资不够不说，时间也浪费掉了，倒不如干脆留在京城。征得祖父、父亲同意后，曾国藩住进设在京城的“长沙会馆”（长沙府应试举子在此驻留，开销也不多）。这一年他除了准备功课之外，还目睹了京华文物名胜，大开了眼界。这时的他，也不再是蛰居湖南山乡的寒门儒生了。

第二年的恩科中，曾国藩又是榜上无名。再遭挫折后，他只好收拾行李回家。虽然有些失望，但转念一想，自己年纪尚轻，将来机会还多呢。归家后曾国藩足不出户，用心苦读，八股、制艺自然大有长进。

道光十八年（1838），又逢会试之期。曾氏又让儿子进京，曾家以农为业，本不富裕，此时家道衰落，已无钱可供路费了，只好东挪西借。恰好他的一个堂舅，称作南五舅江氏的人主动地送来了他家的所有现金 12 吊钱，家里又凑了 20 余吊，曾国藩拿上这 30 余吊钱上路了。到了北京，身上仅余 3 吊钱。曾国藩知道这次是孤注一掷了，如果再不中榜，可能连回湖南都难了。

幸运的是，三月春榜发布，曾国藩取得礼部会试第 38 名进士。接着又连续进行殿试、朝考，成绩越来越好。殿试取得三甲第 42 名，朝考取得一等第三名。朝见皇帝之后，更是被钦点为翰林，授翰林院庶吉士，亦即“红翰林”。红翰林，是科举试途中的巅峰了，因为中央的极品大员、地方的封疆大吏，绝大多数都是从翰林里选拔的。换言之，曾国藩成功了！

经过 20 多年的寒窗苦读，努力总算没白费，曾国藩终于叩开科举之门，正式转入了仕途。点翰林那年，曾国藩虚龄才 28 岁。要知道，大多数成为翰林的人，顺利一点的，由秀才、举人、进士，一阶一阶地爬，熬到这一阶少说也得四五十岁，而多数士子有的根本是连翰林的边都摸不上！更有一些人，中个举人时就已经是两鬓苍苍了。就拿曾国藩的父亲来说吧，他数十年的努力学习最终都没有什么结果，直到 40 多岁时才考上了一个秀才！可见，28 岁就当上翰林的曾国藩，真可谓是少年得志，平步青云了。从此之后，他一步一阶地踏上仕途之路，后来，还成了专机大臣穆彰阿的得意门生。

◎贵人相助　官运亨通

在晚清的官场里，曾国藩仕途之顺畅，官运之亨通，足以达到令人眼红的地步。按他自己的说法就是：“十年七迁，连跃十级。”

曾国藩少年得志，在京做官的十几年中，升迁极快，可谓平步青云。他 1838 年中进士，1840 年授翰林院检讨，1847 年升内阁学士、礼部侍郎，1849 年迁礼部右侍郎。以后的四年兼任过兵部右侍郎、工部左侍郎、刑部左侍郎、吏部左侍郎。从官阶上看，从翰林院检讨的七品，升迁到了礼部侍郎的正二品。

清朝的官制一共是“九品十八阶”。每一品级有从品和正品之分。也就是说，一个官位上有从、正两级。这样算起来，曾国藩在10年京官期间，由七品到正二品，的确是连跃了十级。纵观清朝官场，极少有人升这么快。

通常，一个人的成功，除了具备良好的品德、成就大事业的能力，最重要的还是需要有贵人相助。在晚清官场中，曾国藩飞升之快、官运亨通的原因有很多。比如，他个人非常勤苦努力，对自己的要求极其严格，同时又广泛地结交京内名流，在京官中造成了勤恳好学、为人正直、谦恭的普遍声望。当然，在封建官场之中，如果没有实权派的大佬赏识和提携，即使你有再高的才学再大的名望，也未见得能官运亨通。曾国藩能够在官场上迅速飞升，其实也离不开朝中大佬的着力提拔，其中主要是穆彰阿的援引与扶持。

那么，这个穆彰阿到底是个什么样的人呢？学过中国近代史的人，可能对穆彰阿还是比较熟悉的。因为在历史书上，他被认为是第一次鸦片战争中的投降派，陷害林则徐，并被世人骂为“道光年间的秦桧”。下面来看一下穆彰阿的履历表。

穆彰阿（1782 ~ 1856），字鹤舫，满洲镶蓝旗人，郭佳氏，翰林出身。穆彰阿是曹振镛一类的人物，曹振镛是“多磕头，少说话”处世哲学的创造者，穆彰阿奉之为金科玉律。

曹、穆二人极得道光宠信，穆彰阿为军机大臣二十余年，控制了中央科考选拔官员的大权，自嘉庆至道光两朝，进士考试、殿试、朝考、庶吉士考差、翰詹大考，他都参与或主持。这就是“衡文大权”，亦即选官大权。凡是阅卷、主考官手下产生的进士等功名者，都视考官为最亲近、终生不改的“老师”，自己是考官永久的门生，比学校中最亲近的、真正的老师还要尊重。

穆彰阿掌控了几十年的“衡文大权”，利用门生故旧，广树党羽，时称“穆党”。凡是他想要推荐或打击的人，没有不成功的。例如罗惇衍、何桂清、张芾是同年翰林，张芾、何桂清散馆后都拜穆为“老师”，唯罗惇衍不拜。结果张芾、何桂清同得考差，唯罗惇衍因“年轻”未得考差。实际上三个人里边罗惇衍是年岁最长的，在上谕待发时，穆彰阿恼罗惇衍不拜自己为师，竟让皇帝收回了成命。

那么，曾国藩又是怎样结识军机大臣穆彰阿的呢？这还要从曾国藩第三次赴京会试说起。曾国藩在第三次赴京会试时，才得第三十八名，殿试考试才得三甲第四十二名。根据惯例，他这种成绩尽能分发到各部任主事，或到各地去任县令，这对一心想进翰林院的曾国藩是个很大的打击，连朝考也无心参加，打算收拾行李来年再考，后来，在同窗的劝说下才勉强留下参加朝考。

意料之外的是，在这次朝考时曾国藩得到了贵人的帮助。这个贵人自然就是当时担任会试总裁的穆彰阿。他特别调阅了曾国藩的试卷，为他的文章做了最后审批，当即取为一等第三名。朝考结果呈皇上审核时，穆彰阿还在道光帝面前特意把曾国藩的文章称赞了一番。在穆彰阿的极力推荐下，皇帝甚至觉得曾国藩的说理与文风更好，于是又把曾国藩调升为第二名。这样，曾国藩的成绩就由殿试的三甲第四十二名，一跃而成为朝考一等第二名，这个结果令关注此次朝考的人甚至让曾国藩本人都感到非常的意外。

在这次考试之后，曾国藩便拜见了穆彰阿。老穆对曾国藩的文章、学问和行事都十分赞赏。他们谈了很多事，曾国藩对内政外交都有自己独特的观点，很多想法竟与穆彰阿不谋而合，这使穆彰阿越发觉得自己没有看错人。穆彰阿还给曾国藩说明了翰林院的重要性，叮嘱他好好为国效力。临别时，曾国藩一再拜谢穆彰阿的知遇之恩。1843 年，翰林散馆大比，穆彰阿又是总考官。试后，曾国藩又亲自拜见了穆氏，并把自己的考卷誊清，呈给了穆彰阿，于是曾国藩又得到了不错的成绩。

穆彰阿对于曾国藩的帮助还不仅如此，他还对曾国藩在觐见皇帝、升官晋爵的关键之处直接指点扶植。有一次，皇帝要召见曾国藩，曾于是预先到穆彰阿处请教对答的内容。穆彰阿让一个干练的文员告诉曾国藩，以400两的酬金赠送给某内监，就可以买得皇帝的诏对内容。于是曾国藩照此办理了，结果在皇帝召见时，其所问的果然是400两白银买到的“历朝圣训”之内容。此后，曾国藩的官运就更加飞黄腾达了。

后来，在穆彰阿的一再提携下，曾国藩在翰林院果然一帆风顺、步步高升，后来擢升为内阁大学士，官居二品。连升数级，这样的好事，在之前的汉臣中是从未有过的。当然，曾国藩也是个懂得感恩的人，对于穆彰阿的鼎力帮助，他也一直铭刻在心。事实上，曾国藩对穆彰阿的感激之情非同一般。此后的岁月里，曾国藩对穆彰阿一直执弟子礼，不论是在京任职，还是出外做官，曾国藩必到穆府问安。即使是后来穆彰阿被罢免，曾国藩每次在经过穆宅时，还是依然会感慨唏嘘。穆彰阿去世后，曾国藩还照常到穆府探望其家人，感激贵人知遇之恩。20年后，曾国藩赴任直隶总督，进京陛见时，又专程去拜访了穆氏的后人。后来，他又让儿子曾纪泽去拜访了穆彰阿之子穆萨廉。

虽然曾国藩的成功固然与穆彰阿的提携有一定的关系，但在京城10余年的宦海生涯中，曾国藩能够取得仕途上的辉煌，当然最主要、最直接的原因还是和曾国藩自己的努力分不开的。

◎组建湘军　发迹起家

咸丰二年（1852），曾国藩因为母亲去世，所以待在家里为母亲守丧。此时太平天国起义已席卷半个中国，尽管清政府从全国各地调集大量八旗、绿营官兵来对付太平军，可是这些兵除了临阵脱逃不会别的。太平天国起义的惊雷，使清朝统治者及一切大小地主阶级大为震撼，惶惶不可终日。因此，清政府屡次颁发奖励团练的命令，力图利用各地的地主武装来遏制革命势力的发展，作为镇压太平军和绥靖地方的补充力量。这就为曾国藩湘军的出现，提供了一个契机。

此时，刚来湖南任巡抚的张亮基正为此事发愁，幕僚左宗棠献计说，正在家中为母守丧的原礼部侍郎曾国藩既具资历、声望，又深谙湖南地方人情，当堪此任。张亮基闻听大喜，当即奏准朝廷，留其“帮同办理本省团练乡民搜查土匪诸事务”。

咸丰三年（1853），借着清政府寻求力量镇压太平天国的时机，曾国藩在其家乡湖南一带，依靠师徒、亲戚、好友等复杂的人际关系，建立了一支地方团练，称为湘军。

起初，曾国藩对办团练曾有过短暂的犹豫，但经不住其友郭嵩焘的敦劝和其弟曾国荃的怂恿，决定“酬君恩、兴家族”，以实现其“澄清天下”的大志。1853 年 1 月底，曾国藩前往省城长沙就任帮办湖南团练大臣一职，开始了他创立湘军、镇压太平天国农民起义的生涯。

办团练以靖地方、助军力为目的，自宋即有之，清乾嘉时曾用它来镇压过著名的川陕楚三省白莲教大起义。咸丰帝委曾国藩为团练大臣，其意仅在于恢复和建立前代统治者在镇压农民起义之时采用过的地主团练。但曾国藩深知一般的团练因未经正规训练，根本不足以对付太平军，况且团练在乡里扰民，不得人心。鉴于此种考虑，曾国藩从出山之日起，就处心积虑想创办一支与众不同的地主武装。

曾国藩的计划与湖南巡抚张亮基的想法不谋而合。这样，曾国藩一到长沙，张亮基就给予他大力支持，还将罗泽南所率的湘勇、江忠源所率的楚勇，以及浏勇、辰勇、宝勇、泸溪勇等各地团练调集至长沙，改为官勇，由巡抚和团练大臣指挥，统称“大团”。然后，上奏咸丰皇帝：“臣拟现在训练章程，宜参仿前明戚继光、近人傅鼐成法，但求其精，不求其多；但求确济，不求速效。”表达他将训练兵勇、别树一军的愿望。

曾国藩在得到咸丰皇帝令其“悉心办理，以资防剿”的朱批以后，就开始对省城的官勇进行“束伍练技”。经过不断选择和层层淘汰后，云集省城的各地练勇便成了湘军的最初队伍。他以钦差大臣的身份总理营务，道员张其仁为总巡，又经左宗棠推荐都司塔齐布总理军事训练事宜。在张亮基、左宗棠、江忠源的大力支持和推动下，建立湘军的计划有条不紊地开展起来了。

然而，就算有了巡抚张亮基的支持，曾国藩在长沙编练湘军也并不是一帆风顺的。不久，张亮基、左宗棠、江忠源先后离湘，而署理巡抚潘铎等对办团练不予支持，提督鲍起豹甚至从中作梗，挑动“标兵”与“湘勇”仇杀械斗。一时，长沙城内风波迭起，连曾国藩设在别村的公馆也被冲击。这一混乱状况，直到继任巡抚骆秉章来了之后才有所改变。

1853 年 7 月，太平军进攻南昌，江忠源要求增援，曾国藩与骆秉章商议派罗泽南领兵三千前往。第一次与太平军对垒，湘军损失惨重。这使曾国藩进一步认识到太平军远非一般农民起义军可比，要战胜太平军，必须有足够的兵力和精良的武器装备。因此，曾国藩与江忠源商量了练勇万人的计划，对兵勇的训练也更加严格，以期养成艰难百战之师。同时，曾国藩感到光有陆师不够，还必须建立一支水师。

1853 年秋天，编练水师的计划得到咸丰皇帝的批准，湘军规模改为编练水陆各 5000 人。此后，曾国藩离开长沙，前往衡州练军。至 1854 年 2 月，水师、陆师各 10 营 5000 人练成，中国近代史上一支最为凶悍的地主武装诞生了。湘军练成之后，立即参与了镇压太平天国的战争。

在曾国藩官场生涯的前期，他只是一介文人，但自从他在家乡帮办团练开始，就过上了“以杀人为业”的生活。可以这样说，曾国藩在京城之外当官期间，有大部分时间都是在战争中度过的，见惯了战争中的血雨腥风，真可以说他的这段时间是“流血的仕途”。

曾国藩治下的湘军，以“扎硬寨，打死仗”闻名。在与太平天国的战争中，湘军的确不同于那些骄惰的绿营和庸懦的团练，打起仗来显得十分的凶顽强悍。

曾国藩还善于选拔和任用不同的人才。他能通过察言观色，辨识部下的品质和才能。其日记载有他对一些人的印象，如：朴实、眼圆而动、不甚可靠、语次作呕、明白安详、拙直、长工之才等。通过这种方法，曾国藩识别提拔了一大批能征善战的名将，并最终赢得了这场战争的胜利。湘军出师德州之后，首先迎战入湘的太平军西征部队。湘军先败后胜，接着乘胜追击，攻占岳州，从此太平军势力退出湖南。

1854 年 2 月，湘军倾巢出动，与太平军激烈争夺湖北、江西。曾国藩发表了《讨粤匪檄》。在这篇檄文里，他攻击太平天国农民战争是“荼毒生灵”“举中国数千年礼义人伦诗书典则，一旦扫地荡尽。此岂独我大清之奇变，乃开辟以来名教之奇变，我孔子、孟子之所痛哭于九原”，接着号召“凡读书识字者，又乌可袖手安坐，不思一为之所也”。其站在了道德的制高点，动员当时广大的知识分子参与到对太平军的斗争当中，为日后的胜利打下了坚实的基础。

曾国藩残酷镇压太平天国起义，用刑苛酷，史称“派知州一人，照磨一人承审匪类，解到重则立决，轻则毙之杖下，又轻则鞭之千百。……案至即时讯供，即时正法，亦无所期待迁延”。

不仅他自己直接杀人，他的父亲和兄弟也杀人，有人恨他杀人过多，称呼他为“曾剃头”“曾屠户”。据说，南京小孩夜哭，妈妈说“曾剃头来了”，小孩就不敢哭了。在和太平军作战中，曾国藩用劫掠财物、封官赏爵的办法来鼓舞士气，养成湘军凶悍残酷的本性。湘军在军事素质落后的清朝武装力量中，成为中国南方地区与太平天国军事力量作战的主力之一。

1855 年，湘军攻占湖南省城武昌，次年又夺得江西重镇九江。

1858年，李续宾、曾国华率湘军六千，进驻三河。太平军前军主将陈玉成，急往救援，于十月初二抵三河，后军主将李秀成旋亦赶至，两部太平军，号称十万，阻断湘军退路。李续宾不纳部下退兵之计，于初十冒险出击，陈玉成包抄其后路，湘军突围未成。此时，李秀成率部前来助战，激战至十一日，全歼烟筒岗之湘军，另攻破湘军军营7座。湘军悍将李续宾投水自尽，曾国华也死于三河之役，所部主力6000余人全部被歼。

1860年，曾国荃率领湘军精锐团团包围安庆，当时的曾国荃已有善战之名，由于他擅长围壕困城，又坚忍顽强，被军中称为“曾铁桶”，比喻他围城就像铁桶一样风雨不透。当时参与围城的鲍超是湘军中头号猛将，在安庆城外的赤岗岭一战中，太平军将士3000余人阵亡，守将刘琳率800勇士坚守最后一垒无望后下令突围，又遭湘军水师攻击，无一生存。刘琳被湘军水师俘获后，惨遭杨载福肢解而死。刘琳是曾国藩极为佩服的一个人，他曾致书曾国荃，称刘为“琳先生”和“琳翁”，说“敬其人，故称先生”，“爱其人，故称翁”。当他听说太平军万余人分别被鲍超和成大吉部消灭、刘琳被杀害的消息时，他和胡林翼都感到十分得意，称此战之功超过攻破太平军的一座坚城。

在安庆会战的最后时刻，陈玉成、杨辅清率太平军主力部队又一次向湘军发动猛烈进攻，对安庆做直接的救援。安庆城外，枪炮声震耳欲聋，有战场目击者记载：太平官兵手持束草，蜂拥而上，掷草填壕，顷刻塞满。湘军开炮轰击，每炮皆冲出一条血路，然太平军前进如故。前者仆倒，后者继进。湘军壕墙上所列各炮装填不及，便密排轮放。又调抬枪、鸟枪八百杆，连珠施放。太平军死伤很多，尸体堆积如山，道路也被截断，于是士兵将尸体拖走一层，继续攻壕。

当时，曾国藩的湘军武器装备比太平军先进，火器及火药也较充裕，据曾国荃所部统计，曾在一天一夜之内用去火药8.5万公斤、铅子25万公斤。

在战斗最惨烈时，一个湘军士兵向太平军投掷火药包，由于引火绳过长未能及时爆炸，反而被太平军战士拾起重新掷回湘军阵地，将壕内所积存的火药引爆。湘军士兵溃退十余丈，太平军的七八名勇士迅速越过壕沟勇猛冲锋。曾国荃亲自赶来督阵，才挡住了太平军的攻势。

当时安庆城被围日久，城内的粮草用尽。陈玉成开始用小船偷偷向城中运送粮食，城池被合围以后又靠一些外国商人偷运粮食入城以接济守军。即使这样，守军们也常常是每人每顿只能喝上一碗粥。曾国藩听说后，下令凡发现有外国商人的运粮船只，都以高价收购。这样城中便断了粮草。湘军攻入城内时，守城太平军已经数日没进水米，很多人都饿晕在地，眼睁睁看着湘军攻入城中却无力反抗。

1861 年 9 月 4 日夜，湘军成功地用地道爆破炸开了安庆的北门，安庆被攻陷了。冲入城内的湘军官兵，见男人就砍，见女人就强逼着跟自己走，太平军被杀者达一万余人，城中妇女被掳走者也多达一万多人，鲜血染红了城中的道路，哭喊声不绝于耳。随后湘军又开始了空前的大掠夺，城中店铺及百姓都遭了殃，值钱的东西被洗劫一空，不可取的则被毁坏无存，有的勇丁竟一人抢得金银 700 两，抢不到东西的士兵甚至挖掘坟墓开棺搜寻财宝。

1862 年，曾国藩指挥湘军分三路向长江下游展开进攻。长江以南，为左宗棠率领的楚军泊江西进浙江；江北，李鸿章以湘军 4 营为基础组建淮军，出击江苏；曾国荃则率湘军主力沿江而下，直指天京。终于在 1864 年（同治三年六月），湘军在曾国荃的率领下攻陷天京，将轰轰烈烈的太平天国运动镇压了下去。其后，湘军在清王朝镇压北方捻军和西北回民起义、西南苗民起义的战争中殊死作战，为维护摇摇欲坠的清朝封建统治立下汗马功劳。而一大批以“书生领兵”起家的将领由此官运亨通，不少人成为清统治集团的重要成员。湘军的兴起，造成了清朝的“同治中兴”，也对晚清中国社会产生了极大的影响。

◎识拔贤将　规划精严

曾国藩自知领兵打仗非自己的长项，他唯一能做的只能是推行人才战略，“集众人之长，补一己之短”“合众人之私，成一己之功”“只在‘用人’二字上。此外竟无可着力处。”据不完全统计，曾氏幕府20多年间召集的幕僚达400多人，而官至三品者达47人，位至督抚者33人。左宗棠、李鸿章、彭玉麟、郭嵩焘、沈葆桢、刘蓉、李元度、罗泽南等晚清的栋梁之材，无不受曾国藩举荐。

善于奇谋战策的左宗棠，虽然自视甚高，甚至目空一切，然而在识人和用人这方面，他对同乡曾国藩心悦诚服，他说“知人之明，自愧弗如元辅”。即使是曾国藩的老对手石达开，也不得不承认，曾国藩“虽不以善战闻名，却能识拔贤将，规划精严”。而作为曾国藩弟子的李鸿章，则不止一次向别人表示，不仅自己前半生功名事业出于老师的提携，即其办理外交的本领亦全仗曾国藩“一言指示之力”。半个世纪后的蒋介石，对曾国藩相人的功夫更是佩服得五体投地，他曾经专门研究曾氏用人得失，并将其用在自己的识人、用人上。

那么，曾国藩的人才战略到底有何非凡之处，能令这些不同性格的顶尖人物如此折服呢？曾国藩善于用人，“尤善相士”，就是说特别善于识别知识分子。据说他看人的本领非常高明。

一次，李鸿章向恩师推荐了三个年轻人。黄昏的时候，曾国藩刚刚回府邸，家人立刻迎了上来，低声告诉曾国藩，李大人推荐的人已经在庭院里等待多时了。曾国藩挥挥手，示意家人退下，自己则悄悄走了过去，背地里暗暗观察起这几个人。只见其中一个人不停地用眼睛观察着房屋内的摆设，似乎在思考着什么；另外一个年轻人则低着头规规矩矩地站在庭院里；剩下的那个年轻人虽然相貌平平，却气宇轩昂，背负双手，仰头看着天上的浮云。曾国藩又观察了一会儿，看云的年轻人仍旧气定神闲地在院子里独自欣赏美景，而另外两个人已经显得有点焦躁不安，颇有些不耐烦了。

在观察完后，很快，曾国藩召见了这三个年轻人。交谈中，曾国藩发现，不停打量自己客厅摆设的那个年轻人和自己谈话最投机，自己的喜好习惯他似乎都早已熟悉，两人相谈甚欢。相形之下，另外两个人的口才就不是那么出众了。不过，那个抬头看云的年轻人虽然口才一般，却常常有语出惊人之谈，对事和对人都很有自己的观点和看法。

谈完话之后，三个年轻人起身告辞。但出人意料的是，曾国藩并没有对最投机的年轻人委以重任，而是让他做了个有名无权的虚职；很少说话的那个年轻人则被派去管理钱粮马草；而那个仰头看云、偶尔顶撞曾国藩的年轻人则被派去军前效力。他还再三叮嘱下属，这个年轻人要重点培养。

曾国藩看人的时候，比较能够从细微之处去着手，因为细微的言语和动作能够反映一个人的性格。比如，第一个年轻人在庭院里等待的时候，便用心打量大厅的摆设，后来交谈的时候，明显看得出来善于投人所好，由此可见，他一定是一个奸猾不诚实之人，善于钻营，有才无德，不足以托付大事；第二个年轻人遇事唯唯诺诺，谨小慎微，沉稳有余，却魄力不足，只能做一个刀笔吏；最后一个年轻人，在庭院里等待了那么长的时间，却不骄不躁，竟然还有心情仰观浮云，就这一份从容淡定便是少有的大将风度，更难能可贵的是，面对显贵他能不卑不亢地说出自己的想法和不同观点，而且很有见地，这就是少有的人才，曾国藩认为他是一个可用的将才。最终，那个仰头看云的年轻人没有辜负曾国藩的厚望，在后来的一系列征战中迅速脱颖而出，受到军政两界的高度关注，而他就是台湾首任巡抚——刘铭传。

开始的时候，李鸿章对于这样的安排颇感不理解，但在听了曾国藩的分析以后，他对于曾国藩的用人秘诀简直佩服得不得了。虽然也有看走眼的时候，但总的来说，在看人的问题上，包括识人的问题上，曾国藩的确有他的独特之处。正因为他能慧眼识人，使得后来很多人才都聚集在他的周围，为他效力，而李鸿章就是他识人用人的一个得意之作。

其实，曾国藩当初收李鸿章为学生的时候，他看的只是李鸿章父亲的面子。因为，李鸿章的父亲李文安是曾国藩科举时候的同学，可能是由父及子，曾国藩觉得他这个老同学李文安不错，所以他儿子应当也不会错。当然，曾国藩重用李鸿章不仅仅是看在他父亲的面子上，更重要的还是看重李鸿章的个人才能。在北京时，曾国藩一直把李鸿章带在身边，指导他八股文等方方面面的学业。而李鸿章也没有枉费老师的一片苦心栽培，25 岁就科举及第，这在当时也是非常出众的，至少曾国藩看到了他是一个志大才高的青年。

正因为曾国藩是一个看重人才，又知人善任的伯乐，所以，各种各样的千里马都愿意来投奔他。据记载，曾国藩幕府最昌盛的时候聚集的人才有几百人之多。按照薛福成的记载，曾国藩幕僚当中最知名的人物约有 89 人，包括他的朋友、学生，也有一些不知名但那时已显见能力的科举落榜考生。

曾国藩选人才不拘一格。薛福成是清末的著名外交官，也是当时很有名的改良思想家。他出身书香门第，早年考中秀才，后来由于家庭变故没有继续参加科举考试，但他确实是个人才，无论在治国、治军，还是经济等方面他都有自己的独特观点，并且遇事很有主见。曾国藩要到北方去剿捻的时候，曾到处张贴广罗人才的告示。当时的曾国藩是独树一帜的大家，薛福成觉得能够跟随曾国藩干事情，应该是自己人生中很重要的一个发展机会，于是他就写了一万言的有关治理国家等方面的书信，在一个雨天赶到了曾国藩的大帐。曾国藩读了薛福成的这封书信，不由得心中暗喜，这个青年才俊不仅有观点而且确实有自己的主张，于是就把他留在了自己的幕府中。后来薛福成在清朝的外交上起过很重要的作用。他曾一度出使英、法、意、比四国，而且在有关今天云南和缅甸的谈判等一些涉外事务中做过很多工作。

曾国藩识人、用人，其中很重要的一点就是：重能力不重学历，重素质不重资质。曾国藩自己虽然是一路科举考下来的封疆大吏，但在他的潜意识里，反而并不觉得只有通过科举考试的人才具备能力，他认为，那些科举未能及第之人也未必不是良将、良材。在曾国藩的幕府中既有参加过科举考试并及第的，比如李鸿章；也有像薛福成这样只是一个秀才，却有真才实学的人物。正因为如此，曾国藩才能够网罗到各种各样的人才，比如法律人才、算学人才、天文人才、数学人才，甚至包括机器制造人才，可以说他的幕府真是人才济济。除了上面提到的李鸿章、薛福成，曾国藩的幕府还曾聚集过左宗棠、沈葆桢、黎庶昌、郭嵩焘等非常优秀的官员，还有李善兰、华蘅芳、徐寿等不凡的科技人才，可以说曾国藩的幕府几乎汇集了当时全国人才的精华。

当然，他选用人才也是有一定标准的。比如，曾国藩选拔幕府人员，包括湘军士兵及将领时，一般秉持这样三个标准：一是忠义血性。就是一定要具备忠义、血性，这一点是曾国藩最为重视的。他认为，如果一个人不能够为国为朝廷尽忠尽义，那么这个人是绝对不可用的。

二是缄默朴实。换一句话来说，就是不要来那么多花活，要踏踏实实，做个简朴之人就可以。当然，这个主要是针对湘军士兵的。曾国藩一直有一个看法，就是他一直认为，绿营军之所以堕落，一个很重要的原因就是绿营军士兵中存有奸猾之风，所以要打造成一支坚强的部队，必须由新的人员来组成，因此他常说这样一句话：“国家养绿营兵五十余万，二百年来所费何可胜计！今大难之起，无一兵足供一战之用，实以官气太重，以窍太多，漓朴散淳，其意蔼然。”

三是坚韧耐劳。曾国藩看得很清楚，仅靠忠义血性和缄默朴实这两点还是不够的，还需要这个团队拥有坚韧耐劳的精神。无论打仗，还是做事，咬牙坚持是最重要的。没有坚韧耐劳的精神，是很难打造一支钢铁之师的。

这三个标准全部都是对人的精神层面的要求，没有一条是需要骁勇善战、身体健壮，等等。可见曾国藩的军队文化建设非常独特，他很清醒地意识到，钢铁意志往往是一个团队取得成功的最根本的因素。

当然，并不是所有称得上人才的人，曾国藩都会无条件地加以任用。比如，有两种人他是断断不会用的。首先是表现欲太强的人，他不用。曾国藩认为表现欲太强的人是不容易合作的，喜欢出风头，他不喜欢，因为曾国藩一直是一个缄默之人。第二种人就是才大而性格偏急之人，他也不用。左宗棠就是因为这第二个原因没有留在曾国藩身边。其实，左宗棠也是在曾国藩的推荐下走上最重要的职位的，但是他却没有像李鸿章那样在幕府中停留很久，原因就在于曾国藩认为，“左宗棠志高才大，个性刚强难以驾驭”。他权衡再三，觉得左宗棠还是不能留在自己的大营中。

曾国藩一生举荐过很多人，经他推举做上督抚一职的前后就有40余人，但曾国藩的举荐也是有原则的，有几种人他是绝对不会举荐的，比如才高德薄、名声不好的人。很多时候人的名声和德行是相辅相成的，但两者也有不成比例的时候。曾国藩的原则是，你有再高的才能，但是你的德行和名声不好，口碑不好，我是绝对不荐的。其中的典型人物就是金安清。金安清又称金眉生，《清朝野史大观》对他有专门描写，说这个人才高八斗，理财的能力特别强，而且还写得一手称得上是一绝的好书法，但这个人有一点就是名声不好，他特别贪恋女色，周围的亲戚、朋友，包括乡邻里党的寡妇，没有不被他沾染过的。这个金安清特别擅长钻营，再加上口才极好，文笔又好，所以当时也能够谋得比较重要的官位，后来曾负责过转运钱粮这样的任务。

按说金安清靠着才干是可以去见曾国藩的，但是他去见曾国藩的时候，据说曾国藩7次拒而不见。曾国藩不见他的原因有很多，按照

《清朝野史大观》的记载，主要是担心他三寸不烂之舌说动了自己，让自己不得不用他。是否这个原因，现在还不能妄下定论。但有一点，曾国藩曾在家信中表达了自己的想法，说金安清其人的计策可用，但是金安清其人是不敢用的，因为用了他无益于我，他的不好的名声对我是没有任何好处的，所以不敢用他。

另外，还有一种人他也不举荐，那就是才德平平，但升迁过快的人，也就是他的能力和他所占有的位置是不相匹配的。这里还有一故事，有一个人叫恽世临，他在曾国藩的保举之下升迁极快，最后做到了湖南巡抚，但很快就被罢官了。这一罢官，对于曾国藩这个举荐人来说，无疑是一个否定。曾国藩反复思考之后得出结论是，自己没有看清这个人其实是才德平平的。恽世临生性特别倔强，而且任性，做起事来不顾大局，他到湖南做巡抚后，居然和总督毛鸿宾之间产生了巨大的矛盾，并以巡抚的身份去弹劾总督，可以说是一个犯上之人，也很难处理好与同僚的关系，这是导致恽世临被罢官的很重要的一个原因。

曾国藩的这些标准，实际上是希望通过这样的一种选拔机制，打造一支铁军，一支君子之师，从而达到转移世风的目的，给世人一种楷模的作用。

其实，曾国藩不仅在选拔人才方面慧眼识人匠心独具，他的驭人之道也非常成功，非常值得称道，其中最主要的一点就是赏罚分明。人人都提赏罚分明，但能真正做到赏罚分明却并不容易。因为人是有感情的动物，有时候，感情会遮蔽我们判断问题的标准，但在曾国藩这里，他是力争做到赏罚分明的。

比如说他严厉惩处失守徽州的李元度。李元度是曾国藩所谓的辛苦久从之将，曾国藩自称和李元度情谊深厚，并且始终不渝。在过去打的几个大仗中，如靖港、九江之战等，即使屡战屡败，李元度也一直陪伴在他的身边。这样的一员爱将，按情理似乎都不应该遭到曾国藩的弹劾，但还是被曾国藩弹劾了。

这件事情的起因是这样的，当时曾国藩驻守祁门，而徽州是祁门的一个门户，处于一个非常重要的地理位置，曾国藩觉得必须派可信之人去驻守。李元度自然是最合适的人选。当时李元度虽然是一个书生，打仗不多，但却是曾国藩最为信赖的一员爱将。临行前，曾国藩特意叮嘱李元度有几种情况是不能出击的。但当太平军将领李世贤率领部队到达徽州之后，李元度过于自信自己能够打赢，于是就忘记了曾国藩对他的种种约束，率军同李世贤交战了，没想到这一战最终却大败而归，徽州失守了。曾国藩这时意识到李元度固然是自己的爱将，又是自己的体己，但他失去徽州绝对是因为没有服从军令，按理按情都应该弹劾。弹劾书还没有上奏朝廷，整个幕府里的人都纷纷为李元度说情，特别是李鸿章，更是据理力争，最后居然跟老师说，如果你真的弹劾了李元度，那谁还会跟着你在祁门呢，连我也想走了。曾国藩却拉下了脸说，你想走就走，李元度我照样弹劾。最终，他真的把弹劾李元度的奏书上呈了朝廷。

罚是如此，当然，赏也是一样。有一个事例就非常能说明曾国藩的赏也十分鲜明。有一个人叫作雷嘉澍，曾是一个知县，由于太平军进击，他守卫不当而失去了整个县，因此而被免职。雷嘉澍是一个爱民如子、爱兵如子的人，并且赏罚分明，人又极其公正。离职以后，有一天太平天国的一支部队又打到了他原来所在的德兴，这时雷嘉澍组织当地的百姓一同抗击，并且取得了成功。曾国藩因此不计他以前的失误，觉得这个人应该继续保荐，于是，后来就把雷嘉澍纳到了自己的军营里来听差。

曾国藩死后一百多年，世人对他政治上的评价，直到今天也没有定论。但是，曾国藩会识才用才这一点上，一百多年来却没有什么异议。曾国藩在世的时候，李秀成说太平天国的失败是“天王不识贤臣”，而曾国藩的成功则是因为“善识人才”。

◎中兴无望　萎靡不振

自从曾国藩第一次在京城当官起，10年之间，连升10级，其仕途之得志真是叫人眼红嫉妒。后来，他离开京城加入到了镇压太平天国运动的大军之中，率领自己打造的湘军与太平军转战于武汉及沿江各地，最终攻克南京，成功地打败了太平军，成就了清廷眼中的丰功伟绩。

同治七年（1868），担任直隶总督不久的官文因阻击西陕军失败，被清政府罢去了直隶总督之职，于是，此时在两江总督任上的曾国藩，被调来当上了直隶总督。曾国藩时隔多年后，又回到了京城当官。但曾国藩接到圣旨后却感到惴惴不安，因为直隶总督一职在总督地位中是最重要的一席，他现在有点弄不清楚朝廷有何用意，便同自己的心腹赵烈文商量。他说，自己“北征”无功（“北征”指的是征讨捻军），回两江任上不久，做出的政绩现在还不令自己满意，为什么清廷会在这个时候反而把那么重要的位置交给自己呢？这其中肯定另有什么原因，但他想来想去也想不通。于是，他打算拜折辞谢，免得将来进退维谷。赵烈文也认为这般调动，违反常规。虽然心里疑虑重重，但因为朝廷坚持，曾国藩又拿不出理由辞谢，只好起程上任。

同治七年（1868）十一月八日，曾国藩冒着严冬酷寒，顶着北风，到达京师。己正（上午十点），镇国将军奕山才把他从军机处引向两宫和皇帝听政之处养心殿。曾国藩叩拜了两宫和皇帝。之后便是两宫的问好，再后来是慈禧的问话，不过问的全是家常话，如“你兄弟几人？”“出京多少年了？”“曾国荃是你胞弟？”曾国藩等着问正经事，可偏偏就一句正经话也没有，搞得他多日前费劲背熟的词一句也没有用上。

后来曾国藩又先后三次进见，而每次问话都差不多，有一搭无一搭，不仅漫不经心，而且还不着边际没有正题。四次接见下来，曾国藩感慨良多。太后、皇帝“同治”天下，原来如此而已！同治都做皇帝8年了，接见大臣时竟然一句话也不说，明明就是个摆设，不要说与12岁亲裁大政的康熙相比了，就连与前代多难之主、英年宾天的咸丰也难以相提并论。慈安太后完全是一阁中妇人，不必多论。慈禧号称“专断”，四次陛见皆她一人发问，专断是专断了，但连续接见，所论何事？茫无头绪，仔细琢磨，也不过是直隶练兵之事，似乎是因为他能练出湘军，所以调他来直隶练兵，以便拱卫京师，如此而已。

陛见之外，朝廷还特别设盛宴招待他，宴上把他安排在汉大臣之首位，其荣耀风光自是人生之极了。接下来便是名目不断翻新的宴会，王爷专设之席、大学士专设之席、直隶京官席等。花天酒地，歌舞升平，这是曾国藩十多年的戎马生涯中不曾有的。

尤其是参加太后、皇帝举行的春节大典、元宵大典，他更见识了人间之欢、天堂之乐，满汉全席、百全大宴，不亚于康熙、乾隆的“千叟之宴”。太后的“春帖子赏”、皇上的“元日御赐”，应有尽有。但是，他却怎么也高兴不起来！

等过了元宵节，他忽然觉得全身无力，就像一只泄了气的皮球一样，没有了动力，他知道，自己不能在北京再待下去了，不然恐怕身体会支持不住。于是他赶紧离京，奔向保定任所，接任直隶总督。到保定后，他和赵烈文谈了自己北京之行的体会，他说：“两宫才地平常，见面无一要语；皇上冲默，亦无从测之……恭邪（指奕䜣）极聪明而晃荡不能立足；文柏川（即文祥）正派而规模狭隘，亦不知求人自辅。朝中有特立之操者尚推倭艮峰（即倭仁），然才薄识短。余更碌碌，甚可忧耳！”这时的曾国藩终于明白，清王朝已经是一艘风雨飘摇的朽船，只会一天天沉没，再也没有什么“中兴”的可能了。

当他看到朝廷前途暗淡，国运衰微，“中兴”之望破灭时，身心一下子便颓萎了。早年长期与太平军作战，以及“剿捻”无功，早已弄得他心力交瘁。但那时候，他似乎还有一种潜在的希望和力量在支撑着自己，使他尚能勉为其难。但是，自从北京之行，面见天颜后，似乎他自己也如一枚腐心的萝卜，“根本颠扑”了。他先是眼睛昏暗，视物如隔迷雾，接着是疼痛难忍，吃药针灸全无作用，不久右目全盲，左目仅余微光。后来又得了眩晕之症，耳鸣脑涨，日夜惶惶，无法办公，只得具疏请假。

同治九年（1870）四月，他肝病日重，右目完全失明。朝廷奏准病假一月。五月续假一月。六月，正在直隶总督任上的曾国藩又奉命前往天津办理天津教案。

所谓天津教案就是：1870年六月二十一日，因怀疑天主教堂以育婴堂为幌子拐骗人口、虐杀婴儿，天津数千名群众聚集在法国天主教堂前示威。法国领事丰大业认为这是中国民众在蓄意闹事，而中国官方没有认真弹压，便持枪在街上到处乱撞。碰到了天津知县刘杰，双方没说几句话就争执起来，丰大业开枪便射，当场杀死了刘杰的仆人。这下子，民众被彻底激怒了。他们联合起来杀死了法国驻天津领事丰大业及其秘书西门，之后又杀死10名修女、2名神父、另外2名法国领事馆人员、2名法国侨民、3名俄国侨民和30多名中国信徒，焚毁法国领事馆、望海楼天主堂以及当地英美传教士开办的4座基督教堂。

曾国藩到达天津后，考量当时局势，不愿与法国开战，“但冀和局之速成，不问情罪之一当否”。在法国的要求下，双方商议决定最后处死为首杀人的18人，充军流放25人，并将天津知府张光藻、知县刘杰革职充军发配到黑龙江，赔偿外国人损失46万两银，并由崇厚派使团至法国道歉。

这个交涉结果，使朝廷人士及民众舆论甚为不满，也使曾国藩的声誉大受影响，引起全国人民的唾骂，连他的湖南同乡，也把他在湖广会馆夸耀其功名的匾额砸烂焚毁。

处理“天津教案”不久，曾国藩又奉旨回到两江总督的位置。不知是圣意还是天意使然，曾国藩人生的坐标，又一次回落长江。不过，这轮黯淡失色的长河落日，仍然发出了最后一缕回光——1872 年 2 月，他领衔上奏朝廷获准，与李鸿章、丁日昌等人一道，把包括詹天佑等在内的第一批四十名中国幼童，派往美国留学。这是中国历史上第一次向海外派遣公费留学生，这项前所未有、功在后世的创举把近代中国的洋务运动推进了一大步。几天之后，曾国藩便一病不起。

1872 年 3 月 12 日，晚清中兴名臣曾国藩病逝南京寓中，终年 62 岁。他沉重而劳累的一生，终于谢幕了。大江浩荡，巨浪淘沙，淹没了在长江上厮杀驰骋了半辈子的一代英豪。

◎历史功过　后人评说

梁启超对曾氏倾心推崇，称：“吾谓曾文正集，不可不日三复也。”梁在《曾文正公嘉言钞》序内指曾国藩：“岂惟近代，盖有史以来不一二睹之大人也已；岂惟我国，抑全世界不一二睹之大人也已。然而文正固非有超群绝伦之天才，在并时诸贤杰中，称最钝拙；其所遭值事会，亦终生在指逆之中；然乃立德、立功、立言三不朽，所成就震古烁今而莫与京者，其一生得力在立志自拔于流俗，而困而知，而勉而行，历百千艰阻而不挫屈，不求近效，铢积寸累，受之以虚，将之以勤，植之以刚，贞之以恒，帅之以诚，勇猛精进，坚苦卓绝……”

正如辛亥革命中的章炳麟对曾国藩的评价一样，近百年来仁者见仁，智者见智，对曾国藩褒扬者有之，斥骂者也不乏其人。早在曾国藩镇压太平天国时，即有人责其杀人过多，送其绰号“曾剃头”。到了 1870 年“天津教案”，不少人骂他是卖国贼，以致曾国藩也觉得“内咎神明，外咎清议”，甚至有四面楚歌之虑。辛亥革命后，一些革命党人说他“开就地正法之先河”，是遗臭万年的汉奸，新中国成立后的史学界对他更是一骂到底，斥为封建地主阶级的卫道士、地主买办阶级的精神偶像、汉奸、卖国贼、杀人不眨眼的刽子手等，予以全面否定。20 世纪 80 年代以来，学术界对曾国藩的研究逐步深入，对他的评价也相对客观。

民国著名的清史学家萧一山在《清代通史》中将曾国藩与左宗棠对比：“国藩以谨慎胜，宗棠以豪迈胜。”

中国现代史上两位著名人物毛泽东和蒋介石都高度评价过曾国藩。毛泽东青年时期，潜心研究曾氏文集，得出了“愚于近人，独服曾文正”的结论。即使是在毛泽东晚年，他还曾说：曾国藩是地主阶级最厉害的人物。蒋介石对曾氏更是顶礼膜拜，认为曾国藩为人之道，“足为吾人之师资”。他把《曾胡治兵语录》当作教导高级将领的教科书，自己又将《曾文正公全集》常置案旁，终生拜读不辍。据说，他点名的方式，静坐养生的方法，都一板一眼模仿曾国藩。曾国藩的个人魅力，由此可见一斑。

蔡锷将军对曾氏以爱兵来打造仁义之师的治兵思想推崇备至：“带兵如带子弟一语，最为慈仁贴切。能以此存心，则古今带兵格言，千言万语皆付之一炬。”

左宗棠对曾国藩的挽联：知人之明，谋国之忠，自愧不如元辅；同心若金，功错若石，相期无负平生。

咸丰同年间，曾国藩在“借夷助剿”、夷商代运南漕、派人购买美国机器创办江南机器局、办理天津教案等涉外活动中的表现，指出在严重的内忧外患而大多数士大夫沉湎于义理考据之时，曾国藩能独立时代潮流，把握风云际会，并且汲取中国传统文化的精华，继承和发扬林则徐、魏源的经世致用之学，大力倡导学习西方，开展自强新生运动，从而成为中国近代化的风云人物。

第十二章

宰相合肥天下瘦——晚清重臣李鸿章

李鸿章一生一直努力想强国，他尽他最大的能力想让国家富强起来，缩短与西方帝国的差距，在开启民智和引进技术上他做出了务实的举措。但是，他一生没摆脱传统体制的约束，又无法抵挡西方列强的扩张掠夺野心，尤其没有给民众带来本质性的变革，如平等和自由，所以他的努力最终就失去上下的认可，后来只能充当可悲的清政府“消防队员”角色。他在连创47个中国第一的同时，也是历代签署丧权辱国条约最多的国务大臣，在民间也一度被骂成“汉奸卖国贼”，因他出自合肥，于是又被人用“宰相合肥天下瘦”的言语讥讽之。

◎昔日翰林　今日绿林

李鸿章（1823 ~ 1901），字少荃，晚年自号仪叟。道光三年，生于安徽庐州府合肥县（今安徽合肥）一个书香门第的官僚地主家庭，后人称之为“李合肥”即源于此。李鸿章排行第二，本名章铜，字渐甫。他从小聪慧好学，受家庭、社会环境的影响熏陶，希望有朝一日通过科举的门径登上仕途，跻身高官显贵的行列。

李家世代以耕读为生，至李鸿章高祖时才“勤俭成家，有田二顷”，但却一直与科举功名无缘。李鸿章的父亲李文安在科举入仕前，长期在家乡以课馆为业，中进士时已经快 40 岁了，不过，他这个进士中得不早不晚，正好与曾国藩是同一年考中。这种关系那时称为“同年”，是一种极其微妙而重要的人际关系，从“实惠”上说，远超过同乡、同学、同族……因为同时考中进士，就意味着要同时做官，初为京官的他们有着共同的联系与参照，无形中成为一个整体。那时，李文安是刑部司法官，有清廉正直之名，他性格内向，资质平平，但眼力不差，在“同年”中始终跟曾国藩走得很近。而当时的曾国藩也不过是一员普通京官，李文安就安排两个儿子李瀚章与李鸿章去拜曾国藩为师，学“经世之学”，这大概是李文安贡献给家族的最高智慧，也奠定了李鸿章一生事业和思想的基础。

李鸿章拜曾国藩为师后，不仅与曾国藩“朝夕过从，讲求义理之学”，还受命按新的治学宗旨编校《经史百家杂钞》，所以曾国藩一再称其“才可大用”，并把他和门下同时中进士的郭嵩焘、陈鼐、帅远燡等一起，称为“丁未四君子”。

咸丰元年（1851），洪秀全领导了金田起义，中国此后长达百年的乱世拉开序幕。在天子脚下摇了六年笔杆子的“翰林”李鸿章，也被拖回老家干起了“绿林”。

咸丰四年（185 年），李鸿章的父亲李文安也回乡，和儿子一起办团练。李家父子的团练“整齐皆可用”。李鸿章本人先后随周天爵、李嘉端、吕贤基、福济等清廷大员在皖中与太平军、捻军作战。

当时，李鸿章以书生带兵，既有“专以浪战为能”的记录，也有“翰林变作绿林”的恶名。数年的团练生涯，使他逐步懂得了为将之道，不在一时胜败，不逞匹夫之勇。他曾经因为咸丰五年（1855）十月率团练收复庐州之功，“奉旨交军机处记名以道府用”。次年又以克复无为、巢县、含山的战功，赏加按察使衔。然而，功高易遭人嫉妒，一时之间，谤言四起，李鸿章几乎在乡里待不下去。咸丰七年（1857），皖抚福济奏报李鸿章丁忧，为父亲守制，从而结束了他为时五年的团练活动。第二年，太平军再陷庐州，李鸿章携带家眷出逃，辗转至南昌，寓居其兄李瀚章处。他本人遂于咸丰九年（1859）末投奔建昌曾国藩湘军大营，充当幕僚。

那时，恰逢湘军在三河战败，非常需要人才。因此，曾国藩对于招李鸿章入营襄助，特别的积极主动，但曾国藩也深知李鸿章才高气盛，恃才傲物，还需经历一番磨砺。于是，他平时尽量让李鸿章参与核心机密的讨论，将其与胡林翼、李续宜等方面大员同等看待。当时，湘军幕府中有不少能言善辩之士，如李元度、左宗棠等，曾国藩为了培养李鸿章，经常有意无意让他们与李鸿章争口舌之长，以挫其锐气。至于曾氏本人，更是身体力行，以自己的表率来影响李鸿章。比如李鸿章爱睡懒觉，曾国藩则每日清晨必等幕僚到齐后方肯用餐，以此逼李鸿章每日早起；又如李鸿章好讲虚夸大言以哗众取宠，曾国藩多次正言相诫：待人唯一个“诚”字；每当遇到困难和挫折，曾国藩则大谈“挺”经。如此苦心孤诣，使李鸿章的思想、性格乃至生活习惯都深受曾国藩的潜移默化。

咸丰十年（1860），太平军第二次攻破江南大营后，清政府在整个长江下游地区已失去最后一支经制军主力。在太平军的猛烈攻势下，江南豪绅地主，纷纷逃到已经形同孤岛的上海。为了免遭灭顶之灾，在沪士绅买办一面筹备“中外会防局”，依赖西方雇佣军保护上海；另一方面又派出钱鼎铭等为代表，前往安庆请曾国藩派援兵。钱鼎铭先是动之以情，后来每日哭着哀求，言江南士绅盼曾国藩如久旱之望云霓，继而晓之以利，说上海每月可筹饷六十万两，这对时感缺饷的湘军，的确是一大诱惑。同时，钱鼎铭还利用其父亲钱宝琛是曾国藩和李文安同年的关系，走李鸿章的门路来说动曾国藩。

在这么猛烈的攻势下，曾国藩最终同意派兵驰援。最初他属意派曾国荃领兵东援，但曾国荃一心要攻下天京，建立首功，而不愿往。随后，曾国藩又去信请湘军宿将陈士杰出山，但陈以“母老”回绝了他的邀请，曾国藩最后转商于李鸿章，他欣然应命，于是开始了淮军的招募与组建。

自古两淮地区，民风就很强悍，尤其是“兵、匪、发、捻”交乘的皖中腹地，民间纷纷结寨自保图存。庐州地区的团练武装，以合肥西乡三山（周公山、紫蓬山、大潜山）的张（树声、树珊）、周（盛波、盛传）、刘（铭传）三股势力最大，百里之内，互为声援。咸丰十一年（1861）夏，西乡团练头目得知曾国藩就任两江总督，安徽人李鸿章在幕中主持机要时，就公推曾任李文安幕僚的张树声向李鸿章、曾国藩上了一道禀帖，详细陈述了安徽的形势，并表示了愿意投效的决心。曾阅后大为赏识，亲笔批示“独立江北，真祖生也”。由于庐州团练的这些基础和李鸿章在当地的各种关系，淮军的组建、招募竟然十分顺利。

首先，李鸿章通过张树声招募了合肥西乡三山诸部团练。接着，又通过前来安庆拜访的庐江进士刘秉璋与驻扎三河的庐江团练头目潘鼎新、吴长庆建立联系。潘、刘自幼同学，又同为李鸿章父亲李文安的门生，吴长庆的亡父吴廷香也与李文安有旧交，自然一呼而应。

同治元年（1862）春节刚刚过后，淮军最早的部队，树（张树声）、铭（刘铭传）、鼎（潘鼎新）、庆（吴长庆）、四营（淮军四字营或四大营）即陆续开赴安庆集训。与此同时，李鸿章还命令三弟李鹤章回合肥故乡招募旧部团练，响应投军的有内亲李胜、张绍棠，昔年好友德模、王学懋，以及父亲李文安的旧部吴毓兰、吴毓芬等（这些东乡团练与西乡周盛波、周盛传兄弟的“盛”字营，均属第二批成军的淮勇，后由陆路陆续开赴上海）。

在第一批四营淮军抵达安庆后，曾国藩非常重视，他亲自召见各营将领加以考察，并亲自为四大营订立营制营规。曾国藩担心新建的淮军兵力太单薄，还从湘军各部调兵借将，其中整营拨归淮军的有：第一，属于湘军系统的“春”字营（张遇春）和“济”字营（李济元）；第二，太平军降将程学启“开”字两营；第三，湖南新勇“林”字两营（滕嗣林、滕嗣武）以及后到的“熊”字营（陈飞熊）和“垣”字营（马先槐）；第四，曾国藩送给李鸿章作为“赠嫁之资”的亲兵两营（韩正国、周良才）。其中，以桐城人程学启部“开”字两营作战最为凶悍，士卒多系安徽人（丁汝昌当时即在该部）。这样，李鸿章初建的淮军，就有了14个营头的建制（每营正勇505人，长夫180人，共685人）。

◎剿灭义军　飞黄腾达

同治元年（1862）二月，曾国藩在李鸿章陪同下，检阅已到达安庆集结的淮军各营，淮军正式宣告建军。随后，上海士绅花银18万两，雇英国商船7艘，将淮军分批由水陆运往上海。由于“济”字营留防池州，因此乘船入沪的淮军共计13营约9000人。李鸿章本人于三月十日随第一批淮军到达上海，半月之后他被任命为署理江苏巡抚，十月十二日实授，次年二月又兼署通商大臣，“从此隆隆直上”，开始了他在晚清政治舞台上纵横捭阖的四十年。

李鸿章刚刚上任的时候，形势特别严峻。当时上海是全国最大的通商口岸，华洋杂处，是江南财富集中之地。淮军抵达时，正值太平军第二次大举进攻，能否守住上海并徐图发展，是摆在李鸿章面前的最大考验。李鸿章牢记恩师的教诲“以练兵学战为性命根本，吏治洋务皆置后图”，而由上海官绅组建的“中外会防局”，却一心指望着外国雇佣军能为他们抵御太平军，因此对洋人百般献媚，他们和外国军队对淮军不以为然，“皆笑指为丐”。面对这种情况，李鸿章激励将士说：“军贵能战，待吾破敌慑之”，硬是把这些“叫花子”练成了悍勇的淮军。

不久，淮军于当年下半年独立进行了虹桥、北新泾和四江口三次恶战，李鸿章亲临前线指挥，并成功地守住了上海，中外人士顿时对淮军刮目相看。打了几个胜仗后，李鸿章在上海初步站稳了脚跟，接着，他开始从“察吏、整军、筹饷、辑夷”各事入手，以进一步巩固自己的地位。在人事上，他罢免了以吴、杨等为代表的一批媚外过甚的买办官吏，改为起用郭嵩焘、丁日昌等一批务实肯干的洋务派官员，同时建立了不同于湘军幕府，以务实干练、通晓洋务为基准的淮军幕府。在军制上，他从实战中领略到西洋军械的威力，从而产生“虚心忍辱，学得洋人一二秘法”的想法。淮军到上海不到一年，转变成了装备洋枪洋炮并雇请外国教练训练的新式军队，这大大提高了淮军的战斗力。同时，李鸿章还采用一系列招降纳叛、兼收并蓄的措施，扩充实力，不到半年时间，淮军就迅速扩军至50个营头，约两万人，此后更进一步急剧壮大，至攻打天津前夕，淮军总兵力已达七万余人。在军费上，李鸿章采用“关厘分途，以厘济饷”的政策，以关税支付常胜军、中外合防局及镇江防军的军需，而以厘金协济淮军，随着军事进展和湘淮军力的壮大，厘卡也层层添设，从而确保了饷源。在对外关系上，李鸿章利用洋人赫德和士绅潘曾玮当说客，巧妙地平息了因苏州杀降而引起的戈登率常胜军闹事事件，并最终解散了常胜军，初步显露出他的外交手腕。

同治元年，常熟太平军守将骆国忠降清。李鸿章乘机率淮军发起收复苏、常的战役。经过与前来平叛的太平军反复激战，淮军最终攻克常熟、太仓、昆山等地。在初步扫清苏州外围后，李鸿章制订了三路进军计划，中路程学启统率，由昆山直趋苏州；北路李鹤章、刘铭传从常熟进攻江阴、无锡；南路则下攻吴江、平望，切断浙江太平军增援的道路。同治二年（1863）七月，程学启部兵临苏州城下，太平天国忠王李秀成率军自天津往援，与北路淮军大战于无锡大桥角，最终太平军失利。是时，苏州太平军守将纳王郜永宽等发生动摇，与程学启部秘密接洽献城事宜。十一月初五，郜永宽等杀死守城主将慕王谭绍光，开城投降。但淮军入城后，太平军八降王率部屯居半城，不愿剃发解除武装，而是索要官衔及编制。为此，李鸿章采纳程学启的建议，诱杀了八降将，并遣散余众。苏州杀降，尽管引起戈登的不满，一度闹得不可开交，但就李鸿章来说，毕竟消除了“变生肘腋”的隐患，正如其在禀母亲的书信中所称“此事虽太过不仁，然攸关大局，不得不为”。曾国藩接报后，赞赏李鸿章“殊为眼明手辣”。

此后，淮军势如破竹，节节胜利。同治三年，攻克常州，太平天国护王陈坤书被捕杀，苏南地区的太平军基本被肃清。当时，曾国藩的湘军久攻天津不下，清廷屡次诏催李鸿章率淮军前往会攻。李鸿章从自己与曾氏兄弟的关系考虑，觉得自己染指金陵必会被认为是抢功，还会因此而得罪曾国藩。于是，他一面在苏、常按兵不动，一面掉头南下攻入浙江，结果惹恼了闽浙总督左宗棠，左上奏朝廷，告李鸿章“越境掠功”，由此开始，二人做了一辈子对头冤家。五月十三日，李鸿章闻知湘军攻城地道将成，又因为朝廷一再催促，遂派刘士奇炮队及刘铭传、潘鼎新、周盛波等二十七营会攻天津。十五日，曾国荃出示李鸿章发来的出兵咨札，激示众将曰：“他人至矣，艰苦二年以与人耶？”众皆曰：“愿尽死力！”第二天，湘军终于攻克天津。事后，曾国藩曾执手向李鸿章表示感激：“愚兄弟薄面，赖子保全。”江苏肃清，湘淮军将帅均得加官晋爵，李鸿章受封一等肃毅伯，赏戴双眼花翎。

太平天国失败后，在湘军和淮军的去留问题上，李鸿章和他的老师曾国藩采取了不同的做法。曾国藩在攻下天津后不到一个月，就将他统率的湘军大部分遣散，当时，北方的捻军起义还正如火如荼，曾国藩不顾清廷责成他再顾皖省军务的命令而毅然裁军，固然是因为湘军“暮气已深”，更重要的是，曾国藩担心功高震主，给自己带来杀身之祸。而李鸿章则认为：“吾师暨鸿章当与兵事相始终，留湘淮勇以防剿江南北，俟大局布稳，仍可远征他处”，他还进一步看到“目前之患在内寇，长远之患在西人”，因此他主张保留湘淮军的用意，不止于“靖内寇”，更在于“御外侮”。

太平天国失败后，安徽、山东一带捻军四起，严重威胁清王朝统治。朝廷先后派出僧格林沁和曾国藩进行镇压。僧格林沁在镇压太平天国中，立下过战功。此次以钦差大臣身份，节制调遣直、鲁、豫、鄂、皖五省兵马，倚重骑兵优势和五省提供的兵力，对付组织不严、纪律不整的捻军，简直有点专业对业余的感觉。开始时，僧格林沁接连打了几个胜仗，随后，捻军发挥他们擅长运动战的优势，往来奔驰，飙狂如风，数次逆袭清军。同治四年（1865）四月二十四日，捻军佯装失败，狂逃一千余里，僧格林沁率蒙古马队穷追不舍，脱离了大部队，在山东陷入捻军预设的包围圈，僧格林沁全军覆没于山东菏泽。

清廷无奈之下，只得调曾国藩来对付捻军，李鸿章署理两江总督，负责调兵、筹饷等后勤事宜。由于湘军大部已裁撤，因此曾国藩北上率领的多为淮军。起初仅“铭”“盛”“鼎”“树”四营共 2.7 万人，另带湘军刘松山部约八千人。后又命李鸿章的六弟李昭庆招练马队两千人，并增调淮军杨鼎勋、刘秉璋、刘士奇、吴毓芬、王永胜等部共

2.7万人，加上刘铭传新募的新营，总兵力6万余人。曾国藩认真研究捻军特点，分析僧格林沁失败的原因。他认为，捻军长处是灵活机动，他们数万精骑，行踪飘忽，神出鬼没，如果像僧格林沁一样四处追击，那就给了捻军可乘之机。唯一的办法是以静制动，以不变应万变，以己之“逸”来待捻军之“劳”。

此外，曾国藩还采纳大将刘铭传等人的建议，实施“河防之策”。这一战略的基本思路，就是湘军与地方武装一起，在黄河、运河、沙河、贾鲁河、淮河分兵把守，把捻军围在其中。捻军不习水战。很难突破重兵把守的河道险要。

“河防之策”看起来好像笨了一点，但战略针对性十分明确。实施“河防之策”后不久，清军就歼灭捻军张宗禹部六千余人，打了一个大胜仗。不料，由于防线太长，清军各部又协调不力，竟被张宗禹率捻军在贾鲁河一带突破，进入山东。曾国藩由此遭到弹劾，被调离战场，“河防之策”也遭到否定。

李鸿章接替曾国藩剿捻后，淮军继续扩充军马，其中，李昭庆所部一军就扩至19营，名武毅军，并添调“魁”字2营、亲兵1营、“凤”字7营。此外，又借调唐仁廉马队3营。合计剿捻兵力达7万人。开始他对“河防之策”不以为然，甚至讽刺地把河防比作秦始皇的万里长城。李鸿章采取以大兵团寻求决战的方式，企图利用优势兵力，一举击垮捻军。

不料几个月下来，清军屡战屡败，连吃四五个败仗，大将张树珊竟然丧命。李鸿章痛定思痛，重新审视曾国藩“河防之策”，方才觉得这是遏制捻军的唯一选择。李鸿章坚定信心，在朝野一片“河防不可恃”的反对声中，坚决贯彻“河防之策”，以逸待劳，镇压了捻军。捻军覆灭后，清廷开复李鸿章迭次降革处分，并赏加太子太保衔，授湖广总督协办大学士。

李鸿章由一介儒生，靠镇压农民运动而青云直上。同治九年曾国藩从直隶总督调任两江总督，李鸿章接任直隶总督，十一月又兼任北洋大臣。此时，李鸿章的淮军已发展到十来万人，驻防在京畿、辽东、山东、两江等地，几至半个中国，支撑着腐朽不堪的清王朝。李鸿章在这个高位上，稳稳当当地蹲了25年，这在清王朝的历史上几乎没有任何一个先例，李鸿章成为清末最有影响力的封疆大吏、中堂、大人。

◎洋务首领　功不可没

19世纪70年代出任直隶总督后，李鸿章深感责任重大，在考察了世界各国的发展后，李鸿章痛感中国之积弱不振，原因在于“患贫”，得出“富强相因”“必先富而后能强”的认识，将洋务运动的重点转向“求富”。同治元年（1862），李鸿章率淮军到上海，署理江苏巡抚兼通商大臣后，在上海与洋人展开了频繁的接触与联合。

同治二年，李鸿章曾在松江设立弹药厂；攻陷苏州后，把弹药厂迁到苏州，改为洋炮局；同治四年，署理两江总督时又搬到南京，成立金陵制造局，专门生产枪、炮、子弹、火药，供应淮军及本省各防营。李鸿章在此基础上，搞了三十多年洋务。在当时的地主阶级统治成员中，以李鸿章为代表的洋务派是最主动学习外国科学技术的。在洋务派中，李鸿章办的军工企业最多，规模也最大，除金陵制造局外，还有江南制造总局、天津机器局。

同治四年，李鸿章购买了上海虹口的美商铁厂，很快又并入原属清政府的两个小炮厂，设立了江南制造总局，若干年后经过发展成为洋务派最大的军工企业。这个兵工厂生产枪、炮、弹药、水雷等武器，其设备是从美国进口，并雇请英、美、德等国技师。同治五年，由于厂址狭小，又从虹口迁到高昌庙。此后不断扩充，先后建了汽炉、轮船、枪炮、弹药、水雷、炼钢等14个分厂和一个译书局；人员最多时达几万人。在几十年中，江南制造局制造了不少武器，译书局也翻译了一批国外科技图书。在总局工作的中国工程技术人员徐寿、华衡芳等人，在数学、化学、机械等方面都取得了很高的成绩。

李鸿章调任直隶总督兼北洋大臣时，接手了天津机器局。他首先对原厂人员进行调整，并做了扩充和整顿，换上不少自己的亲信，又从香港请来很多技术工人。该厂主要生产枪、炮、水雷、子弹、开花弹等，设备购自英国，这个厂的规模仅次于江南制造局。

由于军事工业筹措经费困难，洋务派就广开财源“求富”。他们办起了许多民用工业。在民用企业中，又以李鸿章经手兴办的为多，有许多企业是他利用自己的地位在没有得到清廷允准的条件下，擅自兴办起来的。

同治十一年，李鸿章在上海设轮船招商局，先后起用买办出身而又谙熟技术管理的唐廷枢、徐润、郑观应等人主持局务。以后他还在天津、汉口、广州、香港等地设立分局。招商局的开办，虽然目的在于扩大财源，但却突破了外国势力对中国航业的垄断。开业的三年，招商局挤掉了外国轮船公司1300万两白银利润的市场份额，迫使美国旗昌洋行退出竞争。

同治十三年，洋务派与顽固派继同治六年有关同文馆招生问题辩论后，又再一次展开大辩论；争论的中心问题是制造洋船洋器和筹备海防问题。总理衙门先提出“练兵、简器、造船、筹饷、用人、持久”六条措施。李鸿章是“六条”最有力的支持者与倡导者，他主张建立新式海军，各省配备近代武器，用西法采煤、建铁路，培养和选拔具有近代科学知识的人才；两派经过一场激论斗争后，以李鸿章为代表的洋务的意见占了上风。当年李鸿章被授文华殿大学士。

光绪三年（1877），李鸿章设开平矿务局，开采直隶唐山地区的煤炭，光绪七年正式出煤，年产量3万多吨。当年，在奕䜣的暗中怂恿下，他先斩后奏修建唐山至胥各庄的铁路；光绪十二年又向西延长到芦台，长85千米，光绪十三年，李鸿章在天津设置铁路公司进行运营。第二年，李鸿章主持将铁路由芦台又向西延长至天津，光绪二十年，开滦煤矿年产量已发展到70万吨，相当于现在的一个中型煤矿。这是洋务派所办煤矿中最大和成果最好的一个。这个煤矿采用机器采煤，逐渐配备了铁路、运河、专用码头及货栈，在中国近代影响非常大。

另外，在工业、交通等方面李鸿章又取得了一系列的成就。光绪五年李鸿章设天津电报局，在国内设七个分局，经过数年的努力，初步形成了能通达半个中国的电报网；光绪七年，在上海建立机器织布局，由郑观应负责，聘请美国人任教习，开中国人机器织布先河。光绪十四年，在黑龙江设漠河矿务局，在当地采金，年产量近2万两，挤走了沙俄抢掠全国黄金的“采矿事务所”。

基于“自强”“求富”的需要，李鸿章在引进“制器之器”创办军工企业、民用工业企业的同时，还试图推进科举改革，培养“制器之人”，即大批掌握科学技术知识的新式人才。在同治六年的辩论中，他主张科举专设传授和学习各种制造技术一科，单独取士。虽未获准实行，但他在自己所设的上海广方言馆中，不仅让学生学外语，还开设了自然科学课程，这对中国传统的教育无疑是一个突破。由此李鸿章大兴新式学校，先后创办了外国语学校、江南制造局附设机械学校、天津水师学堂、天津武备学堂、天津军医学堂、天津电报学校；他还主持向欧美的几个国家派遣少量留学生，这是中国派出留学生的先声。通过这些新式学校和留学，培养出一大批中国近代知识分子和专业技术人才。

在军事上，李鸿章除用最先进的近代武器装备自己的淮军以外，最令举世瞩目的是创办了北洋海军，这是李鸿章兴办洋务的主要目的。同治十年，李鸿章在天津大沽口添置新式炮台，当年又调江南和福州船厂的两只船到天津巡海。同治十三年丁日昌建议设北洋、东洋、南洋三支海军，李鸿章予以支持。光绪四年清政府决定先设北洋水师，以后再建东洋、南洋水师。年底，李鸿章向英国购买4艘炮舰，报请由记名提督丁汝昌留北洋差遣，在天津设水师营务处，以道员马建忠负责海军日常事务。次年，命人设计出黄地蓝龙红珠的长方形海军旗。光绪十一年，清政府正式设海军衙门，由奕新任总理大臣，李鸿章任会办大臣，实权由李鸿章掌握。李鸿章凭借手中的权力几年中添置了10余艘新船。光绪十四年，北洋海军正式成立。舰队中有排水量达7000多吨的主力铁甲舰定远号、镇远号，还有各种巡洋舰、炮舰、练习舰、鱼雷艇及各种杂差船只近五十艘；力量在当时已经超过了日本。然而由于北洋海军建军后，为筹备甲午年慈禧太后六十大寿庆典，海军经费大部被挪用修建颐和园，舰队无法再更换和扩充。而日本则针对中国的海军水平，组建了新舰队，在火力和速度等方面，不久就超过了北洋舰队。

光绪二十年中日甲午战争爆发，李鸿章苦心经营的淮军一败涂地，北洋舰队也全军覆没，李鸿章洋务运动的军事目的宣告破产，李鸿章权倾朝野的日子也宣告结束。然而李鸿章在创办军用、民用工业企业、发展教育、交通、通信等领域的功劳，却是不可磨灭的。

◎议和之旅　马关遇刺

光绪二十年（1894），甲午战争爆发。八月十六日，驻朝陆军在平壤与日军激战数昼夜后溃败，总兵左宝贵战死，统帅叶志超等逃回国内。八月十八日，北洋舰队与日本海军主力在黄海大东沟附近海域遭遇，丁汝昌执行李鸿章“保船制敌”的方针，消极避战，“仍心存侥幸，出海护航时竟然连弹药都没有带足，致使北洋海军在弹药不足的情况下与日本舰队进行了一场长达5个小时的海上会战，极大地影响了战斗力的发挥，也加重了损失的程度”。中国军舰沉没4艘，日本舰队亦遭重创。此后，清军在鸭绿江、九连城等战场与日军激烈交战，但终未能挡住日军的攻势。最终，旅顺、威海等重要海军基地失守，北洋水师覆灭。

无论是陆战还是海战，清朝都彻彻底底地失败了。这时候，坐山观虎斗的各位列强们已然按捺不住了。他们想，日本如此强大，要是不加控制，咱们哥儿几个怎么在亚洲混啊？这帮“二手”的好人终于跳出来当和事佬了，说，你好我好大家好，你们日本也胜利了，别没完没了地欺负人；大清朝也别总哭丧着脸，赔点钱，割点地就算了事，又不是没赔过。

其实，此时的日本政府也在想这事，以他们的军事实力，虽然打败清朝并不难，但毕竟自己还没强大到能占领整个中国的地步，何况现在管理朝鲜都有困难，不如先捞点便宜再说吧。于是，日本给清朝送来一只和平鸽，表示愿意和谈。

1895年3月13日，李鸿章等人乘坐雇佣的德国轮船，悬挂“中国头等议和大臣”旗帜，从天津起程直奔日本马关的和谈地点——山口县马关的春帆楼，开始了他的议和之旅。李鸿章在出发前曾见过慈禧太后和光绪皇帝，请示妥协的底线。光绪皇帝意见是宁可多赔款也不要割地。慈禧太后意见却是“社稷为重，边地为轻”，表示可以割让一些土地。当时朝廷内部各方对是否割地意见不统一，赔款数量原议是以一亿两白银为上限。

日本这边的谈判代表是伊藤博文、陆奥宗光。他们跟大清朝提出的条件不是苛刻，而是非常苛刻：日军占领大沽、天津、山海关，从天津到山海关的铁路线也归日军管辖，还要清朝承担所有费用。

当时，李鸿章一看这些个条件，气得差点吐血，这不是把日军安插到大清皇帝的眼皮底下了吗？虽然心里万分气愤，但他知道不能激怒这些日本人，所以他决定先稳住敌人，就以要向北京请示为借口，不拒绝他们提出的条件，也不回答他们的任何问题，在北京没回消息之前一直保持沉默不语。这下急得陆奥宗光成天在屋里乱转，他担心其他列强知道日本打算独占中国，会借机出来捣乱。

3月24日下午3时，李鸿章与日本全权大臣内阁总理大臣伊藤博文和外务大臣陆奥宗光举行第三次会谈。李鸿章正式向伊藤博文提出，清政府拒绝日方的这些无理要求。李大人这次总算是扬眉吐气了，老子虽然打不过，但也不能就这么任人宰割啊！

下午4时15分，会谈结束后，李鸿章从春帆楼大门外登上乘舆，30分经外滨町邮便电信局前，向江村杂货店行去。过江村杂货店再向北拐，前行约50米，就是引接寺的门口了。街道拐角处原本狭窄，加上人群攒集，争看大名鼎鼎的中国全权大臣李鸿章，秩序非常混乱，轿夫只能排队缓行。正当乘舆从人群中穿过时，忽有一暴徒窜到轿前，左手按轿夫的肩，趁轿夫惊讶停步之际，右手举枪向李鸿章射击。枪弹击中李鸿章左眼下，嵌入颊骨，血流不止。李鸿章手掩创口，神色镇定，及乘舆到引接寺门前，仍神色自若，徒步登阶入内。

随后，几个随从连忙把李大人送往医院救治，李鸿章中的这一枪，子弹正好嵌在左眼下方一寸的位置，但并没有伤及眼睛。李鸿章不让医生将子弹取出来（可能希望留下这个让伊藤博文揪心的“罪证”，和日本人做“有理、有节的斗争”），也没有医生敢在这个位置下手术刀，伤痛和心痛折磨着李鸿章。而李鸿章以极大的耐力忍受住疼痛，给朝廷的电报只有六个字：“伤处疼，弹难出。”

事出突然，日本政府为了不破坏既得的利益，于是尽全力捉拿凶手。后来总算查明，行刺的人叫小山丰太郎，是日本激进浪人组织“神刀馆”的成员。这位浪人听说李鸿章拒绝了日军要求，一怒之下，准备消灭李大人，可惜枪法不佳，没能一枪爆头。为了缓和局势，日方宣布将小山丰太郎判了无期徒刑。

很快，各国“友人”也都知道李鸿章遇刺了，纷纷发来慰问信。这回连伊藤博文都慌了，他想：这次行凶事件万一要是让西方列强知道了，国际舆论还不得纷纷谴责日本？就算我们可以不要脸，但如果李鸿章借此回国，中断谈判岂不太亏？当然，他最怕的还是西方列强乘机插手干涉。还真让他给猜中了，不少国家谴责日本是一个野蛮的国家。早想乘中日战争之机浑水摸鱼的俄国和德国，立即表示想以武力干涉。日本当局一时十分狼狈，也陷入紧张状态。

左思右想，权衡利弊后，伊藤博文决定还是先稳住李大人。他带着陆奥宗光，双目含泪地去看望破了相的李鸿章，还安慰他道：“您别着急，先养病，和谈的事情慢慢再说吧。”李鸿章也很机敏，他立即拿出一副重伤也不下火线的架势说道：“破相事小，议和事大，不能因为我影响和谈进程。”伊藤博文和陆奥宗光心中在咒骂，脸上却热泪盈眶，深表赞许。

伊藤博文担心事情会闹得越来越大，不可收拾，只好先答应清廷暂时停战。不过，伊藤博文和陆奥外相这回又一次充分表现了侵略者的机智和狡猾，他们只答应在东北和山东停战，不包括台湾和澎湖列岛。因为，此时日军已经占领了中国的宝岛台湾。

接着，4 月 1 日，陆奥宗光拿出了谈判的最新方案。李鸿章仔细认真、一字字地往下读，越读越生气：承认朝鲜独立；割让辽东半岛、台湾、澎湖列岛；赔银 3 亿两；开沙市、重庆、杭州、苏州为通商口岸。李鸿章暗想：这个条件真是太孙子了，要把大清国吃光啊！但是败军之将，能有什么办法呢？还是能争一点是一点吧。

然而面对日本人的漫天要价，朝廷在给李鸿章的电报中均是模棱两可的“着鸿章酌量办理”。如果采取强硬的态度和立场，只能导致中日战争继续扩大。以大清国实际的军力状况而言，战争的结果只能是中国的东北被全面占领；而如果答应日本人的条件，大清国主权和财产的损失也是巨大的。两害相权取其轻，这是面对残局的李鸿章的选择，他把利害权衡了一番后，心里也有了谱。他对着镜子看了看自己那张破碎的脸，活动了一下筋骨，抖擞抖擞精神，打算跟年轻力壮的伊藤博文（55 岁）、陆奥宗光（52 岁）进行最后的拼争。

接下来，在跟李鸿章谈判的过程里，伊藤博文这俩人被彻底震慑住了。他们发现，这个古稀之年的老头思维敏捷、精力充沛，说起话来不仅侃侃而谈，还擅长引经据典、谈古论今，而且还特别会冷嘲热讽，竟把日本说成卑鄙小人。

在李鸿章的努力下，伊藤博文同意将赔偿减少到 2 亿两。但李鸿章却还不甘心，一点点地往下砍价。伊藤博文等人死死咬住 2 亿两不放，最后，李鸿章知道这就是底线了，也就同意了签约。1895 年 4 月 17 日，李鸿章在让无数中国人感到羞辱的《马关条约》上签下了大名。随后，李鸿章带着《马关条约》草约和脸上的绷带起程回国。回国后他发现自己成了举国“公敌”：朝廷斥责他办事不力；官员说他丧权辱国；民间暗示他拿了日本人的银子；更有人公开声明要不惜一切杀掉他，以雪“心头奇耻大辱”。这次颜面尽失的马关之行深深刺激了他，他发誓“终身不履日地”。

◎环球考察　趣事不断

《马关条约》签订后，在全国引起激烈的反响。维新派康有为等发动“公车上书”，掀起维新变法的高潮。虽然李鸿章也视马关签约为奇耻大辱，发誓终生不再履日地，并倾向变法。但在“国人皆曰可杀”的汹汹舆论之下，他最终成了清廷的替罪羊。甲午战败后，李鸿章被解除了位居 25 年之久的直隶总督兼北洋大臣职务，投置闲散。

不过，李鸿章的仕途厄运转年便结束了。1896年2月28日，慈禧太后突然召见李鸿章，让他代表大清国出使俄罗斯，参加于5月举行的尼古拉二世的加冕。李鸿章又出山了，而且这次出山不是在中国人面前“露脸”，而是要到外国去现形。这是李鸿章晚年最风光的大事，也是他在外国公众前露丑最多的时候。下面就按照他访问的路线一一来介绍吧。

在俄罗斯的彼得堡，李鸿章在俄国的财政部拜会了沙皇的代表维特。当李鸿章落座豪华的客厅后，维特礼貌性地问他吸不吸烟。“这时李鸿章发出了一声牡马嘶叫般的声音，立即有两名中国人从邻室快步走了出来，一个人端着水烟袋，另一个拿着烟丝，然后就是吸烟的仪式：李端坐不动，只是用嘴吸烟喷烟，而点烟、拿烟袋、往他嘴里送烟嘴、拿出烟嘴，完全由旁边的中国人十分虔敬地来做。”这是俄国人当时的记录。外国人看到此情此景，在想什么呢？恐怕除了吃惊就是对这种陋习的蔑视。

李鸿章在访俄国期间，还曾遇上一次庆祝游行。由于当局没有组织好，以至于出现了混乱，结果挤死压伤了很多人。当时，在观礼台上的李鸿章目睹了这一惨案，随后他问俄国特使维特：“你是否准备把事件的详情禀奏沙皇？”维特老老实实地说：“当然，肯定要如实报告。”而李鸿章却不以为然地说：“你们这些大臣太没经验了。譬如我任直隶总督时，那里发生了鼠疫，死了数万人，然而我在向皇帝写奏章时，一直都称我们这里太平无事。当有人问我，你们那里有没有什么疾病？我回答说，没有任何疾病，老百姓健康状况良好。”然后李鸿章就以问作答地对维特“开导”道：“您说，我干吗要告诉皇上说我们那里死了人，使他苦恼呢？要是我担任你们沙皇的官员，当然要把一切都瞒着他，何必使可怜的皇帝苦恼。”李鸿章这是在以长者口吻吹嘘中国封建王朝官场中欺上瞒下的作风，结果却受到了外国人的鄙视。这恐怕是李鸿章周游列国所万万没有想到的。

在结束了对俄国的访问后，李鸿章从6月中旬开始直到10月3日，又先后造访了德国、荷兰、比利时、法国、英国、美国、加拿大。当时，李鸿章其实已经一身的病，传闻他不声不响地带着口棺材满世界地“跑”。而这次访问历时190天，行程9万里，这在清代历史上实属罕见。如果说当年的林则徐被称为“睁开眼睛看世界的人”，那么，李鸿章应该算是“迈开双腿走世界的人”了。李鸿章在近半年的欧洲旅途中逸事趣事不断，当然，出丑的事情也不断。

李鸿章访德期间，受到德国商界的青睐。他曾是德国军火器械的大主顾，德国商界盼望通过他进一步开拓中国市场，因而，商会宴请、工厂参观，每一项德国人都对他款待殷勤。在德国，李鸿章应德皇之邀，到行宫参加国宴。还跑老远去视察克虏伯大炮，交通不便的年代这不是一件容易办到的事儿。随后李鸿章又到教练场检阅了德国皇家御林军。看着装备精良、训练有素、阵法有章的德国部队，联想到全军覆灭的北洋水师，李鸿章长叹唏嘘。接着他又去了德国前首相、赫赫有名的俾斯麦的家乡，东西两个“俾斯麦”进行了一次交心密谈。李鸿章得意地告诉俾斯麦：有人说他是“东方俾斯麦”。俾斯麦听后讥讽地说，我恐怕难以得到“欧洲李鸿章”的称号。李鸿章问，中国复兴，走什么道路最好？俾斯麦答，德国与贵国离得太远，贵国的事平时又不大留意，所以不知如何回答。李鸿章又请教政府怎样治国。俾斯麦答，以练兵为立国之基，舍此别无长策。李鸿章便说，不是中国没人，而是没有这方面的教官。我回国后一定要仿照贵国军队体制，训练新兵。到时需要聘请军事教官，主要还是要依靠贵国。

离开德国，李鸿章又上路了。7月4日晚，他在荷兰的海牙观看了荷兰政府为他举行的歌舞晚会。他一边品尝着风味佳肴，一边欣赏着表演，其心大悦，还当即赋了一首诗。7月8日，李鸿章到了比利时首都布鲁塞尔，见到了比利时国王利奥彼德二世。比利时当时的军火工业很发达，李鸿章专门参观了兵工厂，看到各式武器，觉得“美不胜收”。

5天后，李鸿章一行人来到法国，正值法兰西共和国国庆前夕。他在爱丽舍宫见到了总统富尔。接着便是谈判和参观。李鸿章观看了军事表演，走访了报社、学校、博物院、工厂、矿山。还让一名懂汉语的法国部长陪同，泛舟塞纳河，夜赏烟花，“意甚欣然”。

从8月2日至22日，李鸿章在英国待了足足20天。这个让中国吃尽了苦头的老牌资本主义国家到底有何强大之奥秘，这是李鸿章必须寻求的答案，所以他在英国逗留的时间也最长。在英国，李鸿章见到了伊丽莎白女王，见到了前首相格莱斯顿和现任首相兼外交大臣的索尔兹伯里。这些人物都是使英国成为所谓“日不落帝国”、不断推行殖民主义政策的重要人物。来自东方专制帝国的他，还特意访问了象征西方民主制的议会。在下院，他旁听议员议论国事。在上院，他与议员“略谈片刻”。不过，让李鸿章最感兴趣的还是军事、科技和商业金融。他专程赶往朴次茅斯军港参观海军。李鸿章看见停泊的军舰有47艘，“分列两行，如山而立”。他惊叹各舰“行列整肃，军容雄盛”，感慨万端地说：“余在北洋，竭尽心思，糜尽财力，俨然自成一军。由今思之，岂直小巫见大巫之比哉。”在造船厂、在枪炮厂、在钢铁厂、在电报局、银行等等，李鸿章看到了当时世界上最先进的科学技术和机械化生产，不得不承认“天下不可端倪之物，尽在英伦”。最后，在汇丰银行为他举行的300人参加的盛大宴会上，有人告诉他，英国报纸对他重视“物质文明”而忽略西方政治有所非议。他说，对欧洲的政教，自己过去只是“心领而未目击”，这次才“见所见而去，尤胜于闻所闻而来”。可想，他对欧洲政治也挺关心。

据说在这次访问英国期间，也发生了一些有趣的事情。因为李鸿章是清政府洋务派领袖，皇帝的钦差到了伦敦，自然是要当作上宾款待，优礼有加，英国人就用最尊贵的烤鸡招待他。李鸿章见洋人又是刀，又是叉，吃起来这么麻烦，就根本不用洋人那一套，他毫不客气地用手抓了起来，边撕边吃。主人和陪客见了，都面露愕然，不知所措。出于礼貌和对贵宾的尊重，大家也就照方抓药，仿效李鸿章的方法吃将起来。有了这个先例，英国人从此在餐桌上吃鸡就得到了解放，可以直接动手，而不必拘泥于刀叉。

据说，也是在这次做客期间，一日三餐的西餐让这位钦差大臣没有了胃口。于是，他让随侍的厨师，将用来做西餐的原料和菜蔬，统统和在一起，烧成了一锅大杂烩。哪知，厨房里飘出去的扑鼻香味，竟使陪同他的英国官员们馋涎欲滴，他们连忙打听做的是什么菜。答说，不过是杂碎而已。然后，李钦差示意，非正式场合，请他们不妨入座，尽情享用。结果这些个英国佬一个个吃得赞不绝口。据说，后来饭店的菜单上，就有了名叫“李鸿章杂碎”的一道名菜。

8 月 28 日至 9 月 5 日，是李鸿章在美国访问的日子。那时没有飞机，他乘船用了近 7 天时间才从英国到达美国，一路横渡大西洋，饱受海浪的颠簸。但李大人在美国倒是风光了一回，人家把他看成是“地球上的老大哥来看地球上最年轻的小弟弟”。他像个电影明星一样，50 万纽约人上街看他那“著名的黄马褂”。他对西方报纸大谈“我们计划将来在国内建立更多的学校”，“呼吁废除排华法案”。他说：“你们不像英国，他们只是世界的作坊。你们致力于一切进步和发展的事业。在工艺技术和产品质量方面，你们也领先于欧洲国家。但不幸的是，你们还竞争不过欧洲，因为你们的产品比他们的贵。这都是因为你们的劳动力太贵，以致生产的产品因价格太高而不能成功地与欧洲国家竞争。劳动力太贵，是因为你们排除华工。这是你们的失误。如果让劳动力自由竞争，你们就能够获得廉价的劳力。华人比爱尔兰人和美国其他劳动阶级都更勤俭，所以其他族裔的劳工仇视华人。”李鸿章这一拍一拉，骂得美国人舒舒服服，服服帖帖。

在美国他见到了总统克利夫兰，并与基督教人士大谈了一番“基督之福音，实近于吾儒之圣道”。这个新兴的正在走向强盛的美利坚给李鸿章留下的印象不深，大概这个有牛仔脾气的国度不大对李鸿章的胃口。不过他还是很周到地参观了华盛顿的国会大厦、国会图书馆和费城的独立厅、自由女神等胜地。据说在美国访问期间也曾发生过甚为尴尬的事情，李大人先是在华盛顿国立图书馆抽烟被禁止，后来在图书馆大门前吐了一口痰，被责令擦掉，还被罚了款。

大清国在当时怎么腐败，也还称得上泱泱大国一个，李鸿章作为大清国的头等钦差，在国外吐口痰遭遇此等尴尬，在李鸿章个人的外交生涯甚至世界外交史上，也许都是一件让人难以忘记的事。

9月5日，李鸿章动身去加拿大。游览了著名的景观尼亚加拉大瀑布之后，他去了多伦多，接着又去温哥华。直到9月14日，才搭乘美国太平洋轮船公司的航船回国。途中经日本横滨港过界时，人家问他，是否可在日本歇息几天，李鸿章相当倔地说，马关议约之恨不能忘，“誓终身不履日地”，所以在日本换船时，他拒绝上岸，也不肯乘上摆渡的日本小船。最后人们只好在两条大船之间架起一块跳板，扶他过去，后改乘招商局“广利”号轮船返国。

在环球考察中，李鸿章有备受礼遇之处，也有颇受委屈之处。不过，如果我们对李鸿章这次周游列国加以公正评价的话，除了他的不断出丑和外交失计外，还是颇为辛苦的，他也的确见到学到了不少东西。正如李鸿章自己所说：“博考诸国政治之道，他日重回华海，改弦而更张之。”他在对中国与西方进行比较后，得出欧美“上下一心”，而中国则“政杂言庞”的结论。所以当他回国后再次拜见慈禧和光绪皇帝时，就吐出了“沥陈各国强盛，中国贫弱，须亟设法”的思想。

◎支持维新　保护康梁

这次出访让李鸿章对西方社会制度产生由衷的赞叹，觐见光绪和慈禧太后，他详细谈了所见欧美的繁华强盛，并以中国贫弱提出“须亟设法”。还在演讲中一再大声疾呼：“五洲列国，变法者兴，因循者殆。”

但是，他的意见并未得到光绪帝的重视，他个人也没有如愿重新得到重用。1896 年 10 月 24 日，李鸿章被任命为总理衙门上行走，只是见习大臣，并无实权，被人称为无用的“伴食之宰相”。从权倾一时的直隶总督、北洋大臣到被视为只是“陪人吃饭”的“伴食宰相”，落差何其大也。对此任命，李鸿章当然老大不乐意，拖了 8 天后才去上任。就在任命他为总理衙门上行走同一天，朝廷又因有人告发他几天前曾私入圆明园而下旨严责道：“李鸿章擅入圆明园禁地游览，殊于体制不合，著交部议处。”几天后吏部准备将其革职，光绪下旨改为：“罚俸一年，不准抵销。”不仅未受重用，反因无心之过受罚，他的处境着实不妙，不能不时时小心、处处提防。

在空前的民族危机下，康有为、梁启超发动的维新运动勃然而兴。对于维新运动，李鸿章是抱着同情和支持的态度的。甲午战败，李鸿章开始反思，渴望大清强大起来的想法也愈来愈强烈。周游列国时李鸿章研究了很多关于西方社会制度的资料，他曾在给英国传教士李提摩太的一封信里，明确表示希望中国能够走向“公天下之局”。但作为身居高位、深谙宦情的重臣，他知道维新运动又不能不深涉以光绪为首的“帝党”和以慈禧为首的“后党”之间的权力之争，而卷入其中的危险自不待言。而且，他与支持维新运动的重臣翁同龢之间又积怨多年。甲午战败让他声名狼藉，被朝廷冷落一旁，地位本就岌岌可危。这一切，都使他只能在不危及自身“政治安全”的情况下支持维新派。他曾对一外国人说过，现在权力在守旧派手中，所以“稍明新学”的官员要格外小心，不敢倡言新法，很难做成什么事。

从 1895 年“公车上书”起，经过几年的不懈努力，维新声势越来越大，康有为的变法主张终于打动光绪皇帝。1898 年，光绪帝命令翁同龢、李鸿章、荣禄等总理衙门五大臣约见康有为。李鸿章问起康有为：如果六部（吏、户、礼、兵、刑、工）都撤掉了，那么旧的规章制度是不是也要撤呢？康有为回答说：现在是世界列国并立的时代，而我们现在的法律和官制，都是过去的，中国之所以弱，就在于此。最好都能够撤去，即使一时间不能完全撤去，也应当考虑斟酌修改。李鸿章听后，没有说话，事后他对别人说：我不如康有为，废掉过去的旧政策和体制，是我想了几十年也没有做到的，他却可以，我感觉到深深的惭愧。

李鸿章不公开表态不等于没有态度。6月11日，光绪帝下决心全面变法，荣禄一直阻挠提拔康有为，并向慈禧太后告状。李鸿章得知后，曾经两次透露给康有为，要他小心。后来，听说有人要杀康有为，李鸿章又派人告诉了康有为。他建议康有为“养壮士，住深室，简出游”，以策安全。光绪帝为了保护康有为，让他出京，李鸿章又派人送行。

1898年，戊戌政变失败后，康有为和梁启超二人逃到日本，“六君子”被杀，支持维新的官员受到不同程度的惩罚，新法尽废。此时，李鸿章刚好被派任两广总督。慈禧下令搜捕康有为和梁启超的亲戚，刨平他们的祖坟。李鸿章对这样的做法非常不满，一直拖着没有办理。他回复朝廷说：新党在香港定做战袍和勇衣，提出要“勤王”，现在平坟，恐怕为他们找到生事的借口，我看还是缓些时候再办理。后来，他对自己的部下说：“我决不做刀斧手。”

在这样的严峻时刻，李鸿章还暗中保护了一些维新人士，如张元济因参加维新被革职，他不仅派人前去慰问，而且要盛宣怀在上海安排张的工作，并和康、梁暗通信息。由于他的许多思想与维新派相近，所以有人上弹章告他是维新派。有一天，慈禧太后拿着厚厚一摞弹劾李鸿章的奏折问李鸿章：“现在有人揭发你为康党，你怎么说？”李鸿章回答说：“臣的确是康党。我认为六部都可以废掉，如果旧的政策能够让中国富强，那么中国早就强大了，还用等到今天？如果说主张变法的都是康党，那么我无可逃避，臣就是康党。”慈禧听了李鸿章的话，什么也没有说。

李鸿章之所以敢如此回答慈禧，因为他了解慈禧最关心的其实并非“法”变不变，而是她的权力是否受到挑战；注重的首先不是臣下对“变法”的观点，而是其是否参与光绪、“帝党”、维新派的实际政治活动。所以他强调“废立之事，臣不与闻”，表明不参与宫廷政争，不参与朝廷的“家务事”。若勉强翻译成现代话语，就是他十分明白“思想错误”与“组织错误”的区别。

李鸿章作为洋务健将，改革口号喊了很多年，主张变法这一条是怎么也赖不掉的，但既然当权的是太后，那只要表明自己并没有紧跟皇上就行了，这就是李鸿章作为老官僚的官场智慧。而李对康、梁的“保护”态度，和接下来抗旨不肯挖康、梁两家祖坟的事情，又充分显示了老官僚做事预留后路的生存智慧。

对于李鸿章做官方面，曾国藩曾有批评：“少荃拼命做官。”但李鸿章虽然“拼命做官”、精于自保，却也并没有在戊戌政变中落井下石，大造冤假错案，以洗干净自己，反而有点挺身而出的味道，这就不能不令人心生敬意了。

当然，李鸿章还有作为改革先锋的一面。尽管后来的历史书对于洋务派多有贬低之词，但回到历史现实去考虑，洋务派在工业、商业、军事以及文化的近代化方面所做的努力和取得的成果，已属不易。而无论是办机器局、招商局，设电报、修铁路，还是派留学生和陆军海军的近代化，这些大事件都与李鸿章密切相关，也都和李鸿章的大力支持和努力是分不开的。作为改革家的李鸿章曾经发过这样一段议论：“我辈若不破群议而为之，并世而生，后我而起者岂复有此识力？”这正是一个改革家应有的精神和风骨：我们现在若不能顶住压力，把事情办好，那后来的人恐怕都不一定想得起来要这样做呢！

对于李鸿章办洋务，梁启超也曾有批评“不敢破格”，但从他一生来看，李鸿章虽不能破格，但到底也始终力所能及地在推进革新。

◎签订条约　丧权辱国

1900年6月17日，八国联军攻陷了中国北方素有“海门古塞”之称的大沽炮台，3天之后，京城门户天津陷落，以保护使馆为名登陆的联军向通州进发，而通州距大清国的都城北京仅20千米。21日大清国宣布与各国进入战争状态。接着朝廷的电报不断地到达南方，要求各省封疆大臣率兵北上共同灭洋。此时的李鸿章深知国家忧患日深，军力积弱日久，“若不量力而轻于一试，恐数千年文物之邦，从此已矣”。李鸿章给朝廷发去一封电报——大清国两广总督对朝廷“北上勤王”的圣旨的回答是：“此乱命也，粤不奉诏。”

紧接着，两江总督刘坤一、湖广总督张之洞、闽浙总督许应、四川总督奎俊等在获悉了李鸿章的电文后，确定了共同抗旨以求东南互保的原则。他们的道理很简单：如果大清国的南方也发生了动乱，那么乱了敌人的同时肯定也要乱了自己。虽然在以后很长时期内他们无不被国人痛斥为一群“出卖民族利益的无耻之徒”，但在1900年的庚子巨祸中是他们确保了大清国南方半壁江山的稳定。

在这一联合抗旨事件发生前，朝廷的电报再一次接连不断地到达南方，要求李鸿章北上与入侵的洋人议和。朝廷为此将李鸿章由两广总督重新调任为大清国封疆大臣中的最高职位：直隶总督兼北洋大臣。而慈禧的最后一纸任命是：“着李鸿章为全权大臣。”“每当满清政府把这个巨大的帝国带到毁灭的边缘，他们唯一必须启用的人就是李鸿章。”1900年7月17日，当年已77岁的李鸿章在广州登船准备北上时，南海知县裴景福问他有什么办法可以让国家少受些损失，李鸿章感叹道：“不能预料！惟有竭力磋磨，展缓年份，尚不知做得到否？

吾尚有几年？一日和尚一日钟，钟不鸣，和尚亦死矣！”李鸿章生命的最后一年，就是在这样悲伤的心境中开始了他与洋人噩梦般的周旋。

李鸿章在9月29日到达天津，他先去看了他曾经执政达20多年的直隶总督府，此时的总督府已是一片废墟。10月11日，李鸿章到达北京，八国联军宣布除了“两个小院落仍属于清国政府管辖”之外，整个京城由各国军队分区占领。那两个小院落一个是李鸿章居住的贤良寺，一个是参加与八国联军议和谈判的庆亲王的府邸。

接着，联军照会李鸿章和庆亲王，提出了议和谈判的六项原则：惩办祸首；禁止军火输入中国；索取赔款；使馆驻扎卫兵；拆毁大沽炮台；天津至大沽间驻扎洋兵，保障大沽与北京之间的交通安全自由。李鸿章看到这六项严重侮辱大清国国家主权的“原则”后，忧愤地说出了列强犹如“虎狼群”的话，他终于意识到靠一己之力根本无法结束大清国的厄运。而此时逃亡至西安的慈禧在黄尘烈风中正翘首盼着李鸿章的“好”消息，虽然大清国于1900年夏天发生的巨祸是由慈禧一手酿成的，但李鸿章必须在联军的追究面前维护住慈禧的权力，他只有日复一日地“竭力磋磨”——“每当聚议时，一切辩驳均由李鸿章陈词；所奏朝廷折电，概出李鸿章之手。”疲惫不堪的李鸿章病倒了，起因是在拜会英、德公使后回贤良寺的路上受了风寒。故作拖延以“漫天要价”的联军沉不住气了，占尽“中国财力兵力”的“议和大纲”终于出笼。

此时，湖广总督张之洞联合南方的封疆大臣，力主不能在“议和大纲”上“画押”。李鸿章对“不明敌情”却“局外论事”的张之洞十分恼火，他表示如果坚持不“画押”，谈判即刻就会破裂，结果只能是将大清国拖入无休止的战乱——联军在京城屯兵数万，有随时扩大战争的能力。在这种内外皆危之际，高谈阔论怎么能扭转危难？

最终的“议和大纲”既没有将慈禧列为罪魁祸首，也没有迫使她交出权力，于是朝廷给李鸿章回电：“敬念宗庙社稷，关系至重，不得不委曲求全。”1901年1月15日，李鸿章和庆亲王代表大清国在“议和大纲”上签字。国人即刻指责道：“卖国者秦桧，误国者李鸿章！”

而此时李鸿章的身体越来越糟糕，他知道自己已经时日不多，只想尽快结束谈判。他代表清廷要求各国早日撤军和皇室朝廷回京，可是，“议和大纲”签字后，联军并没有撤军的迹象。各国的态度是，必须亲眼看到祸首被惩办，必须把赔款的数额定下来，否则决不撤兵。

1901年2月21日，李鸿章接到了各国要求处死的12人名单，即瑞郡王载漪、辅国公载澜、庄亲王、都察院左都御史英年、刑部尚书赵舒翘、山西巡抚毓贤、礼部尚书启秀、刑部左侍郎徐承煜、大学士徐桐、协办大学士吏部尚书刚毅、四川总督李秉衡、陕甘提督董福祥。其中除刚毅、徐桐、李秉衡三人已死，载漪、载澜“定以斩监候罪名，如以为应行贷其一死，则遣戍新疆，永远监禁”，董福祥“事缓办”外，其余的人都勒令自尽或被正法。

到了4月，清廷又收到列强要求严惩的地方官员名单，而这些名单大部分是根据“风闻的证据”列出来的，并不真实。清廷于4月29日和8月19日先后发布上谕，惩办了96名官员：其中“4人死刑，11人判死刑，减为永远流放，13人终身流放，4人监禁终身，2人长期监禁，58人永不叙用，2人谴责，2人追夺官职”。

慈禧老佛爷像切瓜一样口一气杀了自己的120多个大臣，才使各国要求惩办祸首的风波逐渐平息下来。接着，关于赔款的多少问题便成了中外议和的关键所在，而这才是各国关心的最终核心。俄国率先提出要求赔偿白银1.3亿两。联军统帅瓦德西在来华前夕，德皇威廉二世告诉他要“谨记在心，要求中国赔款，务到最高限度，且必彻底贯彻主张。因为皇上急需此款，以制造战舰故也”。德国提出的赔款大概是4亿马克。此外，法国要求的赔款也多达7000多万两。他们均要求赔款以现金的方式，并且还要一次付清。

英、美、日等国则害怕过多的赔款压力会削弱中国在国际市场的购买力，从而损害自己国家的商业利益，因此他们首先需要了解“中国究竟能够偿付多少”。英国人赫德在分析后得出结论。他认为：“最合适的偿付方法”是“各国政府同意接受中国政府保证在若干年内每年分期摊付”。那么，英国人为什么替中国人说话，还如此仗义呢？因为赔款要靠增税，中国的海关税如赫德所说：“增加到‘值百抽五’，那么赔款问题根本不用增加其他的税，就可以得到解决。”这些增加的海关税到头来还是由列强们，特别是对华第一贸易国——英国的国民来支付的。

李鸿章终日忙碌操劳、周旋于各国之间的议和，身体一日不如一日，终于一病不起。然而俄国从中作梗，更是耗尽了他的心血，加速了他的离世。说到和俄国的谈判，就要回头来说一下沙俄对中国东三省的入侵。早在1900年八国联军出兵中国时，俄国沙皇以镇压东北义和团为名，乘机大举入侵中国东北地区。且仅用两个月的时间便占领了整个东北。

从1900年10月俄国对东三省实行军事占领开始，到1902年4月中俄《交收东三省条约》之签订，在这一年半的时间中，中俄双方在圣彼得堡和北京进行了一系列非常曲折、极端复杂的谈判。俄国决意要占据东三省，坚持要同清廷进行单独的交涉。俄军在1900年10月1日占据奉天，然后诱逼盛京将军增棋签字批准明显破坏了“清国的‘独立’与中国中央政府的主权”的章程。后来，这个章程内容被伦敦《泰晤士报》驻北京记者莫理循揭露，引起了其他列强的强烈反响和责难。英、德两国经过紧急磋商达成了一个原则协议：第一，各国不得瓜分中国的领土；第二，中国的沿海、沿岸全部向各国的贸易和经济活动自由开放。由于感到自己不具备瓜分中国的实力，法国、日本、美国等国均附和了英、德两国的建议。俄国一方面公开否认，当面撒谎；一方面则胁迫清廷全权大臣杨儒签字，以便造成既成事实。杨儒拒绝后，俄国就向李鸿章施压：如果中国“听各国谗言，不愿立约，则东三省必永为俄有”。

面对这些让人气愤不已的情况，李鸿章已经开始咯血了。在生命的最后时间里，李鸿章已没有精力面对面与洋人再论短长了。他只能躺在病榻之上，指挥着下级官员尽量把损失降到最低点：从一开始提出的10亿两白银降到4亿5000万两，分39年还清，年息4厘；4亿5000万两，是对4亿5000万中国人所定的数字，“人均一两，以示侮辱”。李鸿章接受了这个侮辱，因为他不得不接受。

1901年9月7日，李鸿章、奕劻代表清廷与11国代表正式签订了《议和大纲》的“最后议定书”，简称《辛丑条约》。在《辛丑和约》签订前后，李鸿章与俄使及维特代表波兹德涅耶夫进行了频繁的接触，俄使还“恫吓催促”李鸿章画押。

在《辛丑条约》这份文件上，李鸿章将“李鸿章”三个字签成了“肃”字的模样，这三个字挤在一起，虚弱无力。从此，李鸿章背负起“卖国者秦桧，误国者李鸿章”的骂名，悲恸欲绝的李鸿章在签字回来后，大口大口地吐血。医生诊断为胃血管破裂。

1901年11月7日这一天，大清重臣李鸿章油尽灯枯，背着世人对他的骂名离开了人世。消息传来，慈禧的眼泪当场就流了下来，感叹说：“大局未定，倘有不测，再也没有人分担了。”

◎历史功过　后人评说

李鸿章“少年科第，壮年戎马，中年封疆，晚年洋务，一路扶摇”，在晚清政坛上纵横驰骋半个多世纪，权倾一时。李鸿章一生共签下30多个条约，大多为不平等条约。近来随着越来越多的史料出现，对这位清末重臣也逐渐评价多元化。他与曾国藩等人主导洋务运动是其进步的表现。他也有外交上维护中国的事迹，如在八国联军攻占北京后独自前往谈判，最终以义和团叛乱挟持清廷为外交借口，不割地而平息事件。

英国及美国对李鸿章最为著名的评价：不仅是中国在当代所孕育的最伟大的人物，而且总和各方面的才能来说，他是全世界在上一世纪中最为独特的人物。以文人来说，他是卓越的；以军人来说，他在重要的战役中为国家做出了有价值的服务；以从政30年的政治家来说，他为这个地球上最古老的人口最繁盛的国家的人民提供了公认的优良设施；以一个外交家来说，他的成就使其成为外交史上名列前茅的人。

日本人对李鸿章的评价是：知西来大势，识外国文明，想效法自强，有卓越的眼光和敏捷的手腕。

《清史稿·李鸿章传》评价说："中兴名臣，与兵事相终始，其勋业往往为武功所掩。鸿章既平大难，独主国事数十年，内政外交，常以一身当其冲，国家倚为重轻，名满全球，中外震仰，近世所未有也。生平以天下为己任，忍辱负重，庶不愧社稷之臣；惟才气自喜，好以利禄驱众，志节之士多不乐为用，缓急莫恃，卒致败误。疑谤之起，抑岂无因哉？"

梁启超《李鸿章传》对其评价是："吾敬李鸿章之才，吾惜李鸿章之识，吾悲李鸿章之遇。""吾欲以两言论之，曰：不学无术、不敢破格，是其所短也；不避劳苦、不畏谤言，是其所长也。"

孙中山上书李鸿章时，这样说李鸿章："我中堂佐治以来，无利不兴，无弊不革，艰难险阻，尤所不辞。如筹海军、铁路之难，尚毅然而成立，况于农桑之大政，为民生命脉之所关，且无行之难，又有行之人，岂尚有不为者乎？"

美国总统格兰特称李鸿章为当时世界四大伟人之首，与当时英国首相本杰明·迪斯雷利、法国总理甘必大、德国首相俾斯麦齐名。近代史学家唐德刚（安徽合肥人，李鸿章同乡）认为其"内悦昏君，外御列强”，是自有近代外交以来，中国出了“两个半”外交家的其中一个（另外周恩来是一个，顾维钧是半个）。

李鸿章对自己作为曾做出以下的总结：“我办了一辈子的事，练兵也，海军也，都是纸糊的老虎，何尝能实在放手办理，不过勉强涂饰，虚有其表，不揭破，犹可敷衍一时。如一间破屋，由裱糊匠东补西贴，居然成一间净室，虽明知为纸片糊裱，然究竟决不定里面是何等材料。即有小小风雨，打成几个窟笼，随时补葺，亦可支吾对付。乃必欲爽手扯破，又未预备何种修葺材料，何种改造方式，自然真相破露，不可收拾，但裱糊匠又何术能负其责？”

李鸿章生逢大清国最黑暗、最动荡的年代，他的每一次“出场”无不是在国家存亡危急之时，大清国要他承担的无不是“人情所最难堪”之事。因此，国人在对他咒骂痛斥之时，确实“不可不深自反也”，确实不可“放弃国民之责任”。只是，该怎样评价100年前这位不同寻常的大清重臣，是很容易同时也是很难的事情。